politik.21

Nordrhein-Westfalen

Politik für Realschulen, Gesamtschulen
und Sekundarschulen

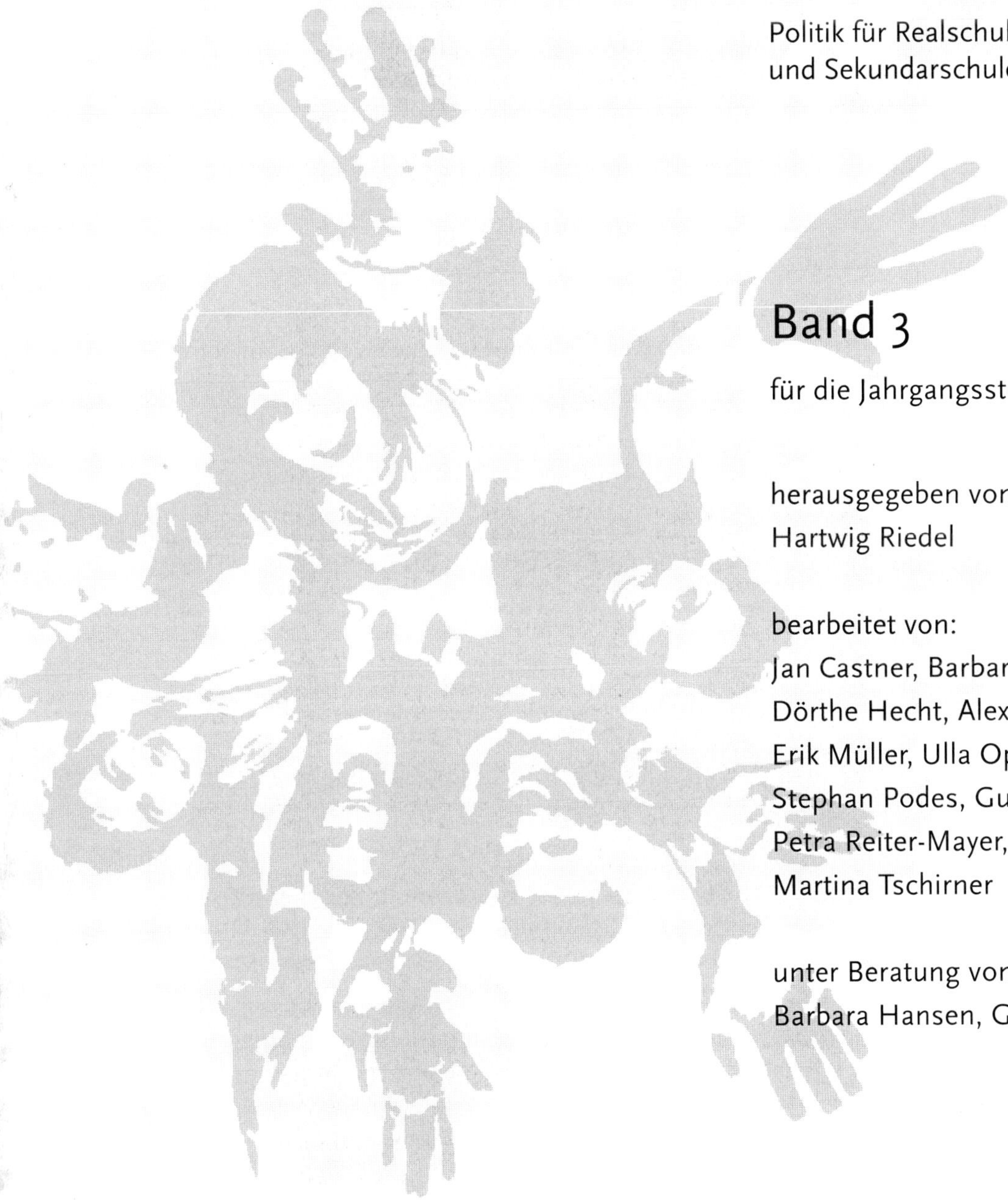

Band 3

für die Jahrgangsstufen 9/10

herausgegeben von:
Hartwig Riedel

bearbeitet von:
Jan Castner, Barbara Hansen,
Dörthe Hecht, Alexandra Labusch,
Erik Müller, Ulla Oppenländer,
Stephan Podes, Guido Quint,
Petra Reiter-Mayer, Hartwig Riedel,
Martina Tschirner

unter Beratung von:
Barbara Hansen, Guido Quint

3

C.C.Buchners Verlag

politik. 21

Politik für Realschulen, Gesamtschulen und Sekundarschulen in Nordrhein-Westfalen für die Jahrgangsstufen 9/10

herausgegeben von Hartwig Riedel

Bearbeiter: Jan Castner, Barbara Hansen, Dörthe Hecht, Alexandra Labusch, Erik Müller, Ulla Oppenländer, Stephan Podes, Guido Quint, Petra Reiter-Mayer, Hartwig Riedel, Martina Tschirner

Berater: Barbara Hansen, Guido Quint

Redaktion: Meike Rademacher

1. Auflage [3 2 1] 2015 2014 2013
Die letzte Zahl bedeutet das Jahr dieses Druckes.
Alle Drucke dieser Auflage sind, weil untereinander unverändert, nebeneinander benutzbar.
Dieses Werk folgt der reformierten Rechtschreibung und Zeichensetzung.

www.ccbuchner.de

Grafische Gestaltung und Herstellung: Wildner + Designer GmbH, Fürth, www.wildner-designer.de
Druck- und Bindearbeiten: Stürtz GmbH, Würzburg

ISBN 978-3-7661-**8808**-3

Zur Arbeit mit dem Buch

Der Kernlehrplan Politik für Realschulen in Nordrhein-Westfalen stellt mit der Kompetenzorientierung die Ergebnisse von Lernprozessen in den Mittelpunkt. Wie können Schülerinnen und Schüler mit nachhaltigen Sachkompetenzen, Methodenkompetenzen, Urteilskompetenzen und Handlungskompetenzen so ausgestattet werden, dass sie „politische und wirtschaftliche Mündigkeit" erlangen?

Die Konzeption des Unterrichtswerks politik.21 ermöglicht es Schülerinnen und Schülern, die zentralen Kompetenzen des Faches Politik / Wirtschaft zu erwerben. Für Lehrerinnen und Lehrer ist das Buch eine Hilfe, um einen modernen Unterricht zu verwirklichen.

Zum Aufbau des Buches

Die **Auftaktseiten** jedes Kapitels sind als ansprechende Bildcollage gestaltet. Die Aufgabenstellungen dienen der Lernstandserhebung und der Annäherung an das Thema. Die zu erwerbenden Kompetenzen werden für jedes Kapitel ausformuliert und machen den Schülerinnen und Schülern transparent, über welches Können sie am Ende des Kapitels verfügen sollten.

Im **Materialteil** werden die Sach-, Methoden-, Urteils- und Handlungskompetenzen schrittweise erworben und sinnvoll miteinander verknüpft. Die sorgfältig ausgewählten, authentischen Quellen (Zeitungsartikel, Bilder, Karikaturen, Grafiken ...) und Autorentexte können über differenzierte und abwechslungsreiche Aufgaben erschlossen werden. Die Fragestellungen sind bezogen auf konkrete Problemlösungen und Entscheidungssituationen und fördern so die Nachhaltigkeit des Lernens. Die **Aufgabenblöcke** schließen jeweils eine Unterrichtseinheit ab.

Da fachspezifische Methodenkompetenzen unabdingbar für die Erschließung des Sachwissens sind, werden sie in deutlich hervorgehobenen **Methodenkästen** ausführlich erklärt. Sie sind immer auf konkrete Inhalte bezogen.

Die Rubrik **„Was wir wissen – was wir können"** dient der Sicherung der Kompetenzen. Das grundlegende Sachwissen des Kapitels wird auf der Seite „Was wir wissen" für Schülerinnen und Schüler übersichtlich und verständlich zusammengefasst.
Die Seite „Was wir können" beinhaltet Angebote zur Überprüfung des Sachwissens. Darüber hinaus sollen Schülerinnen und Schüler zeigen, ob Sach-, Methoden-, Urteils- und Handlungskompetenzen in einer konkreten Entscheidungssituation sinnvoll angewendet werden können.

Ein **Glossar** zum Nachschlagen wichtiger Grundbegriffe und ein **Register** zum Auffinden von Querverweisen sind wichtige Hilfsmittel und erleichtern das selbstständige Arbeiten mit dem Buch.
Hinweis: Materialien ohne Quellenangaben sind vom Bearbeiter verfasst.

Inhalt

Methoden

Die europäischen Staats- und Regierungschefs diskutieren über Hilfen für Staaten, die in Zahlungsschwierigkeiten geraten sind.

Die Finanzierung der neuen Skaterbahn kann doch nicht geleistet werden.

Im Landtag wird diskutiert, ob zusätzliches Geld zur Ausstattung der Schulen bereit gestellt werden kann. Dieses soll für die Renovierung der Gebäude und für digitale Tafeln und Computerräume zur Verfügung stehen.

Die Diskussion über die Abschaltung von Atomkraftwerken ist nach vielen Jahren wahrscheinlich beendet – bist du mit dem Ergebnis zufrieden?

Die Interessenvertretung von Musikrechten (Gema) plant, die Kosten für das Abspielen von Musik zu verteuern. Die Urheber und Komponisten von Musikstücken müssten künftig stärker am Erfolg ihrer Werke teilhaben. Club- und Diskothekenbetreiber protestieren dagegen und kündigen eine Erhöhung der Eintrittspreise an.

1

Jugendliche in der Demokratie

Unsere Demokratie lebt von der Beteiligung. Aber ist dir bewusst, dass dich viele Themen direkt betreffen? Und weißt du, wie du dich zu Wort melden kannst? Bei den Wahlen hast du bald eine eigene Stimme. Daneben gibt es viele andere Möglichkeiten, die Dinge um dich herum mitzubestimmen.

Kompetenzen

Am Ende dieses Kapitels solltest du Folgendes können:

- Formen der politischen Beteiligung unterscheiden und umsetzen
- Vorurteile erkennen und darauf reagieren
- die Rolle der Parteien kennen
- Wahlen als demokratisch erkennen und an diesen teilnehmen

Was weißt du schon?

- Um welchen Konflikt handelt es sich jeweils in den Bildern? Wer sind mögliche Beteiligte?
- Würdest du dich in dem Konflikt engagieren und wenn ja wie?

1.1 Jugendliche und Politik

1.1.1 Politik mitgestalten – aber wie?

M 1 Aktionsformen politischer Beteiligung

1 Wählen gehen
2 Briefe / Mails an Politiker schreiben
3 politisches Amt übernehmen
4 an öffentlichen Diskussionen teilnehmen
5 in Gremien an der Schule oder der Ausbildungsstätte mitarbeiten
6 für politische Zwecke spenden
7 in einer Bürgerinitiative mitarbeiten
8 Leserbriefe schreiben
9 eine extreme Partei wählen
10 politische Meinung im Internet äußern (z. B. bei facebook, Twitter...)
11 an einem Streik teilnehmen
12 an einer Unterschriftenaktion beteiligen
13 absichtlich nicht zur Wahl gehen
14 an einer genehmigten Demonstration teilnehmen
15 an einem Boykott beteiligen
16 Bio-Produkte kaufen
17 Plakate kleben
18 in einer Partei aktiv mitarbeiten
19 öffentliche Plätze besetzen

Nach: Robby Geyer, in: bpb, Thema im Unterricht, Politik für Einsteiger, Bonn 2010, S. 13

Auch verbotene Aktionen werden als politisch bezeichnet, z. B. die Teilnahme an nicht genehmigten Demonstrationen oder der Einsatz von Gewalt. Diskutiert in der Klasse darüber, ob und unter welchen Bedingungen ihr diese einsetzen würdet.

M 2 Wie politisch ist die Jugend?

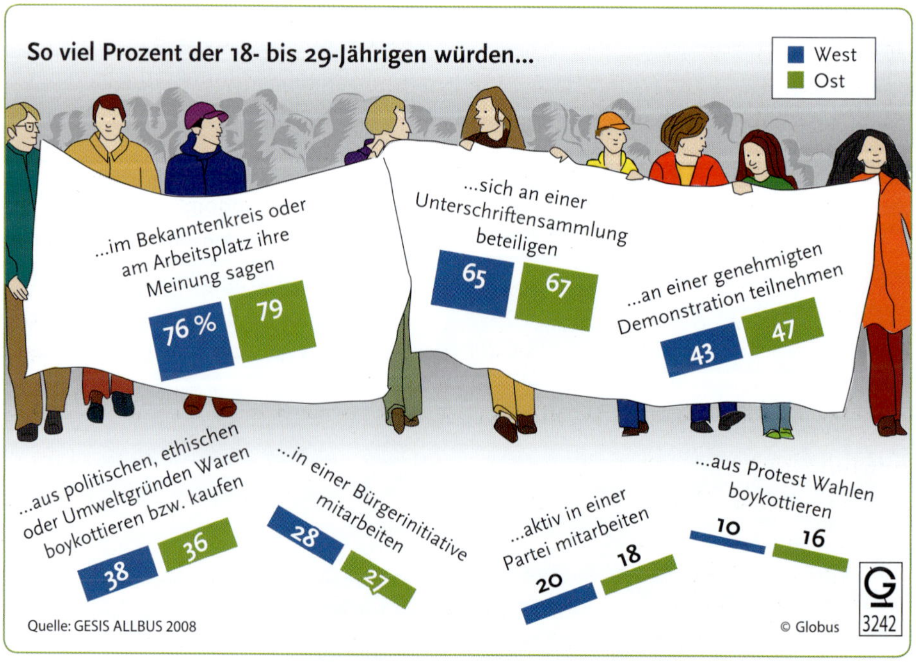

M 3 Der Kinder- und Jugendrat in Nordrhein-Westfalen

Politik – das ist die Sache von Männern mit grauen Bärten und Frauen in langweiligen Hosenanzügen, aber nichts für Jugendliche. So denken viele junge Menschen nicht nur im Kreis Kleve. […] René Klein ist 20 Jahre alt, seit sechs Jahren ist er politisch aktiv. „Mit Parteiengerangel habe ich aber nichts zu tun", sagt er. Wichtigen Leuten in der Politik die Meinung zu sagen, dazu hat er dennoch oft Gelegenheit. Zum Beispiel hat er gerade am vergangenen Wochenende noch mit NRW-Schulministerin Sylvia Löhrmann die Schulsituation diskutiert.

René Klein ist Sprecher des Kinder- und Jugendrates in Nordrhein-Westfalen. Das ist die Vertretung aller Kinder- und Jugendgremien in NRW und aller Projekt- und Regionalgruppen. Der Rat vertritt die Interessen der Kinder und Jugendlichen in der Politik sowie in der Öffentlichkeit, um sie zu bündeln und so eine höhere Aufmerksamkeit zu erzielen. „Mitmachen kann bei uns jeder", sagt der 20-Jährige. […]

„Wenn es Jugendliche […] gibt, die sich politisch engagieren und einmischen wollen, helfen wir vom Jugendrat gerne bei der Gründung von Kinder- und Jugendgremien."

nach: Katharina Schmülling, in: Rheinische Post, 4.7.2011

Landestreffen der Kinder- und Jugendgremien in NRW, Juli 2011.

Beispiele für aktive Jugendgremien in NRW

- Kinder- und Jugendparlamente in Recklinghausen, Herne, Waltrop und Herdecke,
- Jugendräte in Münster, Ratingen, Düsseldorf, Hagen und Remscheid

M 4 Mitmachen im Jugendparlament

Ein Jahr lang haben die Mitglieder des Jugendparlaments in Haan geplant, bis nicht nur Ort und Datum für ihre Ju-Pa-Party feststand, sondern auch der Stargast des Abends zugesagt hatte. Mit Fabienne Rothe (16) betrat die Viertplatzierte von „Deutschland sucht den Superstar" am Samstag die Bühne der Aula im Schulzentrum Walder Straße. „Wir haben im vergangenen Frühjahr mit den Planungen begonnen und uns seit zwei Monaten jede Woche getroffen", sagte Franziska Schlick vom Jugendparlament, während sie mit Julia Marie Sobing die Kasse und die Besucher am Eingang kontrollierte. „Ich bin schon stolz darauf, dass die Jugendlichen diese Veranstaltung alleine geplant haben", betonte Jugendreferent Dieter Köhler. „Aber Alkohol ist strengstens untersagt", fügte er hinzu.

Thomas Majchrzak, in: Westdeutsche Zeitung, 5.6.2012

+

Recherchiere nach Beteiligungsmöglichkeiten in deiner Stadt oder Gemeinde und präsentiere sie deinen Mitschülern. Vielleicht findest du sogar einen Experten für ein Interview.

Aufgaben

1. a) Welche der Aktionen in M 1 würdest du wählen, um dich politisch einzumischen? Wähle die vier wichtigsten Punkte aus und begründe schriftlich.
   b) Vergleicht die gewählten Aktivitäten in eurer Klasse mit den Ergebnissen der Umfrage (M 2).
2. Beschreibe die Arbeit von Jugendparlamenten und dem Kinder- und Jugendrat in NRW (M 3, M 4, Internetseiten).
3. a) Beantworte für dich die Frage: Ab wann ist man politisch (M 1 - M 4)?
   b) Tauscht eure Ergebnisse aus und diskutiert sie.

1.1.2 Direkte Beteiligung und andere Aktionsformen

M 5 Die Schließung der Skatehalle verhindern!

Die Skatehalle „Ollie Kickflip" in Rollhausen soll am Ende des Jahres geschlossen werden, weil der Kommune die erforderlichen Gelder für die Sanierung fehlen. Die Kosten für die Sanierung und Modernisierung der Skatehalle betragen ca. 30.000 €. Eine Bürgerinitiative versucht mittels eines Bürgerbegehrens, die Schließung zu verhindern. Auch die Vertreter des Jugendparlaments Rollhausen machen durch verschiedene Aktionen auf das Problem aufmerksam, zusammen schreiben sie einen Aufruf.

„Wir sind der Meinung, dass unsere Skatehalle unbedingt erhalten werden muss! Sie ist die einzige Freizeitanlage in der Nähe unseres Wohnbereichs und ein attraktiver Treffpunkt für viele Jugendliche.

Das Freizeitangebot für Skater, Blader und Biker erfreut sich auch deshalb so großer Attraktivität, weil es preiswert ist, jeder kann es sich leisten. Unsere Halle bietet Kurse für die verschiedenen Altersgruppen an, Anfänger und Profis kommen auf ihre Kosten und werden unter professioneller Anleitung auf den nächsten Wettbewerb vorbereitet.

Außerdem trägt die Skatehalle dazu bei, dass Kinder und Jugendliche ihre Freizeit sinnvoll nutzen, anstatt nur „abzuhängen" oder gelangweilt durch die Stadt zu ziehen. Gerade auch im Hinblick auf das Thema Gewalt leistet „Ollie Kickflip" mit seinen Gewaltpräventionsprojekten eine hervorragende Arbeit, die seit Jahren von vielen Schulen unserer Stadt und auch von Nachbarstädten gerne genutzt werden. Ein Wegfall dieser Angebote kann nicht im Interesse der Stadt sein.

Gerade die jugendlichen Einwohner

Simuliert eine Tagung des Stadtrates, in der die Bürgerinitiative und die Stadt ihre Stellungnahmen vortragen.

in unserer Stadt brauchen sinnvolle Freizeitangebote – und sie sind weniger mobil als Erwachsene. Sie sind auf die Modernisierung der Skatehalle in ihrem Viertel angewiesen!"

M 6 Bürgerbegehren und Bürgerentscheid in Nordrhein-Westfalen

Ein Bürgerbegehren ist ein Antrag auf Durchführung eines Bürgerentscheids. Die Unterschriftenliste muss eine **Fragestellung**, eine **Begründung** und eine **Schätzung der Kosten** enthalten, die einer Kommune bei einem Erfolg des Bürgerbegehrens entstehen. Außerdem ist die Nennung von **Vertretungsberechtigten** erforderlich. Zur Einreichung muss ein Bürgerbegehren die Unterschriften eines bestimmten Anteils aller Stimmberechtigten enthalten.

Die **Fragestellung** des Begehrens – z. B. „Soll das Schwimmbad XY erhalten werden?" – muss im Sinne der Initiatoren des Bürgerbegehrens mit „Ja" beantwortet werden können.

Die **Begründung** muss die Argumente der Initiatoren eines Begehrens hinreichend darlegen und darf keine Falschdarstellungen enthalten.

Eine **Kostenschätzung** ist notwendig, wenn eine vorgeschlagene Maßnahme entweder geplante Einsparungen verhindert oder erhöhte Ausgaben zur Folge hat. [...]

Die zu benennenden bis zu drei **Vertretungsberechtigten** sind für die Stadtverwaltung die Ansprechpersonen des Bürgerbegehrens und dessen rechtliche Vertretungsbevollmächtigte.

Damit ein Stadt- oder Gemeinderat bzw. Kreistag sich mit dem Inhalt eines Begehrens befasst, muss dieses von einer bestimmten Zahl von Bürgerinnen und Bürgern unterzeichnet worden sein. In Nordrhein-Westfalen liegt die **Unterschriftenhürde** je nach Gemeindegröße zwischen 3 und 10 Prozent (in Kreisen zwischen 3 und 5 Prozent) der Stimmberechtigten einer Kommune.

Haben genug Bürger ein Bürgerbegehren mit ihrer Unterschrift unterstützt und ist es formell zulässig, aber vom Rat mehrheitlich abgelehnt worden, kommt es zum **Bürgerentscheid**. Dieser wird üblicherweise wie eine Wahl durchgeführt. [...]

An der Abstimmung können alle Stimmberechtigten einer Stadt oder Gemeinde teilnehmen. Bei der Abstimmung können Sie die Fragestellung des Bürger- oder Ratsbegehrens mit Ja oder Nein beantworten. Die Mehrheit entscheidet. Diese Mehrheit muss aber gleichzeitig je nach Gemeindegröße 10, 15 oder 20 Prozent aller Stimmberechtigten ausmachen.

Hat eine Stadt also z. B. 30.000 stimmberechtigte Einwohner, müssen mindestens 6.000 (20 Prozent) von diesen für das Bürger- bzw. Ratsbegehren stimmen. In einer Stadt mit z. B. 200.000 Stimmberechtigten braucht es 20.000 Ja-Stimmen (10 Prozent). Wird diese Mindestzustimmung nicht erreicht, ist der (Rats-) Bürgerentscheid ungültig.

Demokratie e. V. NRW, auf: www.nrw.mehr-demokratie.de (29.10.2012)

MEHR DEMOKRATIE

Einwohnerantrag

Einwohner, die seit mindestens drei Monaten in der Gemeinde wohnen und das 14. Lebensjahr vollendet haben (also auch Ausländer, die nicht die Staatsbürgerschaft eines EU-Staates besitzen), können beantragen, dass der Rat über eine bestimmte Angelegenheit, für die er gesetzlich zuständig ist, berät und entscheidet. (§ 25 (1) Gemeindeordnung NRW). Dazu müssen 5 % oder höchsten 5.000 Einwohner den Antrag unterzeichnen.

Damit ist dies eine besonders einfache Möglichkeit der Partizipation in der Gemeinde.

+

Recherchiere, wie viel Prozent der Stimmberechtigten in eurer Gemeinde einem Bürgerbegehren zustimmen müssen, damit die Mehrheit erreicht ist.

M 7 Arbeit einer Bürgerinitiative

Phase 1
Einzelne Bürger empfinden bestehende Verhältnisse als misslich oder wollen die Verwirklichung öffentlicher Planungen verhindern.

Phase 2
Die Bürger betreiben Öffentlichkeitsarbeit: Flugblätter, Zeitungsanzeigen, Artikel in der Lokalzeitung.

Phase 3
Briefe an Verwaltung, Gemeinderat, Fraktionen und Parteien. Sie bleiben ohne Erfolg.

Phase 4
Gründung einer Bürgerinitiative (Schaffung eines organisatorischen Rahmens; Wahlen), Öffentlichkeitsarbeit, Gewinnung von Mitstreitern, Einschaltung von Experten.

Phase 5
Parteien schalten sich ein: Presseerklärungen, Anfragen an die Verwaltung.

Phase 6
Verwaltung und Mehrheitsfraktion(en) suchen nach Kompromissmöglichkeiten.

Phase 7
Mögliche Kompromisslösungen prüfen. Die Bürgerinitiative muss sich entscheiden, ob sie sich zufrieden geben und auflösen will oder eine neue Aktion einleitet.

Horst Pötzsch, Die deutsche Demokratie, 4. Aufl., Bonn 2005, S. 48

M 8 „Kein Bock“ auf Politik?

Komponente = Bestandteil eines Ganzen

Der Sozialwissenschaftler Klaus Hurrelmann im Interview.

Beim politischen Engagement innerhalb der Parteienlandschaft sieht es mau aus. Engagieren sich Jugendliche überhaupt nicht politisch, oder haben sie andere Wege gefunden, sich einzubringen?

Doch, es gibt in der Tat viele junge Leute, die sich außerhalb der Parteienlandschaft politisch engagieren – etwa punktuell bei Demonstrationen, Bürgertreffen und Foren. Ein ganz wichtiges Betätigungsfeld ist das Internet als das Leib- und Magen-Medium der jungen Generation. Hier tauschen die Jüngeren zunehmend auch ihre politischen Ansichten aus. Deshalb sind künftige politische Strömungen im Web zuallererst wahrnehmbar. […] Wir werden neue Formen der politischen Meinungsbildung und damit der politischen Entscheidungen haben – flexibler, offener, unberechenbarer, aber damit auch urdemokratischer. […]

Werden wir demnächst einen Aufschwung bislang unbedeutender Parteien erleben, die mit ihren Themen besser die jungen Leute ansprechen als die etablierten Parteien?

Meiner Ansicht nach liegt das in der Luft. Und wir haben auch erste Beispiele dafür: Wir haben die rechten Parteien, die zum Beispiel, vor ein paar Jahren in Mecklenburg-Vorpommern gezielt die Gruppe der wirtschaftlich schwach gestellten Jugendlichen, besonders der jungen Männer, angesprochen hatten und im Wahlkampf gesagt haben: „Wir vertreten eure Interessen." [...]

Kristallisiert sich mit der Piratenpartei eine neue politische Jugendbewegung heraus, wie in den 80er Jahren mit der Anti-Atomkraft-Bewegung oder vor wenigen Jahren mit der Anti-Globalisierungsbewegung?

Die Piratenpartei kann durchaus der Ausgangspunkt für eine neue Bewegung sein, denn sie trifft einige ganz sensible Komponenten des Lebensgefühls der jungen Generation – sich durch frei verfügbare Technik selbstständig und ohne Kontrolle von Erwachsenen in der Gesellschaft bewegen zu können. [...]

Das Interview führte Falk Sinß, auf: www.ard.de vom 8.9.2009

Auch auf einem Parteitag bleiben viele Piraten online vernetzt, hier in Luckenwalde im Juni 2012.

M 9 Die Piratenpartei

Die Piratenpartei wurde 2006 in Berlin gegründet. Bei der Berliner Abgeordnetenhauswahl im September 2011 konnte sie mit 8,9 Prozent der Stimmen einen überraschend großen Erfolg feiern, im Mai 2012 folgte der Einzug in den nordrhein-westfälischen Landtag mit 7,8 Prozent der Stimmen. Sie ist besonders bei vielen jungen Bürgerinnen und Bürgern beliebt, die sich in den interaktiven Medien auskennen und sonst als politikverdrossen gelten. Die Piraten fordern vor allem mehr Durchsichtigkeit und Beteiligungsmöglichkeiten in der Politik. Auch innerhalb ihrer Partei wollen sie diese Prinzipien verwirklichen: Über ihr Parteiprogramm und politische Themen allgemein diskutieren sie auf den Plattformen des Web 2.0, also in Blogs, sozialen Netzwerken, über Twitter und Ähnliches. Der Austausch über politische Inhalte auf dem digitalen Weg entspricht damit einer echten Beteiligung am politischen Prozess.

Über bestimmte Software und Plattformen tauschen sich die Mitglieder über Themenbereiche aus, formulieren gemeinsam an Initiativen und stimmen über Anträge ab. So bildet sich unter direkter Mitwirkung der Mitglieder ein Meinungsbild der Partei. Eine Idee ist es außerdem: Bevor Piraten-Abgeordnete in den Parlamenten entscheiden, sollen sie Anträge, Gesetzentwürfe und Positionspapiere auf den Plattformen zur Abstimmung stellen und nach dem Willen der Mitglieder fragen.

PIRATEN PARTEI

Aufgaben

1. a) Formuliert in Partnerarbeit für die Bürgerinitiative zur Skatehalle (M 5) einen Entwurf für ein Bürgerbegehren, der alle Kriterien an einen solchen Antrag erfüllt (M 6).
b) Tauscht eure Ergebnisse in Kleingruppen aus und einigt euch auf einen Formulierungsvorschlag. Überlegt euch dabei auch mögliche (kreative) Vorschläge zur Kostendeckung der Sanierung und wählt eine(n) Vertretungsberechtigte(n).
c) Tragt Argumente zusammen, die gegen den Erhalt der Skatehalle sprechen. Denkt dabei an die Interessen verschiedener Akteure (Einwohner, ältere Leute ...).

2. Recherchiere im Internet die besonderen Ziele der Piratenpartei im Hinblick auf die Bürgerbeteiligung (M 8, M 9, eigene Recherche).

1.1.3 Jugendliche sind aktiv gegen Rechts

M 10 Rechtsextremismus in Deutschland und NRW – ein Problem?

a) Aussagen von Jugendlichen

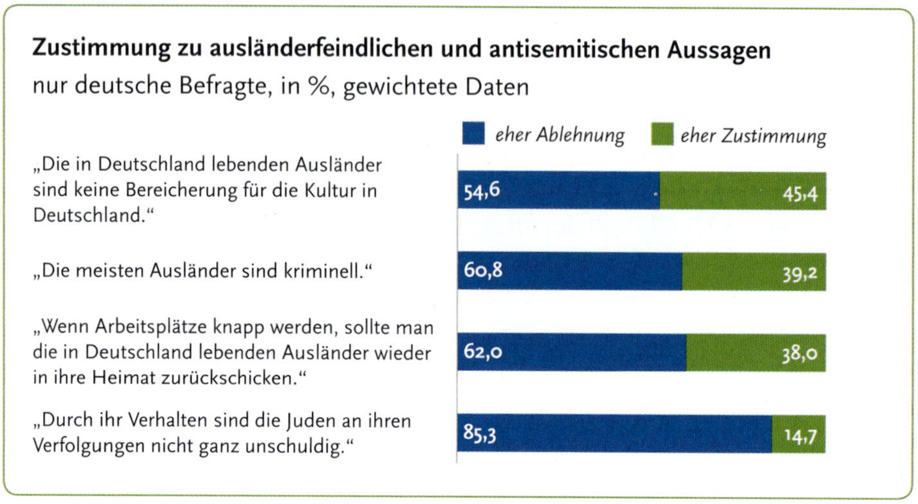

Zahlen: Kriminologisches Forschungsinstitut Niedersachsen, auf: www.spiegel.de vom 17.3.2009

b) „pro NRW" ist eine rechtsextremistische Bewegung

Die „Bürgerbewegung ‚pro Köln' e.V." ist ein eingetragener Verein, dessen Ziel es ist, über kommunalpolitische Arbeit Einfluss zu gewinnen. [...] Bei der Kommunalwahl 2009 erreichte „pro Köln" 5 Sitze im Stadtrat und 10 Mandate in allen 9 Kölner Bezirksvertretungen. [...]

Im Februar 2007 wurde in Anlehnung an das Modell die „Bürgerbewegung ‚pro NRW'" gegründet. Die Funktionäre sowie große Teile der Mitglieder kommen aus dem Umfeld von „pro Köln". Auch die Themen sind überwiegend deckungsgleich. Die Aussagen von „pro NRW" sind von Ausländerfeindlichkeit, insbesondere von Muslimfeindlichkeit gekennzeichnet. Die Partei missachtet damit tragende Grundsätze der Verfassung insbesondere die Menschenwürde und das Diskriminierungsverbot.

Seit September 2007 ist „pro NRW" als Partei tätig und seit April 2008 im Parteienverzeichnis des Bundeswahlleiters aufgeführt. [...] Bei der Kommunalwahl 2009 erreichte „pro NRW" (einschließlich „pro Köln") insgesamt 45 Mandate und zog mit 1 bis 3 Personen überall dort in die Räte ein, für die man kandidiert hatte. Bei der Landtagswahl 2012 erreichte die Partei landesweit 1,5 %. [...] Das Verwaltungsgericht Düsseldorf hat in seinem Urteil vom 15. Februar 2011 mittlerweile ausdrücklich festgestellt, dass „pro Köln" und „pro NRW" rechtsextremistische Bewegungen seien.

Ministerium für Inneres und Kommunales des Landes Nordrhein-Westfalen, Verfassungsschutz, auf: www.mik.nrw.de (Stand: 28.6.2012)

M 11 Was können Schüler gegen Rechts machen?

a) Gesicht zeigen

Die Vereinigung „Schüler gegen Rechts" hatte für Samstag zu einer Kundgebung gegen Rechtsradikalismus, Fremdenfeindlichkeit und konkret auch gegen den geplanten „Anti-Islamisierungsgipfel" der als rechtsextrem eingestuften Formation „pro Köln" aufgerufen. Rund 400 Teilnehmer waren erwartet und diese Zahl wurde auch annähernd erreicht. Begleitet von Einsatzkräften der Kölner Polizei machte sich der friedliche Protestzug auf den Weg durch die Kölner Innenstadt, an dem sich neben den „Schülern gegen Rechts" auch weitere Aktionsgruppen beteiligten. [...] Mit musikalischer Unterstützung drückten die zumeist jungen Demonstranten ihren Unmut über die Aktivitäten der Rechten aus. Die sind nach Auskunft der Initiatoren wieder verstärkt vor den Toren verschiedener Kölner Schulen aktiv. Martin Schneider von der Initiative „Schüler gegen Rechts" weiß von seiner eigenen Schule, der Gesamtschule Rodenkirchen, und dem Schiller-Gymnasium in Köln-Sülz, dass dort von Rechten Flyer und DVDs verteilt werden. „Wir wollen vor allem aufklären", beschrieb Schneider den Ansatz der Initiative.

Nach: www.koeln-nachrichten.de vom 29.4.2009

Schüler lassen sich für die Aktion fotografieren, 2008.

b) Auszeichnung als „Schule ohne Rassismus"

In der Städtischen Realschule Waltrop herrschte große Freude: Sie darf sich nun „Schule ohne Rassismus – Schule mit Courage" nennen. Den Ausschlag hierfür gab das Projekt „Städtische Realschule Waltrop gegen Rechts und für Demokratie" des Sowi-Kurses der Stufe zehn. Dabei erwiesen sich die Schüler als kreative und einfallsreiche Köpfe: Neben Karikaturen und einer Foto-Aktion gegen Rechts entwickelten die Schüler aus dem Abschlussjahrgang ein Brettspiel zum Thema und entwarfen gemeinsam mit Künstlerin Judith Hupel Figuren als „Wächter der Demokratie". Eine Ausstellung mit den Ergebnissen wird am 20. Juni im Waltroper Rathaus eröffnet. Sie sammelten außerdem von 93 % aller Schüler und Beschäftigten der Realschule Unterstützungsunterschriften für den Titel „Schule ohne Rassismus – Schule mit Courage". „Das zeichnet euch aus, dass ihr immer wieder auch andere mit einbezieht bei Euren Projekten", lobte Projektpatin Anne Heck-Guthe.

Nach: Tobias Ertmer, in: Waltroper Nachrichten, 25.5.2012

M 12 Test: Habe ich Vorurteile?

	Franzosen	Türken	Polen	Deutsche
freundlich				
sauber				
pünktlich				
herrschsüchtig				
tolerant				
arrogant				
frauenfreundlich				
kinderfreundlich				
humorvoll				
geizig				
gewalttätig				

Ins Heft

M 13 Wie kann man rechten Parolen entgegentreten?

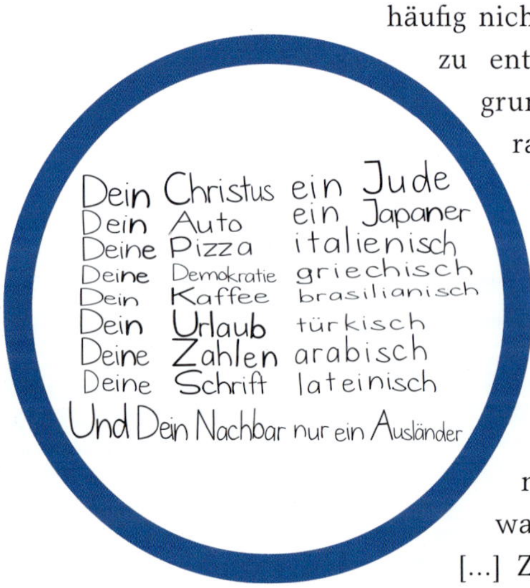

Häufige Parolen

Eine extrem rechte Gesinnung ist häufig nicht sofort zu erkennen und zu entschlüsseln. [...] Das zugrunde liegende Weltbild ist rassistisch, antisemitisch, nationalistisch, antiliberal und sexistisch. Es verklärt oder relativiert den Nationalsozialismus und ist stets mit der Bereitschaft verbunden, die eigene Gesinnung gegebenenfalls gewaltsam durchzusetzen.

[...] Zentrales Thema sind immer wieder die sogenannten Ausländer. Eine der häufigsten Parolen ist: „Die Ausländer nehmen uns die Arbeitsplätze weg."

Mit dieser Behauptung werden gleich mehrere Botschaften verkündet: 1. Wir haben zu viele Ausländer hier. 2. Auch du hast Grund, Angst um deinen Arbeitsplatz zu haben. 3. Schuld daran sind die Ausländer. 4. Wenn wir sie rauswerfen und ausweisen, sind die Probleme gelöst. 5. Dazu ist aber dieses politische System nicht in der Lage. 6. Wir brauchen wieder einen starken Mann.

Damit sind in dieser Parole nahezu alle Merkmale rechtsextremer Ideologie versammelt.

Gegenfragen stellen

Eine sinnvolle Gegenstrategie bestünde zunächst darin, das Gewirr der Begründungen und Belege zu entknoten. Dann kann man Ungereimtheiten und Widersprüche aufzeigen und die eigentliche Absicht aufdecken und so die politischen Folgen offenlegen.

Das sollte mit Gegenfragen geschehen. Also: Woran misst du die Zahl „der Ausländer"? Wen genau meinst du überhaupt – den japanischen Manager, die polnische Altenpflegerin, den holländischen Krankengymnasten, den brasilianischen Fußballstar? Begründe bitte, wieso diese Menschen dir deinen Arbeitsplatz wegnehmen? Wie würde unser Leben aussehen, wenn sie alle nicht mehr da wären? Wo bekämst du deine Pizza her? Wie lange müsstest du dann auf eine notwendige Facharztbehandlung warten? [...]

Übrigens kann man platte Parolen auch mit Ironie entlarven. Dem Spruch „Die Ausländer nehmen uns die Arbeitsplätze weg" könnte entgegnet werden: „Ich wusste gar nicht, dass du früher eine Dönerbude hattest!?"

Wichtig ist, selbst aktiv zu werden – und vor allem das pauschalisierende, also verallgemeinernde „die" aufzulösen. Hinter den Sprüchen und Parolen stehen immer soziale Vorurteile.

Toralf Staud, Holger Kulick, Das Buch gegen Nazis. Rechtsextremismus – Was man wissen muss, und wie man sich wehren kann, Köln 2010, S. 181 ff.

M 14 Testauflösung: die Vorurteilsfalle

Testauflösung: Liebe Testperson, dieser Test ist der größte Blödsinn und eine große Falle. Falls du auch nur eine Eigenschaft zugeordnet hast, bist du schon in die Vorurteilsfalle gelaufen [...].

Vorurteile sind Vorstellungen, die ohne Prüfung auf deren Richtigkeit übernommen werden. Wenn diese Vorstellungen dauerhafte Form annehmen, werden sie Stereotype genannt. Wenn jemand voreingenommen ist, neigt er/sie dazu, nur die Dinge zu sehen, die seine/ihre Vorstellungen bestätigen. Er/sie sieht nur noch das, was er/sie sehen will und seine/ihre Vorurteile oder Stereotypen bestätigt.

Vorurteile sind verletzend. Vor allem, wenn sie dazu gebraucht werden, um jemanden ungerecht zu behandeln. Vorurteile nehmen anderen Menschen die Möglichkeit zu zeigen, wer sie sind und was sie können. Zum Beispiel der Unternehmer, der keine Schwedinnen einstellen will, wie er gehört hat, dass „sie" immer zu spät kommen.

Manche Menschen halten hartnäckig an Vorurteilen und Stammtischgeschwätz fest, obwohl sie selber überhaupt niemanden kennen, auf den oder die diese negativen Bilder zutreffen. Vorurteile sind hartnäckig und daher schwer zu bekämpfen.

Aber es gibt Hoffnung: Niemand wird mit Vorurteilen geboren. Sie sind angelernt und können deswegen auch wieder verlernt werden. Bevor du über jemanden urteilst, kannst du ihn oder sie besser fragen, warum er oder sie sich so oder so verhält. Denk daran, dass es dir bestimmt auch nicht gefallen würde, wenn du von anderen ständig über deinen Kopf hinweg beurteilt würdest.

Gewalt Akademie Villigst, SOS-Rassismus-NRW u. a. (Hrsg.), 101 Projektideen gegen Rechtsextremismus, Schwerte 2009, S. 103

Sammelt Parolen und Vorurteile, denen ihr häufig begegnet, und entwickelt Gegenfragen. Arbeitet zunächst zu zweit zusammen (M 12, M 13).

Aufgaben

1. a) Diskutiert in Gruppen die Einstellungen zur Diktatur in Deutschland und die Erfolge von „pro NRW" (M 10).
   b) Sammelt inhaltlich Gründe, warum ihr euch (zum Beispiel) gegen Ausländerfeindlichkeit stark machen solltet. Ihr könnt mit dem Halbsatz beginnen „Weil mir wichtig ist, dass ..." (M 11, M 13).
2. Was nimmst du aus dem Test zu Vorurteilen und seiner Auflösung mit (M 12, M 14)? Formuliere für dich persönlich zwei Punkte.
3. Erstellt eine Liste mit kreativen Ideen gegen rechtsextremistische Einstellungen (M 11, M 13).

Was wir wissen

Politische Beteiligung
M 1, M 2, M 8

Demokratie lebt vom Einsatz ihrer Einwohner. Auch für Jugendliche gibt es viele Möglichkeiten, ihre Meinung und ihre Anliegen zu formulieren und sich politisch zu engagieren. Man kann dazu Gespräche mit Freunden und Eltern führen oder an öffentlichen Diskussionen und Demonstrationen teilnehmen. Durch Leserbriefe an Zeitungen oder Unterschriftenaktionen bekommt der Einsatz eine größere Wirkung. Wenn man sich längerfristig für ein Thema oder eine Sache einsetzen möchte, kann die Gründung oder Mitwirkung in einer Bürgerinitiative oder die Mitgliedschaft in einem Verein oder einer Partei sinnvoll sein.
Der Beitritt zu Parteien ist bei Jugendlichen weniger beliebt. Aber es ist nicht richtig, Jugendlichen generell Politikverdrossenheit vorzuwerfen. Sie engagieren sich auf andere Weise, besonders gerne über das Internet oder in neuen Bewegungen, die eher zu ihrem Lebensgefühl passen, wie zum Beispiel der Piratenpartei.

Jugendparlamente
M 3

Um Kinder und Jugendliche in Entscheidungsverfahren mit einzubeziehen, gibt es in vielen Gemeinden Jugendparlamente. Dort können Jugendliche ihre Interessen vertreten und z. B. der Gemeindevertretung vortragen. Mitwirken kann in der Regel jeder, der sich interessiert und einbringt.

Bürgerbegehren und Bürgerentscheid
M 6, M 7

Um den Bürgern mehr Mitbestimmung einzuräumen, gibt es das Instrument des Bürgerentscheids. Wenn in einer besonders strittigen Frage genügend stimmberechtigte Bürger ein Bürgerbegehren unterschreiben (je nach Größe der Gemeinde liegt die Hürde in Nordrhein-Westfalen bei 3 - 10 % der Stimmberechtigten), dann kommt es zum Bürgerentscheid. Das Problem wird als Ja / Nein-Frage formuliert und dann zur Abstimmung vorgelegt. Die Mehrheit entscheidet, allerdings muss auch eine Mindestzahl an Wahlberechtigten eine gültige Stimme abgeben (zwischen 10 und 20 %).

Engagement gegen Rechts
M 13

Um die demokratischen Grundwerte unserer Gemeinschaft zu verteidigen, engagieren sich viele Jugendliche gegen Rassismus, Rechtsextremismus und Ausländerfeindlichkeit. Sie setzen sich damit für Meinungsfreiheit, Toleranz und Gleichberechtigung ein.
Hinter fremdenfeindlichen Parolen stehen fast immer Vorurteile. Dies sind Meinungen, die ohne eigene Erfahrung und Prüfung kritiklos übernommen werden. Sie werden über lange Zeit weitergegeben und verdichten sich zu Feindbildern – und vor allem sind sie weit verbreitet. Hier kann fast jeder seine eigene Einstellung prüfen und verbessern.

Als junge Blogger aktiv

Finn (16 Jahre), Hasan und Irina (beide 15 Jahre) haben einen politischen Blog für Jugendliche erstellt.

Irina: Ich bin computerinteressiert und habe schon einen eigenen Blog gehabt. Als Finn und ich dann im Fernsehen von ähnlichen Aktionen erfuhren, wollten wir uns nützlich machen. Dabei war es mir wichtig, mit anderen zusammen zu sein und mich austauschen zu können.

Finn: Ja genau. In der Zeitung wird ja oftmals ziemlich langweilig über Politik berichtet und schon gar nicht aus der Sicht von uns Jugendlichen. Das wollen wir ändern. Schließlich ist es uns wichtig, dass man weiß, was los ist. Nur so kann man sich auch für seine Interessen einsetzen, wenn einem etwas nicht passt.

Irina: Wir haben deshalb auch noch ein Forum, in dem sich die User austauschen können, falls sie konkrete Aktionen planen. Nachdem wir einmal über die Schließung eines Skaterparks berichteten, ist zum Beispiel im Forum die Idee entstanden, eine Demonstration zu veranstalten.

Hasan: Mir macht es außerdem einfach Spaß, Aktionen auszudenken und spannende Blog-Beiträge zu verfassen. Jeder bringt dabei seine Stärken ein. Ich filme zum Beispiel gerne und erstelle daher oftmals Videos für den Blog. Außerdem lernt man echt viel dazu.

Finn: Das stimmt. In der Schule habe ich mich früher nie getraut, etwas im Unterricht zu sagen. Mittlerweile ist das kein Problem mehr. [...]

Irina: Ab und an ist es aber auch ganz schön anstrengend. Daher ist es umso schöner, wenn die Abonnentenzahl des Blogs steigt und wir positive Rückmeldungen bekommen.

Helen Weiden, in: Praxis Politik, 3/2011, Partizipation, S. 16

Aufgaben

1. Erläutere mit deinem Vorwissen, warum der Blog besonders für Jugendliche eine attraktive Form des politischen Engagements sein kann. Nenne dabei auch andere mögliche Formen.
2. Wenn du z. B. bei facebook den „Gefällt mir"-Button zu einem politischen Thema anklickst, würdest du das als wirkungsvolle politische Beteiligung bezeichnen? Begründe deine Meinung.

Das falsche Aussehen

Aufgabe

a) Welches Vorurteil erkennt ihr in der Karikatur?

b) Erläutere den Begriff „Vorurteil" mithilfe der Karikatur.

Heiko Sakurai, 22.8.2006

Methode

M 8 Parteien im Internet – einen Steckbrief erstellen

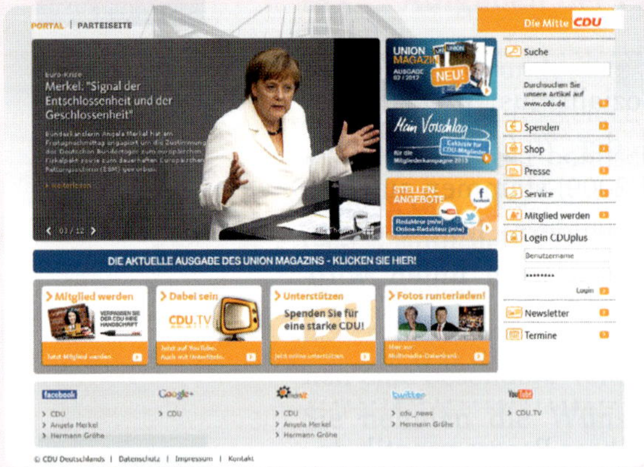

CDU: www.cdu.de

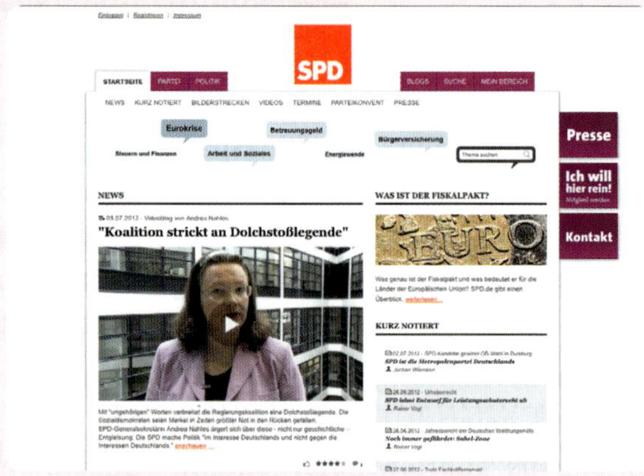

SPD: www.spd.de

FDP: www.fdp-bundespartei.de

Bündnis 90/Die Grünen: www.gruene.de

Die Linke: www.die-linke.de

Arbeitsauftrag:

Erstelle einen Steckbrief der Parteien, beachte dabei folgende Fragen:

- Wann wurde die Partei gegründet?
- Welche prominenten Mitglieder hat sie?
- Wann und wo war / ist die Partei an der Regierung beteiligt?
- Hat die Partei eine Jugendorganisation?
- Einigt euch auf ein aktuelles politisches Thema und recherchiert, was die Parteien dazu auf ihren Homepages sagen.
- Ihr könnt auch den Internetauftritt der Parteien nach Kriterien bewerten, z. B. wie attraktiv ist die Gestaltung, wie verständlich ist die Seite für Jugendliche oder wie viele Informationen zu Sachthemen werden angeboten.

1.2.3 Was macht Wahlen demokratisch?

M 9 Demokratisch? Wahlen auf dem Prüfstand

Fall 1
Der Chef der YUKA-Milch&Co KG unterhält sich mit seinen Auszubildenden über die bevorstehende Bundestagswahl. Anschließend ärgert er sich über deren Meinung und kommt zu dem Schluss, dass ihm, im Vergleich zu gering qualifizierten Mitarbeitern, aufgrund seiner umfassenden Erfahrung in Wirtschaftsfragen ein höheres Stimmengewicht zustehen sollte. Er schlägt ein Stimmenverhältnis von 2:1 vor, denn er sorge ja für Arbeitsplätze und trage das Risiko.

Fall 2
Abernico Bhebe deutet auf die frische Narbe am Kopf. Dort hat ihn eine Axt getroffen. „Wir waren auf Wahlkampftour in Nkayi, meinem Wahlkreis", erzählt der Parlamentsabgeordnete, als am helllichten Tage Geheimpolizisten, Soldaten, Polizisten und Schläger der Regierungspartei Zanu über sie herfielen. Auch Bhebes Rücken und seine Beine sind übersät mit Wunden von unzähligen Schlägen. [...] Als Oppositionspolitiker in Simbabwe ist er Freiwild für die Gehilfen des Präsidenten.
Frank Räther, auf: www.focus.de (Stand: 2002)

Fall 3
Tanja ist gerade 18 Jahre alt geworden und möchte im Herbst zum ersten Mal zur Wahl gehen. Ihr Vater hat bereits für die gesamte Familie die Briefwahlunterlagen angefordert. Er ist der Meinung, dass seine Tochter noch zu wenig Erfahrung habe, und hat vor, ihren Wahlzettel an ihrer Stelle auszufüllen.

Fall 4
Auch in der ehemaligen DDR konnten die Bürger wählen gehen. Die Parteien und Massenorganisationen vereinten ihre Vorschläge zur gemeinsamen Liste der Nationalen Front. Diese Einheitsliste enthielt schon eine Gewichtung in Bezug auf die Anteile der einzelnen Parteien. Der eigentliche Wahlvorgang bestand in der Bestätigung der Liste durch falten und abgeben. Im Volksmund wurde dies oft „falten gehen" genannt.

Fall 5
Berlin 1919 – Wahl zur Nationalversammlung.
Wilhelmine Schmidt freut sich auf den nächsten Sonntag, denn zum ersten Mal in der Geschichte des Deutschen Reiches darf auch sie als Frau zur Wahl gehen.

DDR
Von 1949 bis zur friedlichen Revolution im Herbst 1989 bildeten die heutigen fünf ostdeutschen Länder einen eigenen Staat. Es handelte sich um eine kommunistische Diktatur unter Führung der „Sozialistischen Einheitspartei Deutschlands" (SED).

M 10 Wählen – aber wie? Wahlrechtsgrundsätze

Laut Artikel 38 GG werden die Abgeordneten des Deutschen Bundestages in „allgemeiner, unmittelbarer, freier, gleicher und geheimer Wahl gewählt".

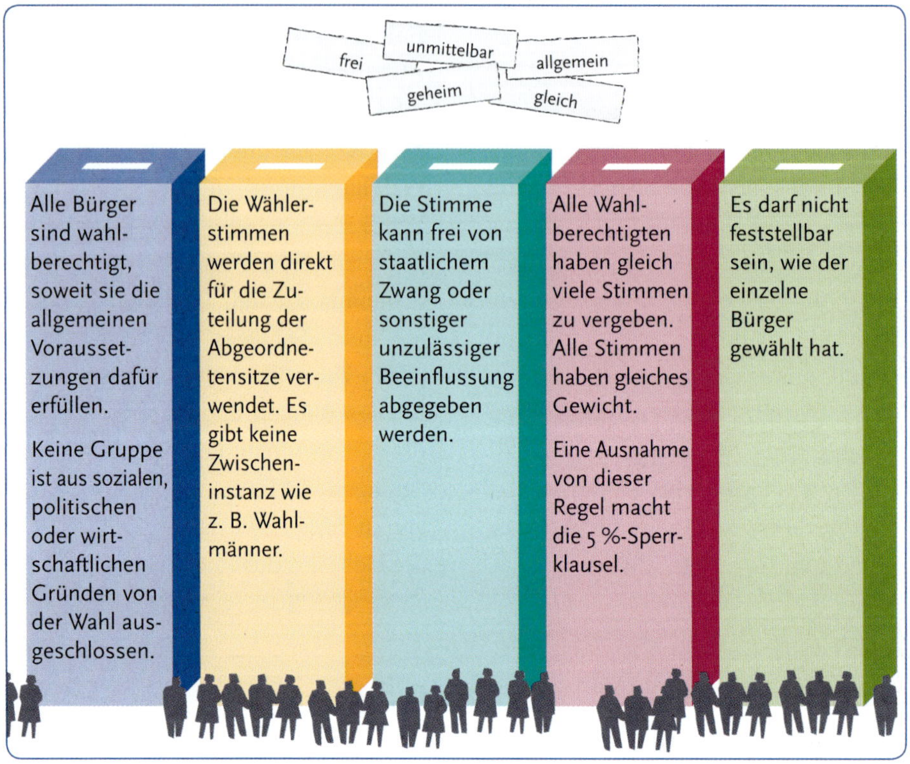

nach: Bergmoser + Höller Verlag AG, Zahlenbilder 086030

M 11 Warum wählen gehen?

Im Internetchat unterhält sich die Erstwählerin Sibel mit Bernd. Er engagiert sich bei der Aktion „Wählen jetzt".

Sibel: Stimmt es, dass man bei manchen Wahlen schon ab 16 wählen darf?

Bernd: Das ist richtig. Von deinem 18. Geburtstag an kannst du an der Wahl zum Europaparlament, zum Bundestag und zum Landtag deines Bundeslandes teilnehmen. Du kannst Abgeordnete wählen (aktives Wahlrecht) und auch selbst gewählt werden (passives Wahlrecht). In einer Reihe von Bundesländern kannst du bei der Wahl von Gemeinde-, Kreis- oder Stadtparlamenten sogar schon mit 16 Jahren wählen gehen.

Sibel: Ok – aber lohnt es sich überhaupt zu wählen?

Bernd: Das auf alle Fälle. Denn wenn du dich nicht zwischen den verschiedenen Angeboten entscheidest, tun es andere für dich. Späteres Schimpfen hilft dann nicht.

Sibel: Und welchen Sinn haben Wahlen?

Bernd: Sie sollen fähige Frauen und Männer an politisch wichtige Schalthebel setzen und solche hinauswerfen, die sich dort in der Vergangenheit als unfähig erwiesen haben. Jedenfalls in den Augen der Wähler, die ihnen den Laufpass geben. Du musst dich bei deiner Wahl also entscheiden: Haben diejenigen, die bisher in Parlament und Regierung den Ton angaben, ihre Sache alles in allem gut gemacht? Wenn ja, dann kannst du sie ruhig wieder wählen. Wenn nein, dann solltest du andere wählen, denen du mehr zutraust. [...]

nach: Eckart Thurich, pocket politik, Bonn 2006, S. 116 f.

M 12 Demonstration für Wahlen

Aufgaben

1. „Eine Wahl ist dann demokratisch, wenn ..." Führt zu der Frage in der Klasse ein Blitzlicht durch.
2. Beschreibe, wie ihr in eurer Klasse euren Klassensprecher wählt.
3. Beschreibe, inwiefern die bei uns gültigen Wahlrechtsgrundsätze in den einzelnen Beispielen (M 9) eingehalten bzw. verletzt werden.
4. Die Wahlrechtsgrundsätze und ihre Beschreibung sind durcheinander geraten (M 10). Übertrage sie richtig zugeordnet in dein Heft.
5. Unterscheide aktives und passives Wahlrecht (M 11).
6. Erläutere die Bedeutung von Wahlen in Demokratien (M 9 - M 12).

1.2.4 Welches Wahlsystem soll es sein?

M 13 Wahlsysteme im Vergleich

Wenn wie in Deutschland ca. 60 Millionen Menschen wählen dürfen, dann muss es ein Verfahren geben, aus dem hervorgeht, wie die einzelnen Stimmen in Parlamentssitze umgewandelt werden. Dieses Verfahren wird als Wahlsystem bezeichnet.

Bei der Entscheidung für ein Verfahren gilt es abzuwägen: Das Wahlergebnis soll den politischen Willen der gesamten Wählerschaft im Parlament möglichst korrekt abbilden – es soll aber gleichzeitig eine regierungsfähige Mehrheit hervorbringen. Hier gibt es einen Zielkonflikt, denn beides ist nicht gleichzeitig in idealer Weise zu erreichen.

Mehrheitswahl

Zu klaren Mehrheiten führt es meistens, wenn alle Abgeordneten direkt in den Wahlkreisen gewählt werden. Hier spricht man von einem Mehrheitswahlsystem. Wer im Wahlkreis die meisten Stimmen auf sich vereinigen konnte, ist gewählt. [...] Die Stimmen für alle nicht gewählten Kandidaten verfallen – sie wirken sich nicht auf die Zusammensetzung des Parlaments aus.

Die Mehrheitswahl begünstigt, wie das Beispiel Großbritannien zeigt, immer die großen Parteien. Kleinere politische Strömungen haben kaum eine Chance, ihre Ideen in die parlamentarische Debatte einzubringen. Die Folge ist, dass sich große Gruppen der Bevölkerung mit ihren Überzeugungen politisch überhaupt nicht vertreten fühlen. Der Vorteil für das politische System: Eine klare absolute Mehrheit für eine Partei ist die Regel. Die Regierungsbildung ist meist kein Problem. [...]

Verhältniswahl

Das Verhältniswahlsystem dagegen kennt überhaupt keine direkt gewählten Wahlkreiskandidaten. Die Stimmberechtigten entscheiden sich für die Kandidatenlisten einer Partei. Jede Partei schickt so viele Abgeordnete ins Parlament, wie es ihrem Anteil an den abgegebenen Wahlstimmen entspricht. Im reinen Verhältniswahlsystem sind deshalb auch sehr kleine Parteien vertreten. Wenn es keine Sperrklausel gibt, entspricht die Zusammensetzung des Parlaments genau der Verteilung der Stimmen auf die Listen, die zur Wahl standen.

Ein reines Verhältniswahlsystem führt – wie es die Geschichte der Weimarer Republik gezeigt hat – leicht zur Zersplitterung der Parteienlandschaft. Ein in viele Fraktionen zerfallendes Parlament bringt schwache, wenig stabile Regierungen hervor, die sich auf Mehrparteienkoalitionen stützen müssen.

Wichard Woyke, in: Informationen zur politischen Bildung aktuell, Bundestagswahlen 2002, Bonn 2002, S. 3 f.

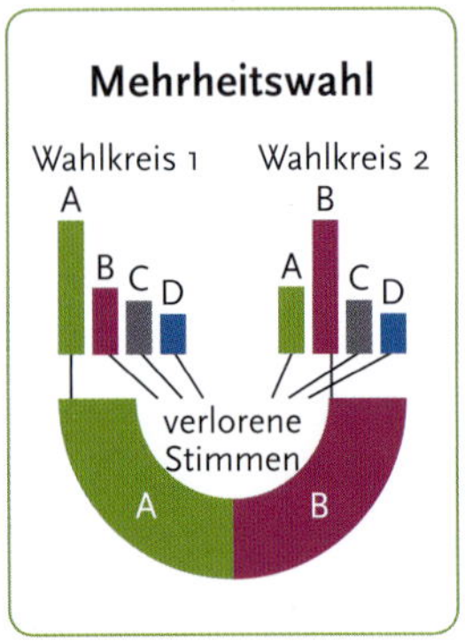

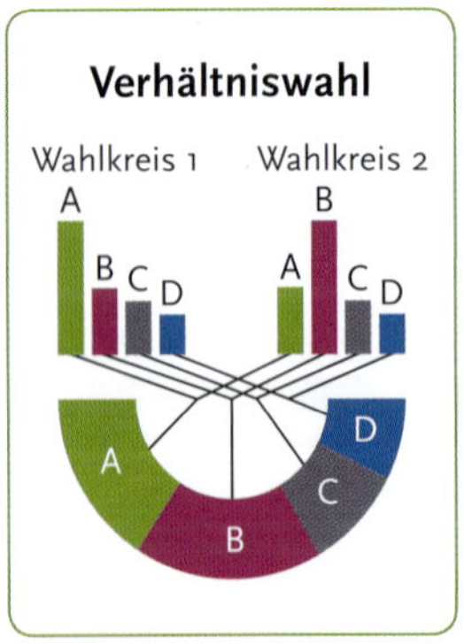

Sperrklausel oder 5 %-Hürde
Die Parteien müssen 5 % der abgegebenen Zweitstimmen erhalten oder drei Direktmandate erreichen, um in den Deutschen Bundestag einziehen zu können.

M 14 Das Wahlsystem der Bundesrepublik Deutschland

Bergmoser + Höller Verlag AG Zahlenbilder 86010

Link
Vor Wahlen gibt es unter *www.bpb.de* den „Wahl-O-Mat". Gib deine Antworten zu den verschiedenen Fragen ein – der Wahl-O-Mat vergleicht diese mit den Programmen der Parteien und zeigt dir, mit welchen Parteien du die größten inhaltlichen Übereinstimmungen bzw. Unterschiede hast.

Personalisierte Verhältniswahl

Der Bundestag wird auf vier Jahre gewählt, und zwar nach dem Verfahren der sogenannten personalisierten Verhältniswahl. Danach wird die Hälfte der Abgeordneten in einem Wahlkreis direkt gewählt, während die andere Hälfte über die Landeslisten der Parteien in den Bundestag einzieht. Jeder Wähler und jede Wählerin kann zu diesem Zweck zwei Stimmen vergeben. Die Erststimme ist der „personalisierte" Teil des Wahlsystems. Mit ihr wird der oder die Wahlkreisabgeordnete nach dem Prinzip der relativen Mehrheitswahl gewählt. Das bedeutet: Gewählt ist, wer die meisten Stimmen auf sich vereint.

Reform
Durch eine Reform des deutschen Wahlrechts könnte sich die Zahl der Abgeordneten ab 2013 erhöhen.

Aufgaben

1. a) Erläutere jeweils den wichtigsten Vorteil des Mehrheits- und des Verhältniswahlsystems (M 13).
   b) Führt in der Klasse eine Pro-Kontra-Diskussion zur These: „Wir brauchen die Mehrheitswahl!" durch.
2. Erkläre, inwiefern das deutsche Wahlsystem ein Kompromiss ist (M 13, M 14).

Recherchiere die Verteilung der Erststimmen bei der letzten Bundestagswahl und berechne die Verteilung der Parlamentssitze auf die Parteien.

1.2.5 Wie kämpfen die Parteien um Wählerstimmen?

M 15 Wahlplakate 2009

M 16 Die Bedeutung des Wahlkampfes

Stammwähler
sind stark auf eine Partei festgelegt und bleiben dieser über viele Jahre treu.

Wechselwähler
sind nicht an eine bestimmte Partei gebunden, sondern entscheiden von Wahl zu Wahl neu.

Protestwähler
sind Wähler, die unzufrieden sind mit den Parteien. Sie wählen dann oft extreme Parteien, um ihre Unzufriedenheit zu zeigen.

Wahlkampf bedeutet konkurrierende Werbung der Parteien um Wählerstimmen. Alle Ziele eines Wahlkampfes sind in der Regel auf drei Aspekte ausgerichtet, wobei natürlich der Wahlsieg das Hauptziel darstellt: das eigene Stammwählerpotenzial optimal zu mobilisieren, Wechselwähler zu binden und den Anteil von Nichtwählern bei der gegnerischen Stammwählerschaft zu erhöhen.

Probleme, bei denen man in den Augen der Bürger am besten abschneidet, werden in Wahlkampfzeiten besonders in den Vordergrund gerückt und der Vorteil der Regierungschefs genutzt. Wahlkampf ist zunächst einmal besonders verdichtete politische Kommunikation. [...]

Neben der Bewusstmachung von politischen Problemen lenken die Parteien – oft gleichzeitig und nebeneinander – auch absichtlich von den Problemen ab. Das Werben um den Wahlbürger ist für die Parteien schwieriger geworden.

nach: Karl-Rudolf Korte, Wahlen in der Bundesrepublik Deutschland, 4. Aufl., Bonn 2003, S. 112 f.

M 17 Welche Rolle spielen die Spitzenkandidaten?

Peer Steinbrück macht als Kanzlerkandidat der SPD Wahlkampf im Jahr 2013

Mit den Spitzenkandidaten und ihrer werbewirksamen Vermarktung steht und fällt der Wahlkampf. Sie müssen Glaubwürdigkeit, Sachkompetenz und Vertrauen ausstrahlen.

Die Bewertung des „Images“ gründet besonders auf dem Sympathie- und dem Leistungsbereich. Die Spitzenkandidaten sind eine Art Werbesymbol. Sie erhöhen die Mobilisierungschancen der Stammwähler und die Einsatzbereitschaft der Anhänger. Dennoch sollte nicht ausgeblendet werden, dass auch die Spitzenkandidaten den Wahlvorgang nicht allein entscheiden. Es geht immer noch um die Wahl einer politischen Partei. Nichts geht in Deutschland ohne die politischen Parteien, relativ wenig ohne ein dazugehöriges politisches Programm.

Neben dem Image der Kandidaten ist natürlich ihr Bekanntheitsgrad ein wichtiges Kriterium für die Auswahl der Spitzenkandidaten. Andererseits lässt sich die Bekanntheit eines Politikers heute innerhalb kürzester Zeit durch das Fernsehen herstellen. Wenn sich jemand zum Kandidaten küren lässt, beginnt die Medienoffensive. Die Redaktionen möchten im Wettlauf mit der Zeit möglichst vieles – politisch wie privat – über die Person publizieren.

In der „Schlussphasendramatisierung" des Wahlkampfes spielt auch das Duell der Spitzenkandidaten in der Öffentlichkeit eine besondere Rolle. Es bietet für die Wähler eine weitere Möglichkeit der Bewertung. Dazu wurde bei den zurückliegenden Bundestagswahlen häufig eine große Fernsehdiskussion mit den Spitzenkandidaten wenige Tage vor der Wahl durchgeführt.

Karl-Rudolf Korte, auf: www.wahlthemen.de (12.7.2005)

Bilderfolge aus dem Fernsehduell der Spitzenkandidaten Angela Merkel und Franz-Walter Steinmeier im Wahlkampf 2009

Image (englisch: „Bild") = das Ansehen bzw. die Ausstrahlung einer Person

Aufgaben

1. Vergleiche Aussage und Gestaltung der Wahlplakate in M 15.
2. Nenne die Gründe, weshalb die Parteien Wahlkampf betreiben (M 16, M 17).
3. Die Bundestagswahlen, Landtagswahlen, Kommunalwahlen und Europawahlen finden an unterschiedlichen Terminen statt und deshalb ist immer irgendwo eine Wahl in Deutschland. Diskutiert die Vor- und Nachteile eines einheitlichen Wahltermins.

Was wir wissen

Die Rolle der Parteien
M 3, M 5

Die Bundesrepublik Deutschland ist eine sogenannte Parteiendemokratie. In Artikel 21 des Grundgesetzes heißt es: „Die Parteien wirken bei der politischen Willensbildung des Volkes mit." Sie sind ein „verfassungsrechtlich notwendiger Bestandteil der freiheitlichen demokratischen Grundordnung", so formuliert es §1 des Parteiengesetzes.
Ihre Aufgaben bestehen darin, unterschiedliche Interessen in der Bevölkerung zu bündeln und in Politik umzusetzen. Dabei übernehmen die Parteien eine Mittlerfunktion zwischen Bevölkerung und Regierung und bieten den Bürgern bei Wahlen eine Auswahl zwischen Parteien und Personen.

Parteiensystem

In Deutschland wurden lange Zeit in der Regel drei (CDU / CSU, SPD und FDP), später vier (Die Grünen) Parteien in die Parlamente gewählt. Seit einigen Jahren schaffen mit der Partei „Die Linke" und seit 2011 der „Piratenpartei" auch neue Parteien den Sprung in die Parlamente.
Insgesamt lässt sich beobachten, dass insbesondere die großen Parteien an Zuspruch und Mitgliedern verlieren.

Wahlen und Wahlrechtsgrundsätze
M 10

In repräsentativen Demokratien sind Wahlen der entscheidende Akt, mit dem die wahlberechtigten Bürger für eine bestimmte Zeitspanne (die Legislaturperiode) Kandidaten und Parteien ihr Vertrauen aussprechen. Diese kümmern sich im Folgenden um die öffentlichen Angelegenheiten, zum Beispiel indem sie Gesetze ausarbeiten und verabschieden.
In Deutschland ist jeder Deutsche wahlberechtigt, der das 18. Lebensjahr vollendet hat. Man unterscheidet in das aktive (wählen gehen dürfen) und das passive (kandidieren und gewählt werden dürfen) Wahlrecht. In Artikel 38 des Grundgesetzes ist mit den sogenannten Wahlrechtsgrundsätzen festgelegt, dass die Vertretung des Volkes aus allgemeinen, unmittelbaren, freien, gleichen und geheimen Wahlen hervorgehen muss.

Bundestagswahl – eine Wahl mit zwei Stimmen
M 14

Bei der Bundestagswahl haben die Wahlberechtigten insgesamt zwei Stimmen. Mit ihnen entscheiden sie über 598 Bundestagsmandate.
Mit der Erststimme wird aus 299 Wahlkreisen jeweils der Kandidat / die Kandidatin direkt in den Bundestag gewählt, der / die die meisten Stimmen erhält. Mit der Zweitstimme wählt man die Landesliste einer Partei. Der Anteil der Stimmgewinne bei der Zweitstimme ist zentral, da er darüber entscheidet, wie stark die einzelnen Parteien im Bundestag vertreten sind.
Erreicht eine Partei weniger als 5 % der Zweitstimmen oder keine drei Direktmandate, so findet das Zweitstimmenergebnis keine Berücksichtigung.

Wahlkampf und Wählerverhalten
M 16

Im Vorfeld der Wahlen werben die Kandidaten und Parteien mit ihren Programmen um die Stimmen und das Vertrauen der Wähler. Heute entscheiden sich die Wähler oft kurzfristig und abhängig von den Spitzenkandidaten.

Wahlen in der DDR

Am 7. Mai 1989 sind die DDR-Bürger wieder einmal aufgerufen, die „Kandidaten der Nationalen Front“ zu wählen. Das Wahlverfahren ist jedoch nur scheinbar demokratisch: Auf einer von der SED abgesegneten Einheitsliste stehen die Kandidaten – die fast keinem der Wähler bekannt sind. Eine Abstimmung über einzelne Wahlvorschläge ist nicht möglich. Es gibt nur die Unterscheidung zwischen Ja-Stimme, Nein-Stimme und ungültiger Stimme für die gesamte Liste. Was nur wenige DDR-Bürger wissen: Eine Nein-Stimme, also eine Ablehnung des Vorschlags, wird nur dann anerkannt, wenn der Wähler auf der Liste jeden einzelnen Namen säuberlich durchstreicht. Jede Abweichung von dieser äußeren Form macht den Stimmzettel ungültig. Zwar ist in jedem Wahlbüro eine Wahlkabine aufgebaut, doch werden die Bürger, welche die Kabine tatsächlich benutzen, von den gestellten, linientreuen Wahlhelfern registriert: In einem sozialistischen Staat hat in ihren Augen ein rechtschaffener Mensch nichts zu verbergen. In der Bevölkerung wird der Gang zur Wahlurne deshalb auch zutreffend als „Zettelfalten“ bezeichnet. Es gibt die ungeschriebene Verpflichtung, an der Wahl teilzunehmen, und die Wahlbeteiligung der DDR-Bevölkerung liegt auch ohne die unmittelbare Anwendung von Druckmitteln bei weit über 90 Prozent. Wer jedoch bis 16 Uhr nicht ins Wahllokal kommt, muss damit rechnen, dass ihn Wahlhelfer zu Hause aufsuchen, um die fehlende Stimme abzuholen. Die Wahlkreise konkurrieren untereinander um die höchste Zustimmungsrate. 99 Prozent sollten es am besten sein – und so muss hier und da manipuliert werden.

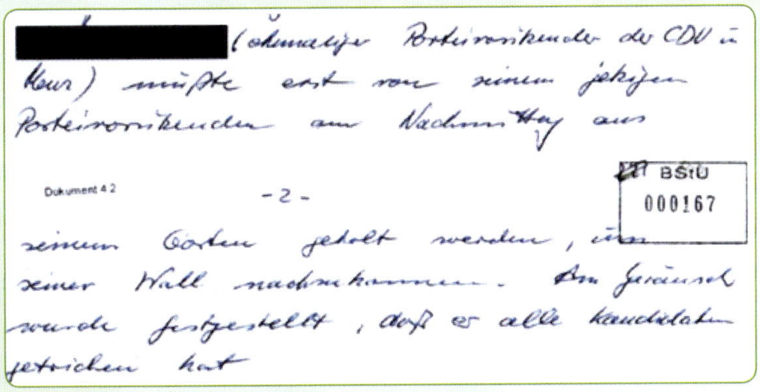

[redacted] (ehemaliger Parteivorsitzender der CDU in Menz) müßte erst von seinem jetzigen Parteivorsitzenden am Nachmittag aus

Dokument 4 2

-2-

BStU 000167

seinem Garten geholt werden, um seiner Wahl nachzukommen. Am [illegible] wurde festgestellt, daß er alle Kandidaten gestrichen hat

In einem Bericht vom 7. Mai 1989 über die Wahl im Ort Menz (Brandenburg) hält die Staatssicherheit fest, dass der ehemalige Parteivorsitzende der CDU (Name geschwärzt) alle Kandidaten auf dem Wahlzettel durchgestrichen hat.

Bruno Zandonella, in: Thema im Unterricht, Wahlen für Einsteiger, Bundeszentrale für politische Bildung, Juli 2009

Aufgaben

International ist es mittlerweile üblich, dass Wahlbeobachter aus anderen Ländern die heimischen Wahlen überprüfen. Stell dir vor, du wärst einer dieser Wahlbeobachter und müsstest die Wahl vom 7.5.1989 in der DDR beobachten.

1. Beurteile ausgehend vom Bericht über die Wahlen in der DDR, ob die Wahl als demokratisch bezeichnet werden kann und welche Rolle die Parteien bei dieser Wahl spielen.
   Verfasse dazu einen Bericht, den du in einer Pressekonferenz der Öffentlichkeit vorstellen willst.
2. Vergleiche das Parteien- und Wahlsystem der DDR mit dem heute in Deutschland gültigen.

2

Arbeitswelt und Berufswahl

Unsere moderne Arbeitsgesellschaft unterliegt einem ständigen Wandel, der in den vergangenen vier Jahrzehnten durch die technologischen Entwicklungen und die Globalisierung deutlich beschleunigt wurde. Diese Veränderungen haben gravierende Auswirkungen auf den Lebens- und Arbeitsalltag der Menschen.
Wie stellst du dir deinen Berufsalltag vor und welcher Beruf passt zu deinen Fähigkeiten? Und was erwarten Arbeitgeber?

Kompetenzen

Am Ende dieses Kapitels solltest du Folgendes können:

- Möglichkeiten der eigenen Berufswahlorientierung kennen und nutzen
- im Hinblick auf die spätere Berufswahl die eigenen Stärken und Interessen kennen und einschätzen lernen
- ausgewählte Aspekte des Wandels von Arbeit und Beruf beschreiben

Was weißt du schon?
Auf dieser Seite siehst du einige Bilder von Berufen. Welche Berufe kannst du dir für dich selbst vorstellen, welche nicht? Begründe deine erste Einschätzung.

2.1 Die Berufswahl

2.1.1 Vom Traum zum Beruf?

M 1 Wie sich Berufswünsche verändern

Als ich noch ganz klein war, wollte ich unbedingt Detektiv werden, weil ich das vom Fernsehen kannte. Später dann Skateboardfahrer. Den ganzen Tag nur Skateboard fahren und auch noch damit Geld verdienen, das stellte ich mir ganz toll vor. Erst als ich älter wurde, wurden meine Berufswünsche etwas realistischer. Mit ungefähr 14 wollte ich Journalist werden. Mein Onkel arbeitet nämlich bei der lokalen Tageszeitung und ich fand spannend, was ich von seinem Beruf mitbekommen habe. Noch lieber wäre ich aber Reporter beim Fernsehen geworden. In dieser Zeit habe ich auch bei der Schülerzeitung unserer Schule mitgemacht. Ich habe aber wenig geschrieben, das konnten die anderen irgendwie besser. Das Layout der Zeitung habe ich dafür fast ganz allein entworfen. Als wir in der 9. Klasse unser Betriebspraktikum gemacht haben, wäre ich auch gerne zur Zeitung gegangen, aber die haben mich leider nicht genommen. Stattdessen bin ich in einer Offset-Druckerei gewesen. Das war eigentlich viel interessanter, denn dort habe ich gesehen, wie aus Ideen und Vorlagen Plakate, Anzeigen usw. wurden. Danach sollte mein neuer Traumberuf unbedingt etwas mit Gestalten und Design zu tun haben. Beim Arbeitsamt habe ich dann erfahren, dass ich dafür einen guten Realschulabschluss brauche. Nach der 10. Klasse habe ich die Realschule verlassen und bin auf die Fachoberschule für Gestaltung gegangen. Zum Glück wurde ich da aufgenommen, weil ich aus meiner Zeit bei der Schülerzeitung einige Arbeiten vorzeigen konnte. Die FOS habe ich nach zwei Jahren mit dem Fachabitur verlassen. Jetzt mache ich eine Ausbildung zum Mediengestalter / Digital und Print in der Fachrichtung Gestaltung und Technik. Nach der Ausbildung könnte ich an einer Hochschule für Gestaltung studieren. Ich glaube aber nicht, dass ich das sofort mache. Erst einmal möchte ich arbeiten. Ich hoffe, dass ich auch einen Arbeitsplatz finde. In der Werbebranche wäre toll.

(Bastian, 19 Jahre)

M 2 Checkliste Berufsorientierung

Aspekte der Berufsorientierung	Meine Aufgaben	Wichtig für mich?	Erledigt am:
Informationen sammeln	Ich überlege mir, was zu meinen Stärken, Interessen und Fähigkeiten gehört.	○	
	Ich informiere mich über die aktuelle Ausbildungssituation und die Zulassungsbedingungen.	○	
	Ich nehme mir Zeit, um zu überlegen, welche Ausbildungsberufe am besten zu mir passen. Ich führe einen Test durch, anhand dessen ich feststelle, welcher Beruf zu mir passt.	○	
	Ich sammle Informationen über meine Ausbildungsvorstellungen. Dazu nutze ich: • das Internet • Studien- und Berufsberatungsbroschüren • Praktika, Ferienjobs • Messen für die Berufsausbildung • einen Besuch im Berufsinformationszentrum (BIZ) • Erkundungen in weiterführenden Schulen und Betrieben	○	
Lernen planen	Ich überlege mir, in welchen Fächern ich Leistungsrückstände habe und in welchen ich Leistungspotenzial sehe.	○	
	Ich erstelle einen Lernplan und einen Zeitplan bis zu meinem Abschluss, in dem ich auch Zwischenziele festlege.	○	
	Ich beachte in meinen Plänen die Bewerbungsfristen für meinen Ausbildungswunsch.	○	
Entscheidungskriterien	Ich reflektiere mein erstelltes Profil mit Bezug auf meine aktuelle Situation: • Sind meine Pläne realisierbar? • Habe ich relevante Angaben vergessen?	○	
	Ich überlege mir Alternativen und korrigiere eventuell mein Profil.	○	
	Ich berate mich mit: • meinen Eltern und Freunden • Experten aus Unternehmen • Berufsberatern	○	
Überlegungen realisieren	Ich stelle alle wichtigen Unterlagen zusammen: • meinen Lebenslauf • mein Kompetenzprofil • ggf. meine Praktikumsbescheinigungen oder Empfehlungen	○	
	Ich verschicke meine Bewerbungsunterlagen.	○	
	Ich bereite mich auf Vorstellungsgespräche und Testverfahren vor durch: • Bewerbungstraining • ggf. Strukturieren von Informationen über Unternehmen, bei denen ich mich beworben habe	○	
	Ich besuche Informationsveranstaltungen von weiterführenden Schulen und informiere mich über meine weiteren Möglichkeiten.	○	

Ins Heft

Jürgen Schlösser u.a., Berufsorientierung praxisnah, Sparkassen SchulService, Stuttgart 2011, S. 7 f.

Aufgaben

1. Schreibe einen kurzen Bericht über die Entwicklung deiner eigenen Traumberufe (M 1).
2. Legt in der Klasse gemeinsam sogenannte „Meilensteine“ fest, bis zu welchem Termin ihr welche Schritte der Berufsorientierung gemacht haben solltet (M 2).

2.1.2 Zwischen Traumberuf und Arbeitskräftebedarf

M 3 Die beliebtesten Ausbildungsberufe

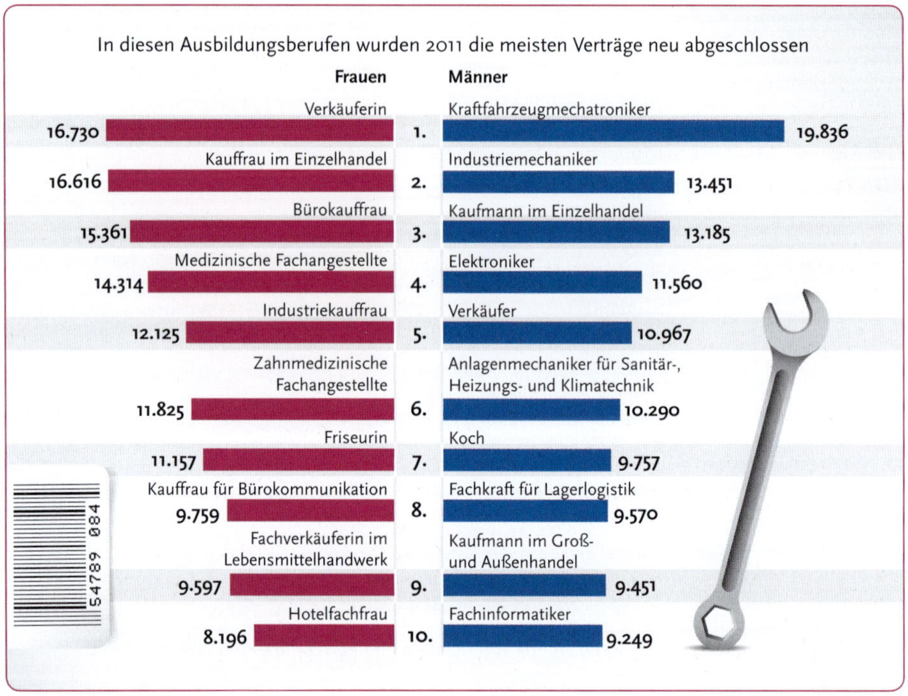

Quelle: Berufsbildungsbericht 2012; Globus-Grafik 5006

M 4 Warum wählen Frauen Frauenberufe?

Junge Frauen führen im Unterschied zu jungen Männern viel häufiger soziale Faktoren bei der Berufswahl an.

Schade nur, dass eben diese helfenden, sozialen Berufe schlechter bezahlt werden – Frauenberufe eben. Auch bei Akademikerinnen lässt sich ein Gefälle an Ansehen und Verdienst von den Naturwissenschaften zu den von Frauen bevorzugten Gesellschaftswissenschaften feststellen.

Viele Mädchen und junge Frauen haben bei ihrer Entscheidung für einen bestimmten Beruf schon früh die doppelten Rollenerwartungen in ihren Entscheidungsprozess aufgenommen. Einerseits ist Erwerbstätigkeit und eigene Existenzsicherung selbstverständlich. Andererseits haben die meisten die Gründung einer Familie und die damit verbundenen Rollenerwartungen als Mutter und Partnerin im Kopf.

Marion Brüggemann, auf: www.lizzynet.de (25.8.2010)

Frauen arbeiten z. B. häufiger als Erzieherinnen oder Grundschullehrerinnen als Männer.

M 5 Berufe der Zukunft: Tops und Flops bis 2030

Eine aktuelle Untersuchung zeigt, dass bis 2030 vor allem Facharbeiter gesucht sein werden:

Top Berufsfelder

In einigen Berufshauptfeldern wird der Bedarf an Arbeitskräften das Angebot zum Teil bei weitem übertreffen, beispielsweise bei den

- be-, verarbeitenden und instandsetzenden Berufen
- Berufen im Warenhandel und Vertrieb
- Gastronomie- und Reinigungsberufen
- Gesundheits- und Sozialberufen, Körperpflegern

"Neutrale" Berufsfelder

In folgenden Berufshauptfeldern wird die Arbeitsmarktsituation zwar angespannt, aber insgesamt doch ausgeglichen sein:

- rohstoffgewinnende Berufe
- Verkehrs-, Lager-, Transport-, Sicherheits- und Wachberufe
- technisch-naturwissenschaftliche Berufe
- Lehrberufe

Flop Berufsfelder

In folgenden Berufshauptfeldern werden wahrscheinlich auch im Jahr 2030 Arbeitskräfte kaum gesucht werden:

- Maschinen und Anlagen steuernde und wartende Berufe
- Büroberufe und kaufmännische Dienstleistungsberufe
- Rechts-, Management- und wirtschaftswissenschaftliche Berufe

Keine guten Nachrichten liefert die Analyse für Arbeitskräfte ohne abgeschlossene Berufsausbildung. Ihre Beschäftigungschancen werden sich durch die demografische Entwicklung nicht verbessern. Der Bedarf der Wirtschaft werde sogar leicht sinken.

Schon weit vor dem Jahr 2030 wird nach Einschätzung der Wissenschaftler der regionale und branchenbezogene Bedarf an Fachkräften steigen. Diese Engpässe sind vor allem dadurch begründet, dass die von der Wirtschaft gesuchten Berufsabschlüsse nicht zu den Angeboten der Fachkräfte passen.

Jörg Wiesner auf www.karrieretrend.de vom 22.5.2012; Zahlen: Bundesinstitut für Berufsbildung (BIBB) und Institut für Arbeitsmarkt- und Berufsforschung (IAB)

Suche in „Berufe aktuell" oder im Internet unter *www.planet-beruf.de* Berufe heraus, die zu Top-Berufsfeldern und neutralen Berufsfeldern passen (M 5).

Aufgaben

1. Ordne die beliebtesten Ausbildungsberufe (M 3) zu: Ist die Arbeitsmarktsituation im Jahr 2030 für sie eher gut (top), eher schlecht (flop) oder neutral (M 5)?
2. Begründe, ob sich die Beobachtungen aus M 4 durch die beliebtesten Ausbildungsberufe von Mädchen (M 3) belegen lassen.
3. Untersuche, ob dein Berufswunsch gute Zukunftsaussichten hat, und formuliere ein Statement (M 5).

2.1.3 Die moderne Arbeitswelt – was wird erwartet?

M 6 Was Betriebe sich wünschen

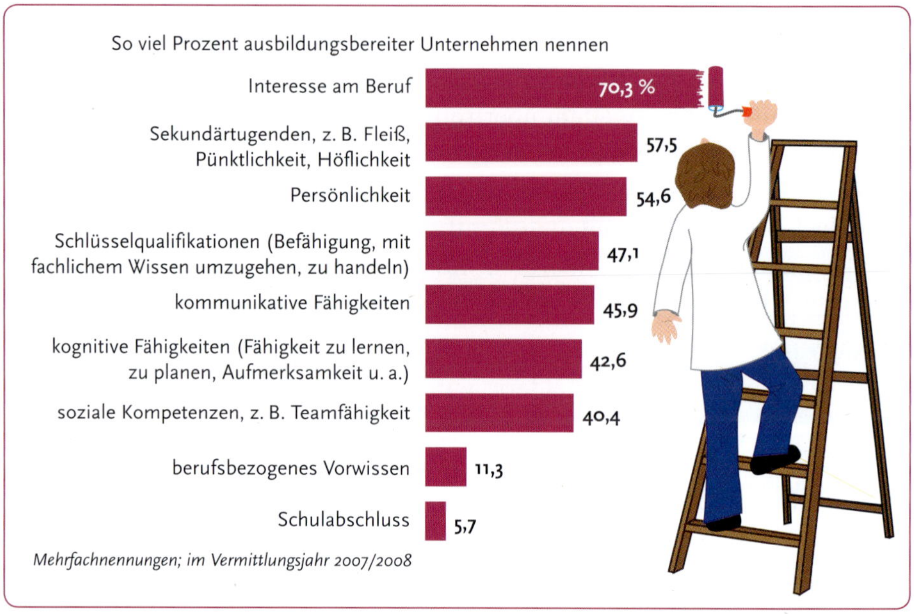

Quelle: BIBB 2009, Globus-Grafik 3089

M 7 Was sind Soft Skills?

Hard Skills = Fachwissen, um typische Aufgaben eines Berufs selbstständig ausführen zu können

Es sind nicht nur die Schulnoten, die über einen Ausbildungsplatz entscheiden. Es zählt der ganze Mensch, der sich dort bewirbt. Neben den fachlichen Qualifikationen oder eben dem Schulwissen mit entsprechenden Noten, sind für Betriebe noch viele andere Fähigkeiten des künftigen Auszubildenden wichtig. […] Das große Stichwort lautet Soft Skills oder auch soziale Kompetenz.

Mit Soft Skills ist das gesamte Verhalten gemeint, das ein Mitarbeiter zeigt, von der Teamfähigkeit über Verlässlichkeit, Organisationstalent, Kommunikationsstärke, Einfühlungsvermögen bis zur Selbstdisziplin. […] Es kommt Betrieben aber nicht nur auf Soft Skills an, die in Bezug zu anderen Menschen stehen. Auch die Eigenschaften, die den einzelnen Menschen betreffen, können für Betriebe wichtige Soft Skills sein. Dazu gehören Belastbarkeit, Disziplin, Verantwortungsbewusstsein, Motivation oder Selbstständigkeit.

Nach: http://www.ausbildung.net/bewerberverfahren/mit-soft-skills-punkten.html (26.7.2012)

M 8 Lebenslang Lernen: Alltag in der Wissensgesellschaft

Der Wandel zur Wissensgesellschaft und die zunehmende Internationalisierung von Wirtschaft und Gesellschaft beeinflussen die Anforderungen an die Erwerbstätigen. Sprach- oder Computerkenntnisse, personale Kompetenzen (z. B. persönliche Arbeitstechniken oder Einstellungen) oder kulturelle Kompetenzen gewinnen immer mehr an Bedeutung. Um die Chancen auf dem Arbeitsmark sicherzustellen, müssen die fachlichen und personalen Kompetenzen der Erwerbstätigen laufend erweitert werden. Man spricht auch vom „Lebenslangen Lernen".

M 9 Möglichst flexibel und mobil

„Die Anforderungen an die Jugendlichen sind hoch", weiß der Arbeitsagenturchef, „sie müssen sich breit orientieren, inhaltlich flexibel und räumlich mobil reagieren können." Dass man ein Leben lang ein und demselben Beruf an ein und demselben Ort nachgehen kann, werde immer seltener. Um einen Arbeitsplatz zu bekommen, sei es häufig nötig, seinen Wohn- und/oder Ausbildungsort zu verlassen.

Thomas Eisenkrätzer, in: Kieler Nachrichten, 28.8.2010, S. V

Thomas Plaßmann, Baaske Cartoons

Aufgaben

1. Stelle die in M 6 - M 9 beschriebenen Anforderungen an die moderne Arbeitswelt zusammen. Unterscheide diese Anforderungen nach Hard Skills und Soft Skills (M 7).
2. Überprüfe, inwieweit du in der Schule oder im privaten Bereich bereits Schlüsselqualifikationen erworben hast.

Analysiere die Karikatur (M 9). Die Rechte von Arbeitnehmern in Betrieben bearbeitet ihr übrigens in Kapitel 2.2.

2.1.4 Von der Stellenausschreibung zum Vorstellungsgespräch

M 10 Ausbildung oder weiterführende Schule?

Möglichst bald Geld verdienen als AZUBI wäre gar nicht schlecht!? Und auf Schule habe ich eh keine Lust mehr …

In drei Jahren könnte ich das Abi haben und danach studieren! Dann steht mir die Welt offen …

M 11 Wie finde ich den passenden Ausbildungsplatz?

Information zu technischen Berufen auf der Messe in Hannover

M 12 Stellenausschreibung

akw sucht neue Energien!
Zur Anreicherung unseres Teams suchen wir aktives Potenzial:

Mediengestalter/Artworker (m/w)

Sie verfügen über eine geballte Ladung kreativer Energie. Sie sind ein schneller Brüter von innovativen und alternativen Entwürfen. Ihr Design erzeugt Hochspannung. Ihre Ideen haben lange Laufzeiten und sind selten biologisch abbaubar. Erste Erfahrung mit Indesign, Photoshop, Illustrator (und ggf. mehr) haben Sie bereits gesammelt. Sie sind möglichst in Print und Web zuhause. Sie haben auch unter Strom eine kurze Leitung. Sie schöpfen Ihre Kraft nicht nur aus Kohle. Sie spalten nicht, sondern elektrisieren. Sie arbeiten verantwortungsbewusst, verschmelzen aber auch gern im Team. Sie brennen auf einen jungen Mitarbeiter-Stab und gehen strahlend ans Werk.

Dann schicken Sie uns bitte Ihre Bewerbung mit Arbeitsbeispielen bzw. Abschlussarbeiten und teilen Sie uns mit, wann Sie frühestmöglich bei uns ans Netz gehen können.

akw Werbeagentur GmbH

M 13 Welcher Bewerber bekommt den Ausbildungsplatz?

Jasmin, 15

Schulnoten:
Deutsch: 2
Mathe: 3
Kunst: 1

Betriebspraktikum in der Werbeabteilung eines größeren Unternehmens

Hobby:
Museen besuchen, Lesen, Badminton (Landesmeisterin Jugend)

das seriöse Bewerbungsfoto zeigt ihr Modebewusstsein

Schülerjob im Eiscafé

Thorsten, 15

Schulnoten:
Deutsch: 1
Mathe: 2
Kunst: 2

3 Jahre Informatik-AG und Website der Schule entworfen

Hobby:
spielt in einer Rockband, für die er auch die Veranstaltungsplakate entwirft

in die Bewerbungsmappe hat er gute Arbeitsproben (Plakatentwürfe) gelegt

Ferienjob in der Auslieferung eines größeren Unternehmens

Karim, 16

Schulnoten:
Mathe: 1
Deutsch: 2
Kunst: 3

hat 2 Jahre bei der Schülerzeitung mitgearbeitet

Hobby:
Computer spielen und programmieren, Geocashing

Bewerbungsschreiben besonders kreativ verfasst, dafür mit einem kleinen Rechtschreibfehler

Schülerjob in einem Einkaufsmarkt

Was wir wissen

Wege zum Beruf
M 2

Den passenden Beruf zu finden, ist nicht einfach. Im Laufe unserer persönlichen Entwicklung ändern sich unsere Vorstellungen vom Wunsch- oder Traumberuf. Welche Fähigkeiten, Fertigkeiten und Interessen bringst du mit, und zu welchem Beruf passen diese? Dann solltest du dir das Berufsfeld und die Rahmenbedingungen genau anschauen und prüfen, ob diese Tätigkeit auch in Zukunft gebraucht wird. Es ist ratsam, bei der Entscheidung Hilfe von Experten der Berufsberatung zu holen. Auch Freunde und die Familie kennen dich gut und können Ratschläge geben.
Die Berater der Arbeitsagentur raten Jugendlichen, die vor der Berufsentscheidung stehen, sich auf die persönlichen Stärken und Neigungen zu verlassen. Es nützt oft wenig, wenn man einen Beruf wählt, nur weil er vermeintlich zu einem sicheren Arbeitsplatz führt. Da sich die Berufsbilder ständig ändern, gibt es heute schon kaum mehr jemanden, der seinen Beruf ein ganzes Berufsleben lang ausübt. Der erlernte Beruf bleibt aber nach wie vor die Eintrittskarte in das Arbeitsleben.

Anforderungen der Arbeitswelt
M 6

Die Anforderungen, die an die Arbeitnehmerinnen und Arbeitnehmer gestellt werden, sind sehr vielfältig und anspruchsvoll. Zentrale Bedeutung haben dabei die Bereitschaft und die Fähigkeit zum lebenslangen Lernen. Aber auch sogenannte Sekundärtugenden wie Fleiß, Pünktlichkeit oder Höflichkeit werden von Arbeitgebern gefordert.

Berufswahl von Jungen und Mädchen

Obwohl Jungen und Mädchen gemeinsam aufwachsen und dieselben Schulen besuchen, ihnen dieselben Ausbildungs- und Studienmöglichkeiten offenstehen, wählen Jungen und Mädchen unterschiedliche Studienfächer und Ausbildungsberufe.

Lebenslauf, Bewerbungsanschreiben, Auswahlprüfungen
M 14, M 15

Wenn man sich bei einem Betrieb um eine Ausbildung oder eine Stelle bemüht, gibt es verschiedene Hürden zu nehmen: Die meisten Betriebe legen Wert auf eine schriftliche Bewerbung mit den üblichen Unterlagen: Bewerbungsschreiben, Lebenslauf, Lichtbild und Zeugniskopien. Dann erfolgt meist eine Vorauswahl. Der Schulabschluss, die Zeugnisnoten und Bemerkungen im Zeugnis zu Fehlzeiten und Verhalten in der Schule spielen dabei eine Rolle.
Auswahlprüfungen sollen feststellen, welche Fähigkeiten und Kenntnisse du mitbringst, um die fachlichen Anforderungen der Ausbildung zu bewältigen. Am häufigsten wird das Schulwissen überprüft.
Das Erscheinungsbild (passende Kleidung, sauberes Aussehen), Verhalten im Kontakt mit anderen Menschen und deine beruflichen Überlegungen und Ziele stehen im Vorstellungsgespräch im Mittelpunkt.

Berufsberatung simulieren

1. **Berufsporträts erstellen:**
   Vielleicht habt ihr euren Traumberuf schon gefunden? Erstellt zu den in eurer Klasse genannten Berufswünschen jeweils Kurzporträts.

   Formuliert zunächst Leitfragen. Berücksichtigt z. B. folgende Aspekte:
   - Über welche Fähigkeiten sollte derjenige, der den Beruf ausüben möchte, verfügen?
   - Welche schulischen Voraussetzungen werden verlangt?
   - Wie lange dauert die Ausbildung?
   - Welche Tätigkeiten werden ausgeübt?
   - Wie sind die Verdienstmöglichkeiten?
   - Welche Aufstiegschancen hat man?
   - Hat man die Möglichkeit, diesen Beruf auch im Ausland auszuüben?
   - Wie ist die aktuelle Lage auf dem Arbeitsmarkt?
   - Ist der Beruf ein krisensicherer Beruf? Wie sind die Zukunftschancen?
   - Wird dieser Beruf in gleicher Weise von Männern und Frauen ausgeübt?

   Analysiert in einem zweiten Schritt, z. B. durch die Auswertung entsprechender Stellenanzeigen, welche spezifischen Anforderungen an diesen Beruf gestellt werden.

   Informationen findet ihr z. B. hier:
   Seite der Bundesagentur für Arbeit für Jugendliche und Auszubildende:
   www.planet-beruf.de

   Erstellt mit diesen Informationen eine kleine Sammlung von Berufsbeschreibungen (Wandposter, Karteikarten, Dateien ...).

2. **Beratung simulieren**
   Jeweils zwei Schüler spielen nun Berufsberater. Die Berater lassen sich Interessen und Fähigkeiten schildern und prüfen dann, ob das Profil zum genannten Wunschberuf passt, und machen alternative Vorschläge.

2.2 Im Betrieb – heute und morgen

2.2.1 Wie sieht der Arbeitsalltag aus?

M 1 Das Beispiel Autoproduktion: Anfang des 20. Jahrhunderts und 2005

Einführung der Fließbandarbeit bei Ford, Anfang des 20. Jahrhunderts

Automatisierte Fertigungslinie bei VW in Wolfsburg im Jahr 2005

M 2 Technik verändert die Arbeitswelt

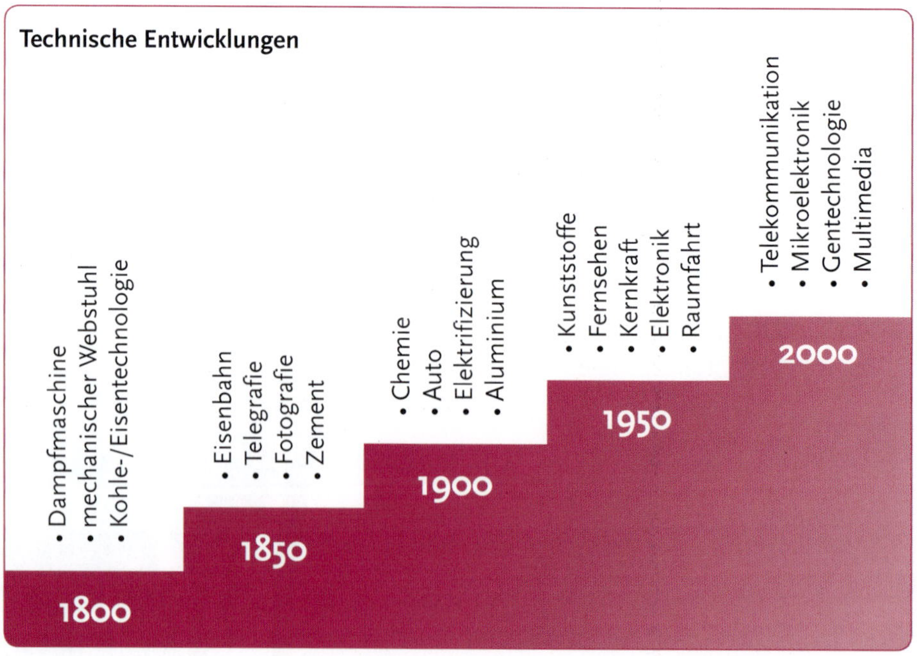

M 3 In welchen Bereichen wird gearbeitet?

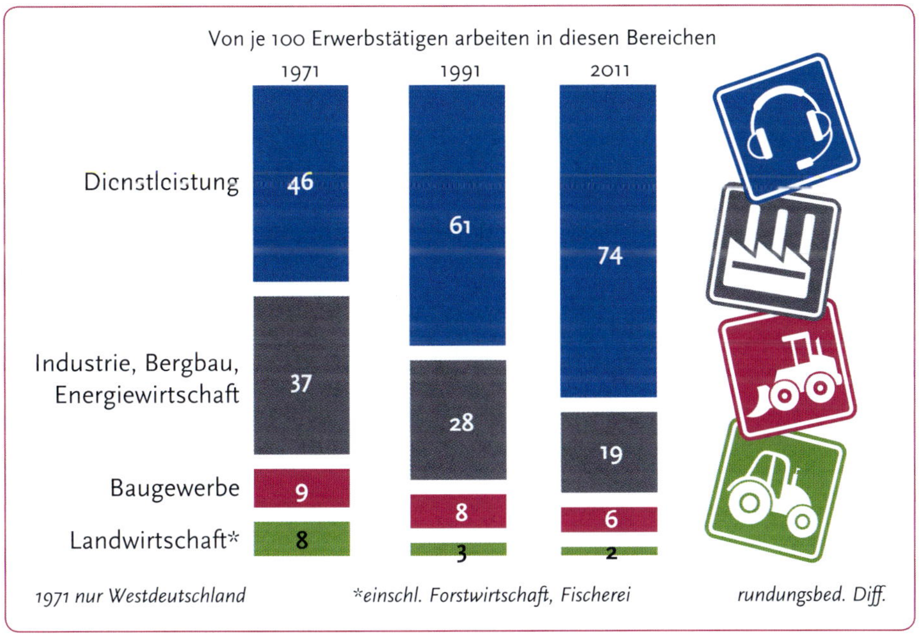

Globus-Grafik 4796; Quelle: Stat. Bundesamt

M 4 Welche Tätigkeiten werden nachgefragt?

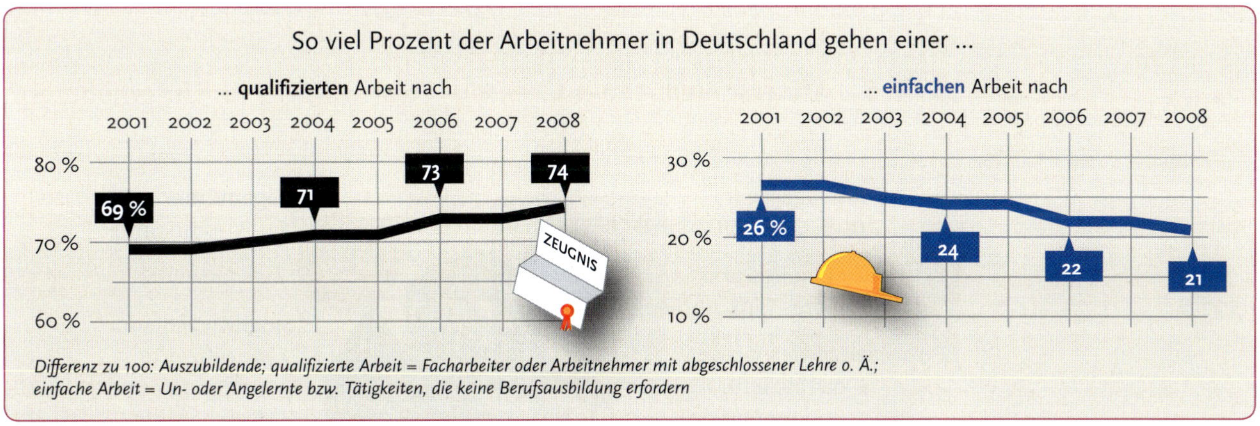

Globus-Grafik 3239; Quelle: IAB-Betriebspanel

Aufgaben

1. Verfasse zu jedem der beiden Bilder (M 1) einen kurzen Text, z. B. in Form einer Reportage. Schreibe aus der Sicht der Arbeiter u. a., welche Handgriffe / Tätigkeiten du ausübst, welche Qualifikation du hast, wie dein Tagesablauf aussieht, wie dein Verhältnis zu deinen Kollegen ist.
2. Beschreibe den Wandel in der Arbeitswelt (M 1 - M 4).
3. Welche Auswirkungen haben die Ergebnisse auf deine eigene Berufswahl? Tausche dich mit einem Partner aus und sammelt die Ergebnisse in der Klasse.

2.2.2 Alle an einem Strang? Konflikte im Betrieb

M 5 Verhandlungen über den Lohn – die Tarifauseinandersetzung

Nach 18-stündigen Verhandlungen verkünden Gewerkschaft und Arbeitgeber am frühen Morgen ein Ergebnis. Der Abschluss in NRW: Die rund 700.000 Beschäftigten der Branche erhalten für März bis Mai eine Einmalzahlung von 310 Euro. Die Betriebe können aber durch gemeinsamen Beschluss von Firmenleitung und Betriebsrat die Summe verändern. Bei schlechter Auftragslage kann sie ganz gestrichen, bei guter auf bis zu 620 Euro verdoppelt werden. Die Löhne und Gehälter steigen zum 1. Juni um 3,0 Prozent. Diese Vereinbarung gilt für zehn Monate, so dass der gesamte Tarifvertrag eine Laufzeit von 13 Monaten hat.

Die Arbeitgeber legen in Düsseldorf erstmals ein Angebot vor. Sie bieten einen zweistufigen Entgeltvertrag mit Erhöhungen um 1,2 Prozent zum 1. März für eine Laufzeit von zwölf Monaten und zum 1. März des darauffolgenden Jahres weitere 1,2 Prozent für weitere zwölf Monate.

Nach Ablauf der Friedenspflicht im Westen beginnen um Mitternacht massive Warnstreiks.

Der IG-Metall-Vorstand fordert fünf Prozent mehr Lohn und Gehalt für die rund 3,4 Millionen Beschäftigten.

Die Gewerkschaften lehnen das Angebot ab. Die Verhandlungen werden abgebrochen.

Zusammenstellung des Autors

M 6 Unterschiedliche Interessen – wer will was im Unternehmen?

Management
(z. B. Geschäftsführer)

Ziel: hohes und sicheres Einkommen

angewiesen auf:
- qualifizierte und motivierte Beschäftigte
- Vertrauen der Eigentümer

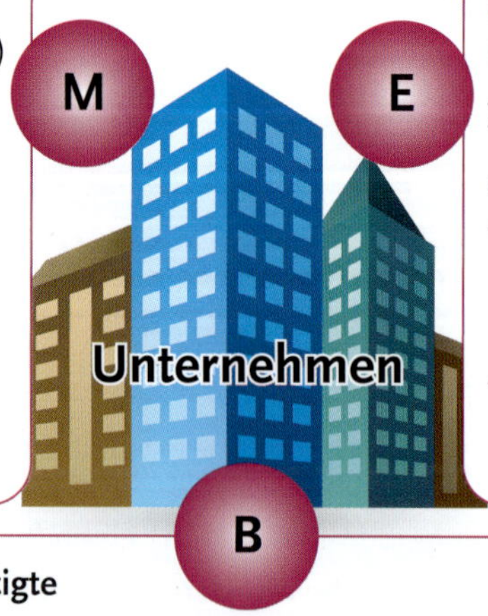

Eigentümer
(z. B. Aktionäre)

Ziel: Gewinn

angewiesen auf:
- qualifizierte und motivierte Beschäftigte
- Information durch das Management

Beschäftigte

Ziel: hohes und sicheres Einkommen

angewiesen auf:
- Interesse von Eigentümern und Management am langfristigen Erfolg des Unternehmens

Je größer ein Unternehmen ist, desto häufiger werden die Funktionen von unterschiedlichen Personen ausgefüllt:
Bei vielen größeren Unternehmen ist der **Eigentümer** keine Einzelperson mehr, diese gehören mehreren Anteilseignern oder Aktionären.
Solche Unternehmen werden nicht mehr von den Eigentümern geleitet, sondern von **Managern**, die von den Eigentümern dafür bezahlt werden. Wenn von **Arbeitgebern** die Rede ist, sind meistens Eigentümer und Management eines Unternehmens gemeint.
Das Management stellt weitere **Beschäftigte** ein, um die Waren oder Dienstleistungen herstellen zu können.

Gunnar Meyer, in: Politik & Co., Bamberg 2011, S. 178

M 7 Die Gestaltung der Arbeitswelt durch Tarifverträge

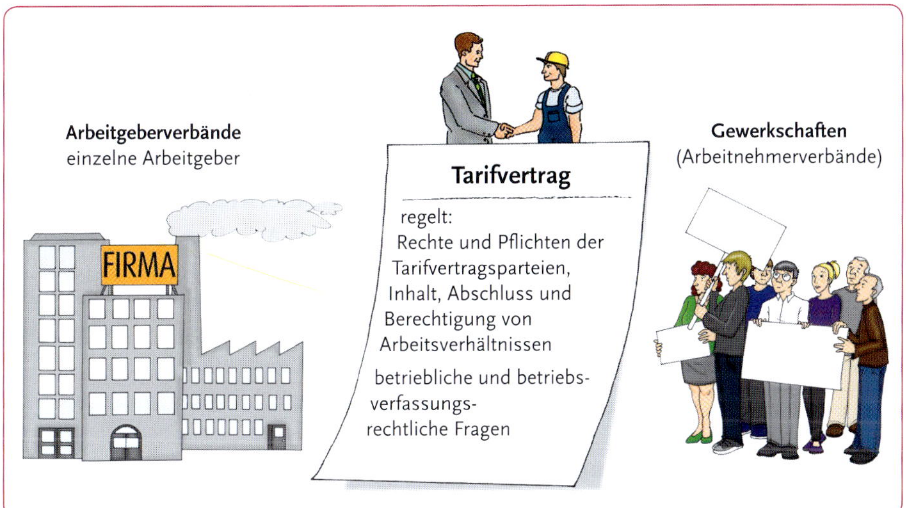

Nach dem Prinzip der Tarifautonomie wird die Lohnfindung und die Gestaltung vieler Details der Arbeitswelt von den Tarifvertragsparteien übernommen. Die Tarifautonomie ist in Art. 9 Abs. 3 Grundgesetz garantiert. Darin heißt es: „Das Recht, zur Wahrung und Förderung der Arbeits- und Wirtschaftsbedingungen Vereinigungen zu bilden, ist für jedermann und für alle Berufe gewährleistet. Abreden, die dieses Recht einschränken oder zu behindern suchen, sind nichtig, hierauf gerichtete Maßnahmen sind rechtswidrig." Tarifvertragsparteien sind Gewerkschaften, einzelne Arbeitgeber sowie Vereinigungen von Arbeitgebern. Der Staat schafft den rechtlichen Rahmen, darf sich aber in die konkreten Auseinandersetzungen der Tarifpartner nicht einmischen. Die Mitglieder der Tarifpartner sind zur Einhaltung der ausgehandelten Tarifverträge verpflichtet.

M 11 Spielregeln für den Arbeitskampf

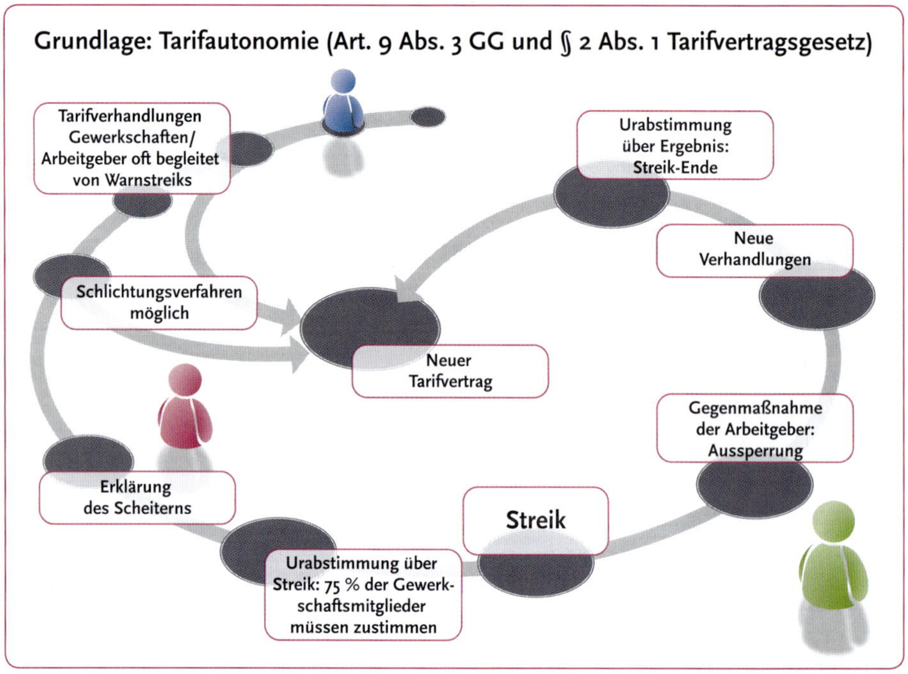

nach: dpa-Grafik 7291

M 12 Argumente in den Tarifverhandlungen

Arbeitsproduktivität
Arbeitsproduktivität bedeutet, dass sich die Wertschöpfung in Bezug auf den Arbeitseinsatz erhöht hat bzw. das angestrebte Ergebnis mit einer geringeren Menge von Arbeitsstunden erreicht wurde. Einfluss auf die Arbeitsproduktivität haben vor allem technischer Fortschritt und Arbeitsintensität.

Produktivität = Arbeitsergebnis im Verhältnis zum Arbeitseinsatz

In Tarifverhandlungen stehen sich unterschiedliche Interessen gegenüber. In Verhandlungen muss ein Kompromiss gefunden werden.
Die **Gewerkschaften** fordern im Namen der Beschäftigten der jeweiligen Branche eine Lohnsteigerung, die mindestens die Preissteigerungen für Konsumenten ausgleichen sollte (Inflationsausgleich). Dahinter steht die Überzeugung, dass eine Wirtschaft nur dann „funktioniert" bzw. wachsen kann, wenn eine starke Kaufkraft für Nachfrage sorgt.
Darüber hinaus sollten die Arbeitnehmer an den wirtschaftlichen Erfolgen ihrer Unternehmen beteiligt werden. Deshalb fallen die Lohnforderungen in wirtschaftlich erfolgreichen Branchen meist größer aus. In krisenanfälligen Branchen bemüht man sich um den Erhalt von Ausbildungs- und Arbeitsplätzen.
Für die **Arbeitgeber** ist in den Tarifverhandlungen zentral, dass die Lohnkosten nicht zu hoch werden. Dabei orientieren sich die Arbeitgeber an der Produktivität der Arbeitnehmer: Lohnsteigerungen sind für sie also nur in dem Umfang vertretbar, wie auch mehr geleistet wird bzw. wurde. Zudem verweisen Arbeitgeber immer wieder auch auf gesamtwirtschaftliche Zusammenhänge: Sie warnen vor zu teuren Tarifabschlüssen, in deren Folge z. B. Arbeitnehmer entlassen werden müssten.

Jan Weber, in: politik.21 Niedersachsen, Bamberg 2011, S.112

M 13 Aktuelle Herausforderungen für die Gewerkschaften

Derzeit ist der „Mindestlohn" ein großes Ziel der Gewerkschaften. Weil etliche Arbeitgeber keine Tarifverträge mehr anerkennen, ist in manchen Regionen und Berufen der Lohn stark gesunken. Deshalb streiten die Gewerkschaften inzwischen dafür, dass mindestens 8,50 Euro pro Stunde gezahlt werden. Das soll die Regierung festlegen, die sich eigentlich aus solchen Konflikten heraushält.

Mittlerweile brauchen die Gewerkschaften aber deren Unterstützung, weil das Gleichgewicht gestört ist. Heute haben die Gewerkschaften weniger Mitglieder als früher. Über viele Jahre ist die Arbeitslosigkeit hoch gewesen [, da haben die Gewerkschaften eine schwierige Position: Setzen sie bessere Bedingungen für die Beschäftigten durch, drohen die Arbeitgeber, weniger neue Arbeitsplätze schaffen zu können]. Zudem arbeiten inzwischen mehr Menschen in Mini- und Teilzeitjobs, sind nur befristet angestellt oder bei einer Firma beschäftigt, die sie an andere Betriebe verleiht [- diese sind häufig nicht in Gewerkschaften organisiert]. Das alles hat dazu beigetragen, dass die Gewerkschaften insgesamt schwächer, die Arbeitgeber stärker geworden sind.

Was geschieht, wenn die Gewerkschaften an Kraft verlieren, zeigt sich etwa bei den Frisören. Dort verdienen manche Menschen trotz acht Stunden Arbeit am Tag so wenig, dass sie zusätzlich vom Staat unterstützt werden müssen. Im Frisörhandwerk in Sachsen werden zum Teil nur drei Euro die Stunde gezahlt.

Gunhild Lütge, Was macht eine Gewerkschaft?, in: Die Zeit, 19.8.2010

Aufgaben

1. In einem Unternehmen kann man drei Interessengruppen unterscheiden (M 6). Stelle zusammen, worin jeweils die gemeinsamen und die unterschiedlichen Interessen dieser Gruppen bestehen. Diskutiert, ob ihr einzelne Interessen für wichtiger erachtet als andere.
2. Entscheide, ob die Interessen eher bei Arbeitnehmern oder bei Arbeitgebern anzutreffen sind. Trage die Interessen in die richtige Spalte in der Tabelle ein. Unklare Fälle solltet ihr in der Klasse diskutieren (M 8).
3. Vervollständige die Sätze (M 9).
4. Überlegt, warum Arbeitgeber und Beschäftigte sich zu Arbeitgeberverbänden und Gewerkschaften zusammenschließen (M 5 - M 10).
5. Sortiere die Meldungen über die Tarifverhandlungen in der Metallbranche (M 5) in einer chronologischen Stichwortliste. Ordne die Ereignisse, die genannt werden, in das Ablaufschema (M 11) ein. Beurteile das Ergebnis der Verhandlungen.
6. Spielt in einem Rollenspiel eine Tarifauseinandersetzung zwischen Gewerkschaften und Arbeitgebern nach. Teilt die Klasse dazu in zwei Gruppen. In eurer Branche sind die Produktivität und die Preise um durchschnittlich 2,5 % gestiegen. Formuliert eure Ziele für die Verhandlungen und begründet eure Standpunkte. Welche Kompromisse seid ihr bereit einzugehen? Wie könnt ihr die Gegenseite überzeugen (M 11, M 12)?
7. Erläutere, warum es Gewerkschaften heute teilweise schwer haben, ihre Forderungen durchzusetzen (M 13).

2.2.3 Konfliktfall Kündigung – die Rolle des Betriebsrates im Unternehmen

M 14 Konfliktfall Kündigung

Nehmen wir an, für ein mittelständisches Unternehmen, das Werkzeugmaschinen herstellt, hat sich aufgrund der internationalen Situation in den letzten Jahren die wirtschaftliche Lage drastisch verschlechtert.
Die daraus resultierenden Umsatzeinbußen und die nicht mehr ausgelasteten Kapazitäten veranlassen die Unternehmensleitung, bei den Personalkosten Einsparungen vorzunehmen.
Eine Maßnahme betrifft die Dreherei des Unternehmens. Von bisher vier beschäftigten Drehern soll ein Arbeitnehmer entlassen werden.
In der Dreherei sind folgende Arbeitnehmer beschäftigt:

Heiner Schmidt ist 54 Jahre alt und seit 18 Jahren im Betrieb. Er ist verheiratet und hat zwei Kinder, die 16 und 19 Jahre alt sind. Die Ehefrau ist nicht berufstätig. Die Familie hat große finanzielle Belastungen durch den Bau eines Eigenheims. Die Leistungen von Heiner Schmidt werden als zufriedenstellend beurteilt. Der für Heiner Schmidt zuständige Meister ist der Auffassung, dass er sich nicht in die Bedienung der neuen Maschine einarbeiten kann. Sein Bruttomonatslohn beträgt etwa 2.900,- €.

Silke Wortmann, 25 Jahre alt, ist nicht verheiratet und seit acht Jahren im Betrieb. Ihre Leistungen werden mit sehr gut beurteilt. Der Bruttomonatslohn beträgt etwa 2.500,- €.

Kurt Reiche, 30 Jahre, ist seit einem Jahr im Betrieb und hat Erfahrungen mit modernen Produktionsanlagen und -verfahren. Seine Leistungsbeurteilung ist gut. Sein Bruttomonatslohn beträgt etwa 2.700,- €.

Michael Hansen, seit zwölf Jahren im Betrieb, ist 38 Jahre alt und verheiratet. Er hat ein Kind (13 Jahre), die Ehefrau ist berufstätig. In seiner Beurteilung steht, dass Michael Hansen mit schwierigen Situationen fertig werden kann. Sein Bruttomonatslohn beträgt etwa 3.100,- €.

nach: Institut für ökonomische Bildung

M 15 Kündigungsgründe

Betriebsbedingte Gründe	Personenbedingte Gründe	Verhaltensbedingte Gründe
z. B. Absatzschwierigkeiten, Rationalisierungsmaßnahmen, Änderung des Produktionsverfahrens, Betriebseinschränkungen ...	z. B. fehlende Eignung des Arbeitnehmers, mangelhafte oder abnehmende Leistungsfähigkeit, häufige oder lang andauernde Krankheit ...	z. B. unterlassene oder unberechtigte Krankmeldung, unentschuldigtes Zuspätkommen, Beleidigung des Arbeitgebers ...

M 16 Die Mitbestimmungsrechte des Betriebsrates

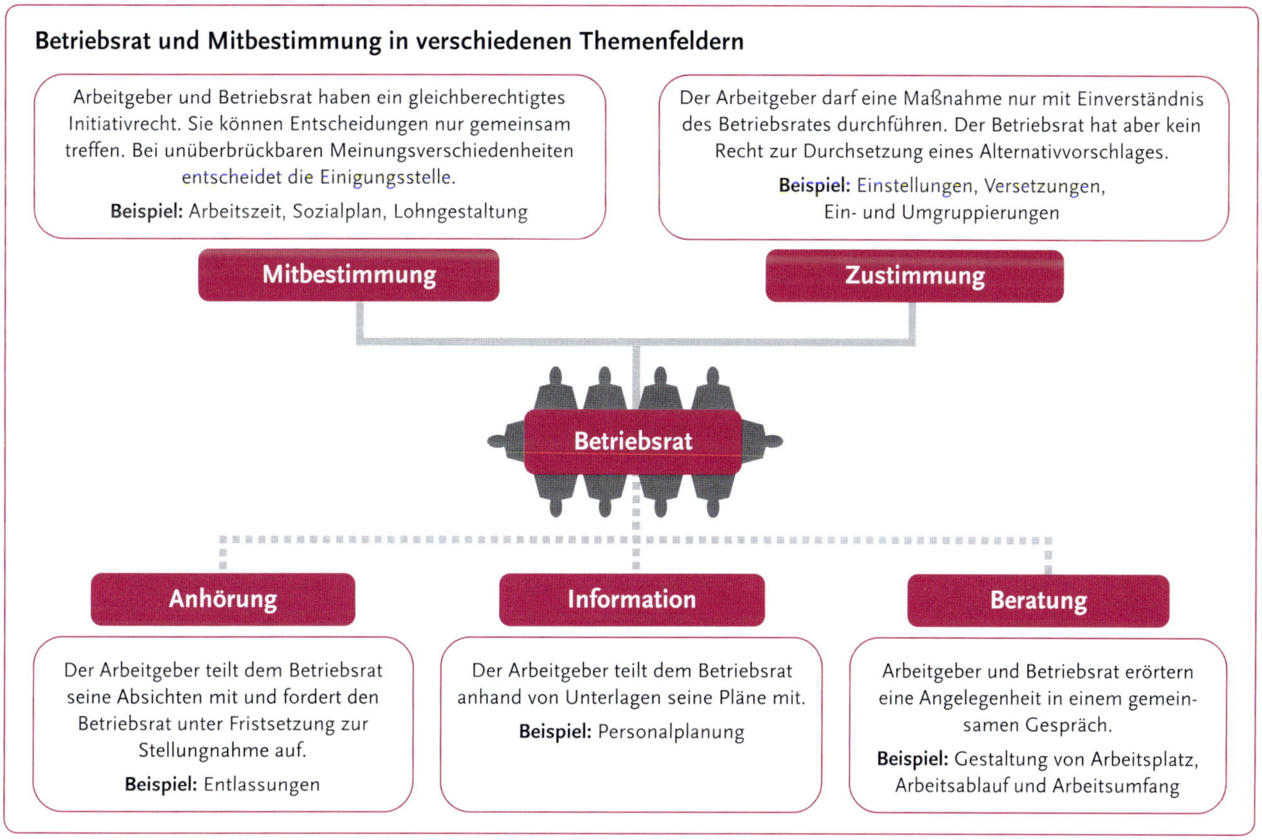

Horst-Udo Niedenhoff, Mitbestimmung in der Bundesrepublik Deutschland, 13. Auflage, Köln 2003, S. 87

Betriebe mit mindestens fünf ständigen Arbeitnehmern können nach dem Betriebsverfassungsgesetz einen Betriebsrat einrichten. Dieser ist das gesetzliche Organ zur Vertretung der Arbeitnehmerinteressen und zur Wahrung der betrieblichen Mitbestimmung gegenüber dem Arbeitgeber in Betrieben des privaten Rechts. Der Betriebsrat hat die Aufgabe, die Beschäftigten bei Einstellungen in Lohn und Gehaltsfragen sowie bei Kündigungen und vielen weiteren Themenbereichen vor der Willkür des Arbeitgebers zu schützen. Arbeitsbedingungen sind mit dem Betriebsrat so zu gestalten, dass sie die Bedingungen aus Recht und Gesetz sowie nach den Tarifverträgen erfüllen. Bei den vielen unterschiedlichen Interessen zwischen Arbeitgebern und Beschäftigten können sich die einzelnen Arbeitnehmer nur schwer allein durchsetzen. Der Betriebsrat jedoch vertritt die Interessen aller.

Aufgaben

1. Im Fall von M 14 muss der Unternehmer eine Entscheidung treffen. Bildet Zweiergruppen. Dabei vertritt einer die Interessen des Unternehmens, der andere die des Betriebsrates. Ihr habt 10 Minuten Zeit, um euch zu entscheiden. Der Unternehmer teilt seine Entscheidung mit, der Betriebsrat muss dazu gehört werden. Stellt das Ergebnis der Klasse vor.
2. Stelle Vermutungen an, warum der Staat die gesetzliche Pflicht zur Einrichtung eines Betriebsrates geschaffen hat (M 14 - M 16).

Was wir wissen

Der neue Arbeitsalltag
M 3, M 4

Der Arbeitsalltag für viele Arbeitnehmer sieht heute ganz anders aus als früher. Durch die technische Entwicklung werden heute viele einfache Tätigkeiten von Maschinen und Robotern übernommen. Ein großer Anteil der Erwerbstätigen arbeitet im Bereich von Dienstleistungen, zum Beispiel als Servicekraft in Restaurants oder in Büros.
Außerdem ändern sich die Anforderungen an einen Beruf schneller: Man kann nicht davon ausgehen, dass ein Beruf in einigen Jahren noch in derselben Form ausgeführt wird. Vielmehr müssen sich die Arbeitnehmer weiterbilden.
Insgesamt gibt es immer mehr Arbeitsstellen, bei denen eine qualifizierte Arbeit gefragt ist. Ungelernte Tätigkeiten werden dagegen in Zukunft immer weniger nachgefragt werden.

Tarifkonflikte
M 7, M 11

In einem Unternehmen haben Arbeitgeber und Arbeitnehmer das gemeinsame Interesse am Erfolg des Unternehmens. Wenn es um die Verteilung des erwirtschafteten Gewinns oder um die Folgen wirtschaftlicher Misserfolge geht, unterscheiden sich die Interessen jedoch.
In der Öffentlichkeit werden besonders die Auseinandersetzungen um die Bezahlung von Arbeitskräften, die Tarifkonflikte, wahrgenommen. Gewerkschaften und Arbeitgebervereinigungen haben das Recht, ohne staatliche Einmischung Tarifverträge auszuhandeln (Tarifautonomie). Diese Tarifverhandlungen bestehen aus zahlreichen Schritten, in denen die Tarifparteien versuchen, ihre Interessen durchzusetzen. Endergebnis dieser Verhandlungen sind Tarifverträge, die für den Zeitraum eines oder mehrerer Jahre Löhne und Arbeitsbedingungen ganzer Wirtschaftszweige regeln.

Der Betriebsrat
M 16

Mitarbeiter und Unternehmens- oder Betriebsleitung haben oft unterschiedliche Interessen, wenn es um die Gestaltung von Arbeitsverhältnissen geht. Besonders konfliktträchtig sind dabei Personalfragen, insbesondere bei Kündigungen und Fragen der Arbeitszeitregelung. Die Interessenvertretung der Arbeitnehmer im Betrieb ist der von den Arbeitnehmern gewählte Betriebsrat. Er muss ab einer bestimmten Betriebsgröße eingerichtet werden. Er hat abgestufte Rechte der Mitwirkung in wirtschaftlichen, personellen und sozialen Angelegenheiten. Die Mitbestimmung im engeren Sinn besteht im Zustimmungsrecht (zum Beispiel bei Einstellungen) und im Mitbestimmungsrecht (zum Beispiel bei der täglichen Arbeitszeit). Bei Kündigungen muss der Betriebsrat angehört werden.

Was wir können

Aufgabe

Bestimme jeweils die richtige(n) Antwort(en) auf die Fragen.

1. Welche Rolle spielt der Staat bei der Gestaltung der Arbeitsbeziehungen in Deutschland?

a) Der Staat regelt die Gestaltung der Arbeitsbeziehungen in Deutschland.

b) Der Staat hält sich bei der Gestaltung der Arbeitsbeziehungen in Deutschland zurück.

c) Der Staat verhält sich mal so, mal so.

2. Die Mitbestimmungsrechte des Betriebsrates gehen besonders weit ...

a) bei wirtschaftlichen Entscheidungen.

b) bei sozialen und personellen Angelegenheiten.

c) bei Fragen der Produktpreisgestaltung.

3. Warum müssen insbesondere die Rechte der Arbeitnehmer gestützt werden?

a) Weil der einzelne Arbeitnehmer in einer gegenüber dem Arbeitgeber schwächeren Position ist.

b) Weil es in Deutschland grundsätzlich Vertragsfreiheit gibt.

c) Damit es eine ausgewogene Machtbalance zwischen Arbeitgeber und Arbeitnehmer gibt.

4. Welchen Faktoren wird häufig ein Einfluss auf die Höhe der Tariflohnerhöhungen nachgesagt?

a) der Entwicklung der Produktivität

b) der Entwicklung der Börsenkurse

c) der Entwicklung des Preisniveaus

5. Wie verändert sich die Machtposition der Arbeitnehmerorganisationen bei hoher Arbeitslosigkeit?

a) Ihre Position verbessert sich, da nun mehr Arbeitskräfte zur Verfügung stehen.

b) Ihre Position verschlechtert sich, da sich Arbeitgeber durch einen zu starken Lohnanstieg veranlasst sehen, weitere Arbeitsplätze abzubauen.

c) Ob hohe oder niedrige Arbeitslosigkeit spielt für die Arbeitnehmerorganisationen bei Tarifverhandlungen keine Rolle.

Lösungen am Ende des Buches.

BUNDESRAT

ANGIE

3

Der politische Entscheidungsprozess

Die Verfassung gibt vor, wie ein Gesetz zustande kommt und welche Akteure daran beteiligt werden müssen. Wer darf in Deutschland Gesetze initiieren und beschließen? Wie können die unterschiedlichen Akteure ihre Interessen in den Entscheidungsprozess einbringen?

Kompetenzen

Am Ende dieses Kapitels solltest du Folgendes können:

- die Stellung des Bundeskanzlers im politischen System erläutern
- die Arbeitsweise und die Kontrollfunktion des Deutschen Bundestages sowie die Stellung der Abgeordneten des Deutschen Bundestages darstellen
- den Gang der Gesetzgebung an einem Beispiel erläutern
- den Politikzyklus auf ein politisches Problem anwenden
- beurteilen, ob extreme politische Parteien verboten werden sollen

Was weißt du schon?

- Sammelt alle politischen Akteure, die euch einfallen, auf einem Blatt. Ihr könnt euch zu Beginn an den Bildern auf dieser Seite orientieren.
- Welche dieser politischen Akteure haben großen Einfluss auf die Politik und sind mächtig?
  Erstellt eine Hierarchie und beginnt mit dem eurer Ansicht nach mächtigsten Akteur. Begründet eure Entscheidung und übertragt eure Ergebnisse auf ein Plakat.

3.1 Herrschaft und Kontrolle: Regierung und Opposition

3.1.1 Was heißt regieren?

M 1 Was macht eine Bundeskanzlerin?

M 2 Politiker wollen regieren

Opposition = im Parlament die Gruppe von Abgeordneten, die nicht der Regierungsmehrheit angehört
Vergleiche dazu Kapitel 3.1.2

Der ehemalige SPD-Vorsitzende Franz Müntefering sagte einmal: „Opposition ist Mist. Lasst das die anderen machen – wir wollen regieren." Alle Politiker wollen regieren! Sie treten in Wahlkämpfen für ihre Parteien an, um eine Mehrheit zu erreichen und „an die Regierung zu kommen". Denn wer regiert, hat die Macht im Land und kann seine politischen Vorstellungen umsetzen. Die Regierung kann weitreichende Entscheidungen vorbereiten und beeinflussen: Sie kann (zusammen mit den Abgeordneten im Bundestag) entscheiden, ob Steuern erhöht werden, ob die Bundeswehr zu einem Einsatz ins Ausland geschickt wird, ob soziale Leistungen gekürzt werden oder ob man mehr Geld in Bildung investiert. Die Politiker, die nicht an der Regierung beteiligt sind, haben deutlich weniger Einfluss auf die Politik. Sie kontrollieren die Arbeit der Regierung und erklären, was sie anders und besser machen würden. Aber allein die Regierung ist berechtigt, den Kurs des Landes zu bestimmen, und deswegen wollen Politiker regieren.

M 3 Aufbau und Arbeitsweise der Bundesregierung

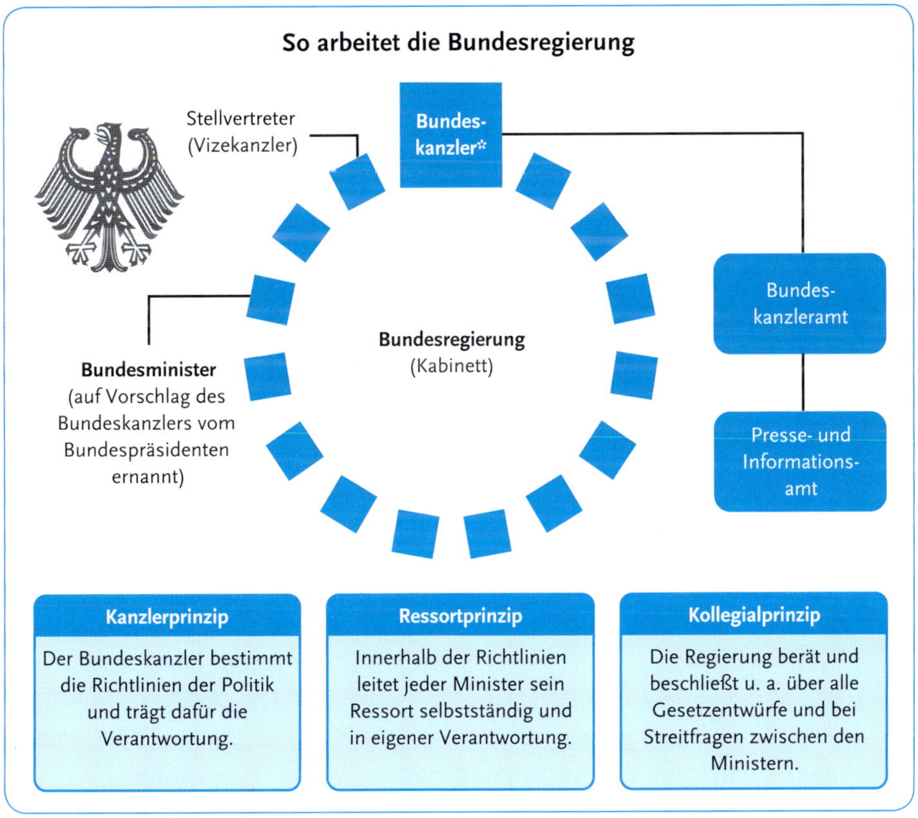

Bergmoser + Höller Verlag AG, Zahlenbilder 67 123

Artikel 65 GG
„Der Bundeskanzler bestimmt die Richtlinien der Politik und trägt dafür die Verantwortung."

**Bundeskanzler ist die offizielle Bezeichnung des Amtes. Wenn man von der Frau spricht, die dieses Amt ausfüllt, so wie Angela Merkel, spricht man von der Bundeskanzlerin.*

M 4 Wie mächtig ist der Bundeskanzler?

Der Bundeskanzler* wird häufig als mächtigster politischer Akteur in Deutschland bezeichnet. Dies liegt daran, dass er sowohl gegenüber dem Parlament eine besondere Rolle einnimmt als auch innerhalb der Bundesregierung über eine Sonderstellung verfügt. So wird innerhalb der Bundesregierung nur der Bundeskanzler direkt vom Bundestag gewählt. Alle anderen Mitglieder der Regierung werden auf seinen Vorschlag hin vom Bundespräsidenten ernannt. Damit verfügt er über eine besondere demokratische Legitimation. Innerhalb der Bundesregierung besitzt der Bundeskanzler die Richtlinienkompetenz. Das bedeutet, dass er die Grundlinien der Politik, also die allgemeine Ausrichtung der Regierungspolitik, bestimmen kann. Gegen den Willen des Kanzlers kann innerhalb der Regierung keine Entscheidung getroffen werden. Das Kabinett kann ihn nicht einfach überstimmen. Wie der Bundeskanzler diese Richtlinienkompetenz ausfüllen kann, hängt entscheidend von seiner Persönlichkeit, seiner Beliebtheit innerhalb der Bevölkerung und seinem Regierungsstil ab. Seine Macht ist natürlich dann beschränkt, wenn er mit einer Koalition

Legitimation = Rechtfertigung der Ausübung staatlicher Gewalt, hier: durch eine Wahl

Kabinett = die Personen, die die Bundesregierung bilden, d. h. der Bundeskanzler und seine Minister

In den wöchentlichen Kabinettssitzungen werden Gesetzesvorlagen beraten und beschlossen und politische Probleme diskutiert.

aus verschiedenen Parteien regiert, da er auf andere Parteien einen geringeren Einfluss besitzt.

Auch gegenüber dem Parlament verfügt er über eine Sonderrolle. Wenn der Bundeskanzler den Eindruck hat, dass die Mehrheit der Abgeordneten im Parlament seine Politik nicht mehr unterstützt, dann kann er im Deutschen Bundestag die Vertrauensfrage stellen. Wird er nicht mehr von der Mehrheit der Abgeordneten unterstützt, so kann er Neuwahlen herbeiführen. Viele Abgeordnete fürchten bei Neuwahlen um ihre Wiederwahl und werden so den Kanzler eher unterstützen.

Aber wehrlos ist das Parlament beileibe nicht. Das Parlament verfügt über ein starkes Machtmittel: das konstruktive Misstrauensvotum. Über das konstruktive Misstrauensvotum kann das Parlament den Kanzler und damit die gesamte Regierung abwählen. Das Parlament muss dazu allerdings einen neuer Kanzler wählen, weswegen das Misstrauensvotum „konstruktiv" - durch die Wahl eines Nachfolgers - und nicht „destruktiv" - durch die reine Abwahl eines Kanzlers - ist.

Aufgaben

1. Was heißt regieren? Sammelt Überschriften und Berichte aus aktuellen Zeitungen, die deutlich machen, welche politischen Probleme die Bundesregierung gerade bearbeitet (M 1, M 2).
2. Erkläre, welche Prinzipien die Regierungsarbeit leiten (M 3).
3. Der Bundeskanzler gilt als mächtiger politischer Akteur. Was kann er tun, um seine Vorstellungen durchzusetzen? Stelle eine Liste der Machtinstrumente des Bundeskanzlers zusammen. Welches Machtinstrument erscheint dir am wirkungsvollsten? Erstelle eine Hierarchie (M 3, M 4).

Recherchiere im Grundgesetz, welche Artikel – neben Art. 65 – die Stellung des Bundeskanzlers beschreiben.

3.1.2 Wer kontrolliert die Regierung?

M 5 Die Opposition – Gegenspielerin der Regierung

Die politische Grenzlinie verläuft in erster Linie nicht mehr zwischen dem Parlament auf der einen und der Regierung auf der anderen Seite. Die entscheidende Trennungslinie liegt in einem parlamentarischen System zwischen der Parlamentsmehrheit und der Regierung auf der einen sowie der Opposition auf der anderen Seite.

Die Regierungsmehrheit, die heute einen Regierungschef wählt, kann morgen nicht so tun, als ob sie mit dessen Person und Regierung nichts verbinde. Dann würde sie sich selbst einen Fehler bescheinigen - nämlich denjenigen, den falschen Kanzler gewählt zu haben.

Die Parteien bilden die Brücke, über die Parlamentsmehrheit und Regierung im heutigen parlamentarischen Regierungssystem verbunden sind. Wie eng die Beziehungen dieser beiden Organe sind, hängt in erster Linie ab von der Anzahl der Parteien, die zur Bildung einer Regierung notwendig sind.

nach: Informationen zur politischen Bildung Nr. 227, Parlamentarische Demokratie 1, Neudruck 1993, S. 26 f.

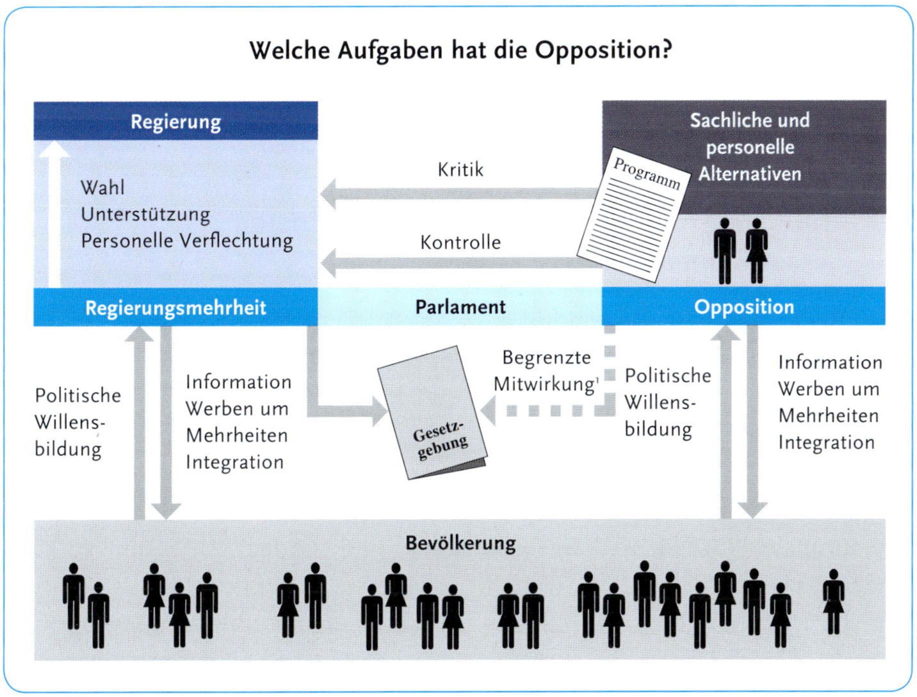

nach: Bergmoser + Höller Verlag AG, Zahlenbilder 67 260, [1] über Ausschüsse, evtl. Bundesrat

M 6 Wie können Abgeordnete die Regierung kontrollieren?

Stelle dir folgende Situation vor: Die Regierung möchte eine allgemeine Maut für PKW einführen und bringt einen entsprechenden Gesetzesvorschlag in den Bundestag ein. Doch viele Abgeordnete, auch der Regierungsparteien, sind damit nicht einverstanden. Wie sollen sie ihre Kritik äußern?

Folgende Maßnahmen stehen den Abgeordneten zur Verfügung:

- ✓ in einer nicht-öffentlichen Versammlung Bedenken gegenüber der Parteispitze äußern
- ✓ in einer Fernsehtalkshow die Regierung offen und hart kritisieren
- ✓ noch nicht veröffentlichte Informationen heimlich und anonym an die Presse geben
- ✓ in einem Fachausschuss des Bundestages hinter verschlossenen Türen Kritik üben
- ✓ im Kreis aller Abgeordneten ihrer Partei (Fraktion) Bedenken äußern
- ✓ eine Aktuelle Stunde im Bundestag beantragen, in der in aller Breite und öffentlich Mitglieder der Regierung Stellung zu ihrer Kritik nehmen müssen; die Debatte wird sogar im Fernsehen übertragen
- ✓ auf einem Parteitag eine Rede halten, in der sie die Politik der Regierung kritisieren

M 7 Interview mit dem Bundestagsabgeordneten Ernst-Reinhard Beck

anonym = ohne Nennung des Namens

Untersuchungsausschuss
Die Abgeordneten des Bundestages können einen Untersuchungsausschuss bilden, wenn mindestens ein Viertel aller Abgeordneten zustimmen. Ziel des Ausschusses ist die Aufklärung politischer Missstände.

Herr Beck, braucht die Regierung eine Kontrolle durch den Bundestag?

Das System der Gewaltenteilung in Legislative, Exekutive und Judikative bedeutet die Aufteilung staatlicher Gewalt in sich gegenseitig kontrollierende und beschränkende Gewalten. Eine der Hauptaufgaben des Bundestages ist die Kontrolle der Bundesregierung, denn Machtmissbrauch wird am besten durch Machtkontrolle verhindert.

Dem Bundestag stehen verschiedene Kontrollinstrumente zur Verfügung. Welche dieser Instrumente halten Sie für besonders wirkungsvoll?

Neben einer „Aktuellen Stunde" haben die Fraktionen die Möglichkeit, die Regierung mittels „Kleiner Anfragen" und „Großer Anfragen" zu kontrollieren. Darüber hinaus können Fraktionen die Einsetzung von Untersuchungsausschüssen beantragen, in denen Verfehlungen geklärt werden sollen. Dem einzelnen Abgeordneten steht die Möglichkeit offen, vier schriftliche Anfragen pro Monat und bis zu zwei mündliche Fragen pro Sitzungswoche zu stellen. Als schärfste Form der Kontrolle steht dem Parlament das konstruktive Misstrauensvotum zur Verfügung. In diesem Fall wählt die Mehrheit der Mitglieder des Bundestages einen neuen Kanzler. All diese Instrumente werden vorwiegend von der Opposition eingesetzt. Die Regierungsfraktionen kontrollieren eher nicht in der Öffentlichkeit.

Nehmen aus Ihrer Sicht auch die Regierungsfraktionen ihr Recht, die Regierung zu kontrollieren, wahr?

Die Mitglieder der Regierungsfraktionen üben ihr Kontrollrecht über ihre eigene Regierung eher intern – in Fraktions- und Arbeitsgruppensitzungen – aus. Selten sind daher schriftliche oder mündliche Fragen an die Regierung.

Bei der Auswahl der Instrumente ist die öffentliche Wirkung von entscheidender Bedeutung. Die größte Wirkung erzielt man, wenn das Fernsehen das Thema aufgreift.

Interview des Autors mit Ernst-Reinhard Beck über die Wahrnehmung der Kontrollrechte des Bundestags durch die Abgeordneten

Ernst-Reinhard Beck sitzt für die CDU im Deutschen Bundestag.

M 8 Die Teilung der Staatsgewalt in Legislative, Exekutive und Judikative

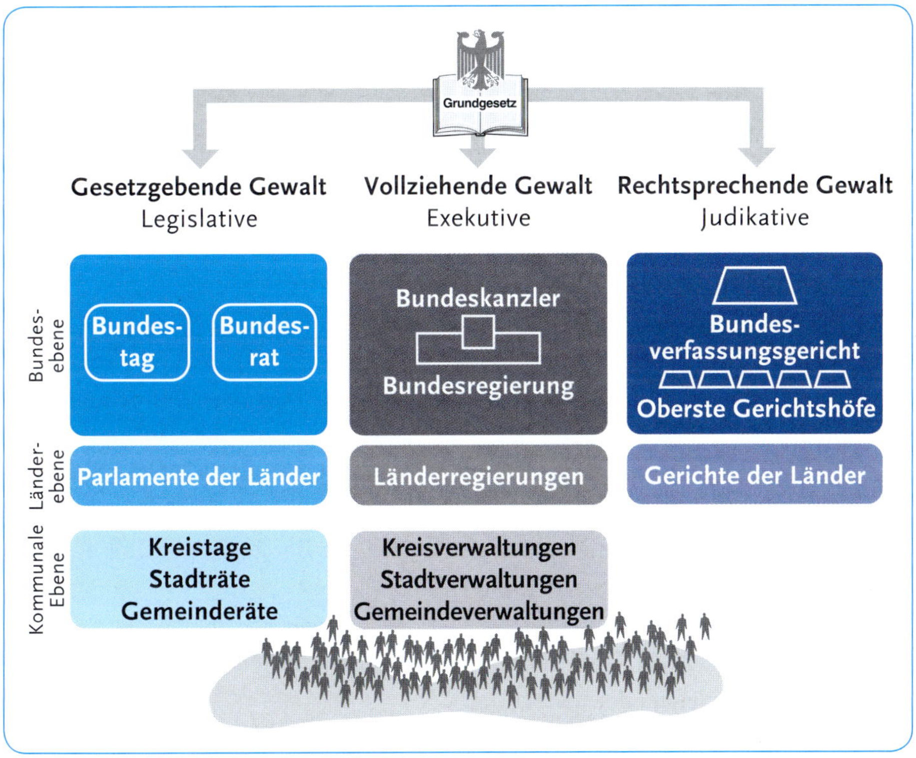

Bergmoser + Höller Verlag, Zahlenbilder 61110

M 9 Welche Kontrollrechte hat das Parlament?

Fragerechte des Bundestags

Große Anfrage

Schriftliche Anfrage zu einem größeren politischen Themenkomplex durch eine Fraktion bzw. mindestens 5 % der Abgeordneten

An die Beantwortung durch die Bundesregierung schließt sich in der Regel eine Debatte vor dem Bundestag an.

Kleine Anfrage

Schriftliche Anfrage zu konkreten Einzelthemen durch eine Fraktion bzw. mindestens 5 % der Abgeordneten

Die Antwort erfolgt schriftlich durch das jeweils zuständige Bundesministerium.

Fragestunde

Einzelfragen zur mündlichen oder schriftlichen Beantwortung, von einzelnen Abgeordneten eingebracht

Mündliche Beantwortung in den beiden wöchentlichen Fragestunden des Bundestages

Möglichkeit für die Abgeordneten, mit Zusatzfragen nachzuhaken

Hauptfunktionen:

- Beschaffung von Informationen
- öffentliche Herausforderung der Regierung durch die Opposition
- Gelegenheit, die Haltung der Opposition darzulegen

Aktuelle Stunde

Politische Debatte mit Kurzbeiträgen zu einem aktuellen Thema auf Verlangen einer Fraktion bzw. von mindestens 5 % der Abgeordneten oder nach Vereinbarung

Redezeit für die Abgeordneten: 5 min; Gesamtdauer: 1 Stunde + Redezeit der Regierung

nach: Bergmoser + Höller Verlag AG, Zahlenbilder 66 250

Aufgaben

1. Erkläre mithilfe von M 5 und M 8, weshalb man in Deutschland auch von einer „Verschränkung der Gewalten“ und einer „Parteiendemokratie“ spricht.
2. Versetze dich in einen Abgeordneten der Regierungsfraktion und einen der Opposition. Entscheide auch mithilfe von M 6, welche Maßnahmen die beiden treffen sollen, um Kritik an der Regierung zu üben. Wähle dazu die Maßnahmen aus, die dir am sinnvollsten erscheinen, und begründe deine Auswahl (M 9).
3. Überprüfe die folgenden Aussagen zur Kontrolle der Regierung. Stimmen sie? Begründe deine Entscheidungen (M 5 - M 9).
   - Hauptaufgabe des Bundestages ist die Kontrolle der Regierung.
   - Bei der Auswahl der Kontrollmöglichkeiten ist die öffentliche Wirkung von entscheidender Bedeutung.
   - Nur die Opposition kontrolliert die Regierung.
   - Regierung und Parlament sind nicht vollständig voneinander getrennt.

zu Aufgabe 2
Entwirf weitere Aussagen zur Kontrolle der Regierung und lasse sie von deinem Nachbarn überprüfen.

3.1.3 Wie frei ist ein Abgeordneter?

M 10 Die Streitfrage: Mopedfahren schon ab 15 Jahren?

Ein Gesetzentwurf der Bundesregierung sieht vor, dass künftig bereits 15-Jährige einen Führerschein der Klasse M erwerben dürfen. Dieser erlaubt das Fahren von Mopeds und kleineren vierrädrigen Gefährten wie Quads mit einer Höchstgeschwindigkeit von bis zu 45 Stundenkilometern. Bislang durften 15-Jährige nur auf 25 Stundenkilometer gedrosselte Mofas fahren. Die Regierung will damit die Mobilität von Jugendlichen vor allem auf dem Land verbessern. Die Entscheidung ist umstritten und in vielen Internet-Foren wird darüber diskutiert, ob Jugendliche damit nicht überfordert sind.

Stephan (8.7.2013 16:04)
Na endlich ... Ich sehe das mal aus Sicht der schnelleren Verkehrsteilnehmer: Mofas sind extreme Verkehrsbehinderer (weil sie nicht mal auf den Fahrradweg dürfen!). Man kann sie oft nur mit hohem Risiko oder längere Zeit gar nicht überholen. Gut, dass das bald ein Ende hat. Davon abgesehen reizt es die Jugendlichen dann auch sicher deutlich weniger, ihr Fahrzeug zu frisieren.

Ralf (8.7.2013 20:02)
Ich habe eine Schreinerei auf dem Land in einem kleinen Dorf. Busse gibt es nicht. Also habe ich Probleme, Azubis zu bekommen, weil diese oft nicht mobil sind. Wenn die in Zukunft Moped fahren dürfen, wäre mir damit sicher geholfen.

Heidi (7.7.2013 19:08)
Ich finde die Idee absolut super. Ich muss sonst meine Tochter noch ein Jahr lang zum Reiten fahren (12 Kilometer Landstraße). Mit dem langsamen Mofa ist es deutlich gefährlicher.

Gerd (7.7.2013 17:34)
Es ist doch unverantwortlich, dass die Jugend, die sich sonst auch kaum an Regeln hält, jetzt eine Lizenz zum Schnellfahren bekommt.

Anne (7.7.2013 16:56)
Sind unsere Politiker jetzt völlig verrückt geworden? Seit in Österreich 15-Jährige Moped fahren dürfen, steigt die Zahl der Moped-Unfälle dort sprunghaft. Und das wollen wir jetzt auch bei uns?

3.1.4 Wie arbeitet der Deutsche Bundestag?

M 13 Wo sind die Abgeordneten?

Bundestagsdebatten finden häufig vor leeren Rängen statt. Auch in der Öffentlichkeit werden sie kaum wahrgenommen. Politik-Talkshows erzielen dagegen regelmäßig hohe Einschaltquoten.

M 14 Ist die Kritik am Parlament berechtigt?

Plenumsdebatte = eine Aussprache zwischen den Abgeordneten im großen Parlamentssaal

Transparenz = Durchsichtigkeit, hier: Nachvollziehbarkeit einer Entscheidung

Abgeordnete sind verpflichtet, an Ausschusssitzungen zu den Gesetzen teilzunehmen, die ihr Ausschuss (z. B. der Verteidigungsausschuss) gerade bearbeitet. Sie müssen Fachleute hören und umfangreiches Informationsmaterial durcharbeiten, das ihr Mitarbeiterstab oder der wissenschaftliche Dienst des Bundestages zusammengetragen haben; es kostet sie Zeit, etwa im Arbeitskreis ihrer Fraktion eine kritische Anfrage an die Bundesregierung zu formulieren oder sich um Kontakte zu den Medien zu kümmern, ohne die sie ihre Anliegen nicht wirksam vertreten können. Auch für die Einzelinteressen und Probleme der Bürgerinnen und Bürger setzen sich die Abgeordneten oft in mühsamer Kleinarbeit ein. Die Arbeit im Wahlkreis erfordert zusätzlichen Zeitaufwand.

Da muss die Plenumsdebatte oft zurückstehen. Dort werden nach getaner Ausschussarbeit häufig die allen Abgeordneten bereits bekannten Argumente ausgetauscht, die niemanden, der sich monate-, manchmal jahrelang mit einer Frage auseinandergesetzt hat, noch zu einem Meinungswandel veranlassen können. Trotzdem sind diese Debatten kein überflüssiges Ritual: Die Sprecherinnen und Sprecher der Fraktionen reden bewusst „zum Fenster hinaus", um der Öffentlichkeit die Gründe für ihre Sachentscheidungen zu vermitteln und so die in der Demokratie wichtige Transparenz zu ermöglichen. [...]

Die Präsentation der Politik in den Medien trägt ein Übriges zur kritischen Haltung der Bevölkerung gegenüber der (Partei-)Politik bei: Im Kampf um Einschaltquoten und Verkaufszahlen am Kiosk geben die

Medien dem Zwang zu Verknappung, zu Dramatisierung und Zuspitzung immer stärker nach. Sie veranlassen die Politikerinnen und Politiker zu Erklärungen von 30 bis 90 Sekunden Länge – für differenzierte, angemessene Sachaussagen bleibt da kaum noch Raum.

Ursula Münch, in: Information zur politischen Bildung aktuell, Bundestagswahlen 2002, Bonn 2002, S. 7

M 15 Die Organisation des Deutschen Bundestages

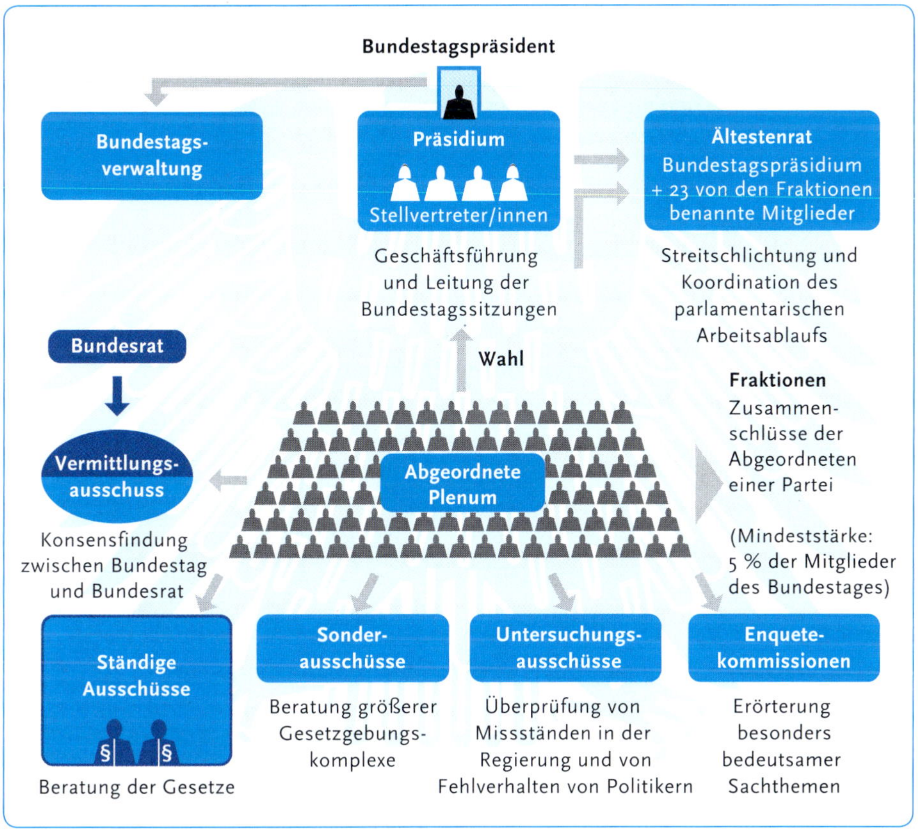

nach: Bergmoser + Höller Verlag AG, Zahlenbilder 64 110

- Vorentscheidung
- Ausschusssitzungen
- Zuspitzung
- Ritual
- Fachleute
- Gesetze
- Einschaltquoten
- Wahlkreisarbeit
- Plenumsdebatte
- Medien

Aufgaben

1. Die beiden Bilder aus M 13 können auch als Vorwurf an die Abgeordneten verstanden werden. Formuliere, welcher Vorwurf hier erhoben wird.
2. Entwirf eine kurze Stellungnahme aus der Sicht eines Abgeordneten, in der er sich gegen den Vorwurf zur Wehr setzt. Verwende dabei die Begriffe aus der Randspalte (M 13 - M 15).

Was wir wissen

Stellung des Bundeskanzlers
M 3, M 4

In der Regierung hat der Bundeskanzler bzw. die Bundeskanzlerin eine hervorgehobene Stellung. Er bestimmt nach Art. 65 GG „die Richtlinien der Politik und trägt dafür die Verantwortung" (Kanzlerprinzip), d. h. er legt umfassende Ziele fest (wie z. B. große Reformvorhaben). Darüber hinaus macht er dem Bundespräsidenten Vorschläge zur Ernennung und Entlassung von Kabinettsmitgliedern. Innerhalb der Richtlinien leiten die Minister ihr Ministerium selbstständig (Ressortprinzip). Abgeschwächt wird das Kanzlerprinzip auch durch das Kabinettsprinzip. So berät und beschließt das Kabinett als Ganzes über alle Gesetzentwürfe und entscheidet bei Streitfragen über die Zuständigkeit zwischen einzelnen Ministerien.

Kontrolle der Regierung
M 5

Gewaltenverschränkung
M 8, M 9

Eine wichtige Aufgabe des Bundestages ist die Kontrolle der Regierung. Dies ist die Hauptaufgabe der Opposition. In der Praxis der Parteiendemokratie bilden nämlich die Regierung mit dem Bundeskanzler und die Regierungsparteien, die ja die Mehrheit im Parlament haben, eine Handlungseinheit. Man spricht in diesem Zusammenhang auch von Gewaltenverschränkung. Zwar üben auch die eigenen Abgeordneten Kritik an der Regierung, doch tun sie dies meist nicht öffentlich. So werden die Kontrollinstrumente des Bundestages wie Kleine und Große Anfrage, Aktuelle Stunden, Fragestunden, Untersuchungsausschüsse etc. hauptsächlich von der Opposition in Anspruch genommen. Außerdem kann die Opposition ihre Kritik wirksam über die Medien äußern und sich dort als die bessere Alternative präsentieren.

Stellung der Abgeordneten
M 12

Abgeordnete, die derselben Partei angehören, schließen sich im Bundestag zu einer Fraktion zusammen. Die Fraktionen sind die politische Heimat für die Abgeordneten und bilden den organisatorischen Rahmen der Arbeit im Bundestag, denn anders wäre der Bundestag wohl kaum entscheidungsfähig. Bei Abstimmungen folgen die Abgeordneten in der Regel der von der Fraktion festgelegten Linie (Fraktionsdisziplin), obwohl sie eigentlich nach Art. 38 GG in ihren Entscheidungen frei sind (freies Mandat).

Arbeitsweise des Bundestages
M 14, M 15

Die Hauptarbeit der Abgeordneten findet nicht im Plenum des Bundestages statt, sondern in den Fachausschüssen, die sich mit der Ausarbeitung von Gesetzen beschäftigen. Dort beraten die Abgeordneten, hören Fachleute an, diskutieren die Gesetzentwürfe und verändern diese.

Kleine Anfragen an die Bundesregierung

In der 16. Wahlperiode (2005 - 2009) regierte Angela Merkel (CDU) als Kanzlerin einer Großen Koalition aus CDU/CSU und SPD. Grüne, FDP und Linke bildeten die Opposition.
Insgesamt stellten die Fraktionen des Deutschen Bundestages in dieser Wahlperiode 3.299 Kleine Anfragen an die Bundesregierung. Mit 1.505 kamen die meisten Anfragen von der Partei DieLinke, die FDP stellte 1.005 Anfragen und Bündnis 90/Grüne 788. Große Anfragen gab es insgesamt 63, von denen CDU/CSU und SPD 1, die FDP 17, DieLinke 11 und Bündnis 90/Grüne 34 stellten.

Statistik der Parlamentarischen Kontrolltätigkeit, Überblick 16. Wahlperiode, Stand: 21.4.2010

Aufgabe

Erkläre, weshalb die Fraktionen die parlamentarischen Fragerechte so unterschiedlich stark einsetzen. Wähle für deine Erklärung Begriffe aus dieser Begriffswolke aus:

Abgeordnete | Bundestag | Öffentlichkeit | Legislative | Gewaltenverschränkung
Gewaltenteilung | Opposition | Wahlen | Kontrollrechte | Kontrolle | Exekutive

Verfassungsorgane der Bundesrepublik Deutschland

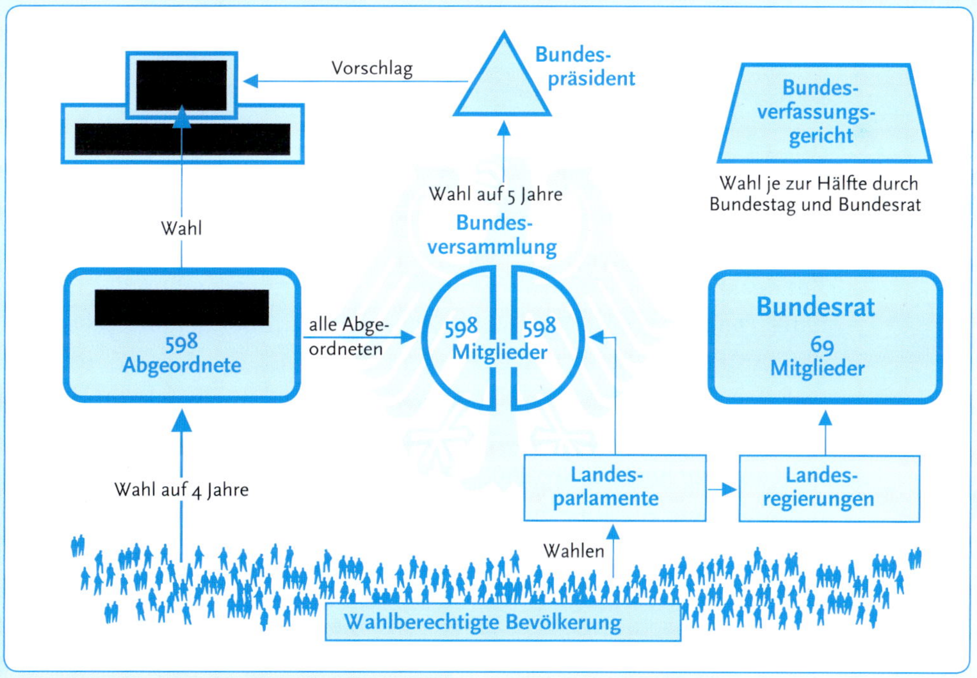

nach: Bergmoser + Höller Verlag AG, Zahlenbilder 62 110

Aufgabe

Skizziere das Schaubild der Verfassungsorgane grob in deinem Heft und ergänze die Namen der fehlenden Organe.

Lösungen am Ende des Buches.

3.2 Wie entsteht ein Gesetz?

3.2.1 Das Problem: Energieversorgung und Reaktorsicherheit in Deutschland

M 1 Ist Deutschland angewiesen auf Atomkraft?

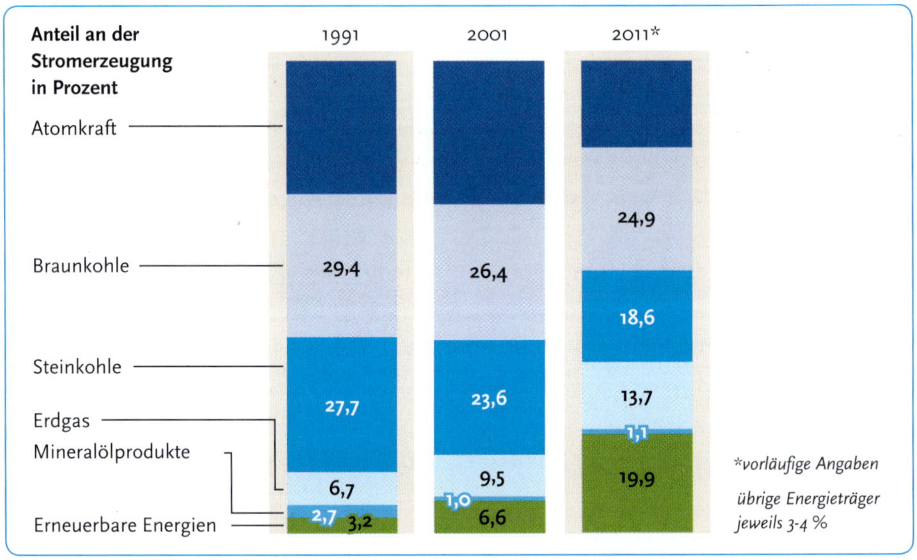

dpa-Grafik 16752; Quelle: Arbeitsgemeinschaft Energiebilanzen (AGEB)

M 2 Hin und her in der Atompolitik

Die rot-grüne Bundesregierung unter Bundeskanzler Gerhard Schröder hatte nach ihrem Wahlsieg 1998 die Atomkraft neu bewertet und war zu dem Ergebnis gekommen, dass die Risiken der kommerziellen Nutzung zu hoch sind. 2002 wurde der geordnete Ausstieg aus der Atomkraft beschlossen. Die Laufzeit der bestehenden Atomkraftwerke wurde auf durchschnittlich 32 Jahre seit ihrer Inbetriebnahme festgelegt.

Nach dem Wahlsieg der CDU/CSU und FDP im Jahr 2009 einigten sich die neuen Regierungsparteien im Koalitionsvertrag auf eine Neuausrichtung der Atompolitik. Im Herbst 2010 verabschiedete die Regierungskoalition im Rahmen ihres „Energiekonzeptes" ein äußert umstrittenes Gesetz, das die Atomenergie als „Brückentechnologie" sah und eine Verlängerung der Laufzeiten für Atomkraftwerke beinhaltete.

Infolge der Reaktorkatastrophe von Fukushima in Japan im Frühjahr 2011 vollzog die Regierung jedoch eine erneute Kehrtwende. Die beschlossene Laufzeitverlängerung für Atomkraftwerke wurde wieder zurückgenommen. Stattdessen brachten die Regierungsparteien unter Angela Merkel ein Gesetz für den beschleunigten Ausstieg aus der Atomkraft auf den Weg.

⊕ Recherchiere den Ablauf der Atomkatastrophe von Fukushima und beschreibe, welche Folgen der Reaktorunfall für Mensch und Umwelt hatte.

M 3 Abschied vom Kern: Strittig sind nur noch Details

Fast ein halbes Jahrhundert hat die Atomenergie Politik und Nation gespalten. Unzählige teils leidenschaftliche, teils verbitterte Debatten wurden im Bundestag geführt. Doch jetzt ist alles anders. Noch nie waren sich die Fraktionen so einig. Diese Einigkeit über den Atomausstieg kam so plötzlich, dass die Redner versuchten, Unterschiede zu finden, wo es längst keine mehr gab.

SPD-Fraktionschef Frank-Walter Steinmeier warf lediglich der Kanzlerin „Unaufrichtigkeit und falsches Pathos" vor. Um dann aber zu betonen, dass sie einer Meinung seien: Sie sei „genau dort jetzt angekommen, wo Rot-Grün die Dinge schon gestaltet" habe.

[...] Was Tschernobyl nicht vermochte, das machte Fukushima nun mehr als deutlich: „Die Risiken der Kernenergie sind nicht beherrschbar", brachte es Bundeskanzlerin Angela Merkel (CDU) auf den Punkt. „Wer das erkennt, muss eine neue Bewertung vornehmen. Ich habe eine neue Bewertung vorgenommen", sprach Merkel vergangenen Donnerstag in ihrer Regierungserklärung „Der Weg zur Energie der Zukunft" vor dem Bundestag. [...]

Das Tempo, in dem die Bundesregierung aus der Kernenergie aussteigen will, ist (Gregor Gysi) hingegen zu gering: Die letzten Atomkraftwerke sollen laut Merkel bis 2022 vom Netz genommen werden. Für den Chef der Linksfraktion bedeutet diese Tatsache „elf weitere Jahre Fukushima-Risiko". Ein kompletter Ausstieg sei bereits bis 2014 möglich. Seine Fraktion stellte einen entsprechenden Antrag.

Jürgen Trittin, Fraktionschef von Bündnis90/Die Grünen, kritisierte Details der Kabinettsbeschlüsse: [...] Seine Fraktion will die Kernkraftwerke bis 2017 abschalten. In einem weiteren Antrag verlangt sie, auf eine sogenannte Kaltreserve zu verzichten. Als Zugeständnis an die Bundesnetzagentur will die Regierung ein Atomkraftwerk, das zeitnah abgeschaltet werden soll, nur auf Stand-by-Modus herunterfahren.

Wirtschaftsminister Philipp Rösler (FDP) entgegnete auf Steinmeiers Kritik, dass die Berücksichtigung der Versorgungssicherheit im Konzept von „Rot-Grün" komplett gefehlt hätte, aber „im Sinne von Netzstabilität" notwendig sei. „Ein Blackout wäre volkswirtschaftlich nicht zu verantworten", betonte auch Gerda Hasselfeldt, Vorsitzende der CSU-Landesgruppe: „Der Strom darf nicht ausfallen."

Verena Renneberg, in: Das Parlament, 14.6.2011, S. 1

Abgeordnete stimmen am 30.6.2011 im Deutschen Bundestag über den Ausstieg aus der Atomenergie ab.

Pathos = übertriebene Gefühlsäußerung

Tschernobyl
In dem ukrainischen Kernkraftwerk ereignete sich 1986 eine der schwersten Nuklearkatastrophen der Geschichte.

Aufgaben

1. Erstelle eine kurze Chronologie zur Atomgesetzgebung und nenne jeweils stichwortartig den Grund für die Gesetzesvorhaben (M 1, M 2).
2. Erläutere, wie die Debatte über das neue Atomgesetz im Bundestag verlief. Worin waren sich die Parteien einig, worüber wurde gestritten (M 3)? Erstelle zunächst eine Tabelle, in der du die Positionen strukturierst.

3.2.2 Das neue Atomgesetz in der Diskussion

„Atomkraft ist nicht sicher und deshalb nicht zu verantworten. Das wissen wir seit den Katastrophen von Tschernobyl und Fukushima."

„Die Atomkraft ist im Betrieb eine saubere Technologie. So kann klimafreundlich Energie erzeugt werden."

„Atomkraftwerke können billig Strom produzieren. Davon profitiere ich als Konsument."

„Ich bin gegen die Nutzung der Kernenergie, da immer noch ungeklärt ist, was mit dem Atommüll geschehen soll."

Legislaturperiode = Amtsdauer einer Volksvertretung

populistisch = Politik betreffend, die davon geprägt ist, sich bereitwillig an die jeweilige Lage anzupassen, evtl. um einen persönlichen Vorteil zu erlangen.

M 4 In der Diskussion: der Ausstieg aus der Atomkraft

a) Sicher ist sicher

Mit dem schwarz-gelben Ausstieg könnte es bald erstmals eine Atomentscheidung mit Aussicht auf Bestand geben. Erstmals ist Investoren damit ein Mindestmaß an Berechenbarkeit gegeben. Für den deutschen Strommarkt ist dies das wichtigste Signal: Wer hier investieren will, weiß wieder, woran er ist. Daneben tritt eine andere Sicherheit, deren Bedeutung sich in der Katastrophe in Fukushima aufs Neue gezeigt hat. Die deutschen Kernkraftwerke mögen gut gepflegt gewesen sein, doch die Abschaltung der sieben ältesten Anlagen plus Krümmel macht das Leben in diesem Land objektiv sicherer. Ob die anderen Reaktoren teils noch bis 2022 hätten laufen müssen, mag umstritten sein. Dass es fixe Enddaten für sie gibt, ist gut.

Der Kampf für und gegen Kernkraft hat viele Kräfte gebunden in diesem Land; er hat die energiepolitische Debatte in einem Maße bestimmt, das zur Bedeutung dieser Energieform in keinem Verhältnis mehr stand. Der Ausstieg setzt diese Kräfte nun frei. Sie werden gebraucht werden: für eine Energieversorgung ohne unüberschaubare Risiken und Müll für Generationen, ohne Raubbau an fossilen Ressourcen. Der Weg ist steinig, aber das Ziel stimmt.

b) Populistisch und teuer

Die Wende von der Wende in der Energiepolitik ist und bleibt ein populistisches Manöver. So schrecklich die Bilder vom Unglück in Fukushima auch waren – die Sicherheit der 17 deutschen Kernkraftwerke wurde dadurch nicht berührt. Wir leben weder auf einer Erdbebenspalte noch müssen wir mit Tsunamis rechnen. Es geht einzig und alleine um unsere veränderte Wahrnehmung. Rund 70 Prozent der Deutschen sprechen sich inzwischen gegen Kernenergie aus, ohne dass sich an den objektiven Bedingungen für die Reaktorsicherheit hierzulande etwas verändert hätte. Die Physikerin Merkel weiß das. Aber die Politikerin Merkel fürchtet sich.

Die Bundesregierung folgt dem Meinungsumschwung in fast panischer Weise. Wissenschaftlich sorgfältig erarbeitete Energieszenarien für die nächsten 40 Jahre werden über den Haufen geworfen. Acht Kraftwerke gehen von heute auf morgen vom Netz und werden ohne weitere Prüfung stillgelegt. Die anderen Anlagen folgen im Abstand weniger Jahre. Klagen die Konzerne erfolgreich gegen diese Enteignung, kann das den Steuerzahler Milliarden kosten. Zugleich importieren wir Atomstrom aus Frankreich, damit unser Netz stabil bleibt.

[...] Es wird Jahrzehnte dauern, bis die Kernenergie durch erneuerbare Energie ersetzt wird. So lange steigen der CO_2-Ausstoß ebenso wie die Strompreise. Die Rechnung kommt noch.

nach: Michael Bauchmüller (a), Daniel Goffart (b), in: Das Parlament, 14.6.2011, S. 2

M 5 Die Haltung der Interessenverbande

Die gravierenden Folgen für Menschen, Umwelt und Natur, aber auch für die Wirtschaft, haben deutlich gemacht, dass das „Restrisiko" eines Unfalls eine reale Gefahr darstellt. Die übergroße Mehrheit der Verbraucher in Deutschland will diese Risiken nicht akzeptieren.

Verbraucherzentrale Bundesverband, Stellungnahme zum Atomausstieg, neue Energie- und Klimapolitik 13.4.2011

Für den Bund für Umwelt und Naturschutz Deutschland (BUND) ist der Beschluss des Bundeskabinetts zum Atomausstieg halbherzig. „Der Atomausstieg dauert viel zu lange […]. Wenn der Großteil der Atomkraftwerke erst um das Jahr 2020 abgeschaltet wird, muss die Bevölkerung viele weitere Jahre mit der ständigen Gefahr schwerer atomarer Störfälle leben. Hinzu kommen die wachsenden Atommüllberge, für die es bis heute kein Endlager gibt", sagte der BUND-Vorsitzende Hubert Weiger.

BUND-Pressedienst, 6.6.2011

Die Energiewirtschaft fordert von der Bundesregierung ein klareres Konzept zur Umsetzung der Energiewende. „Die Summe der Einzelteile ergibt kein Ganzes", schrieb die Chefin des Bundesverbands der Energie- und Wasserwirtschaft (BDEW), Hildegard Müller.

dapd, 21.5.2012

Der […] Beschluss des Bundestages zum Atomausstieg wird vom Bundesverband Solarwirtschaft e.V. (BSW-Solar) begrüßt. Die gesetzlichen Rahmenbedingungen für die stärkere Nutzung der Solarenergie blieben jedoch […] hinter den Erfordernissen zurück.

Pressemitteilung, 30.6.2011

Luff

Aufgaben

1. a) Stelle die Argumente aus M 4 und M 5 tabellarisch (für und gegen den schnellen Ausstieg) gegenüber.
   b) Nimm eine Gewichtung vor, welche Argumente für dich persönlich am wichtigsten sind, und bringe sie in eine Reihenfolge. Das wichtigste Argument steht an erster Stelle.
2. Ist der Ausstieg aus der Atomkraft die richtige Entscheidung? Verfasse eine begründete Stellungnahme in Form eines Leserbriefes.

⊕ Ordne die Argumente den Kriterien „Sicherheit", „Umwelt" und „Kosten" zu.

3.2.3 Wie verläuft der Gesetzgebungsprozess?

M 6 Der Weg eines Gesetzes

1. Gesetzesinitiative
Bundestag, Bundesrat und Bundesregierung können Gesetzentwürfe in den Bundestag einbringen.

2. Beratung
Im Bundestag wird über die Gesetzentwürfe beraten. Zu den Gesetzentwürfen finden im Bundestag drei Lesungen statt.

3. Beschlussfassung
Der Beschluss der dritten Lesung wird dem Bunderat mitgeteilt.

Stimmen Bundesrat und Bundestag überein, kommt das Gesetz zustande.

Stimmen Bundesrat und Bundestag nicht überein, kann der Vermittlungsausschuss angerufen werden. Welchen Einfluss der Bundesrat hat, hängt davon ab, ob es sich um ein Zustimmungsgesetz (links) oder ein Einspruchsgesetz (rechts) handelt.

4. Unterzeichnung und Veröffentlichung
Stimmen Bundesrat und Bundestag überein, wird das Gesetz von der Bundesregierung gegengezeichnet, vom Bundespräsidenten unterschrieben und im Bundesgesetzblatt verkündet. Im Gesetz steht, ab wann es gilt.

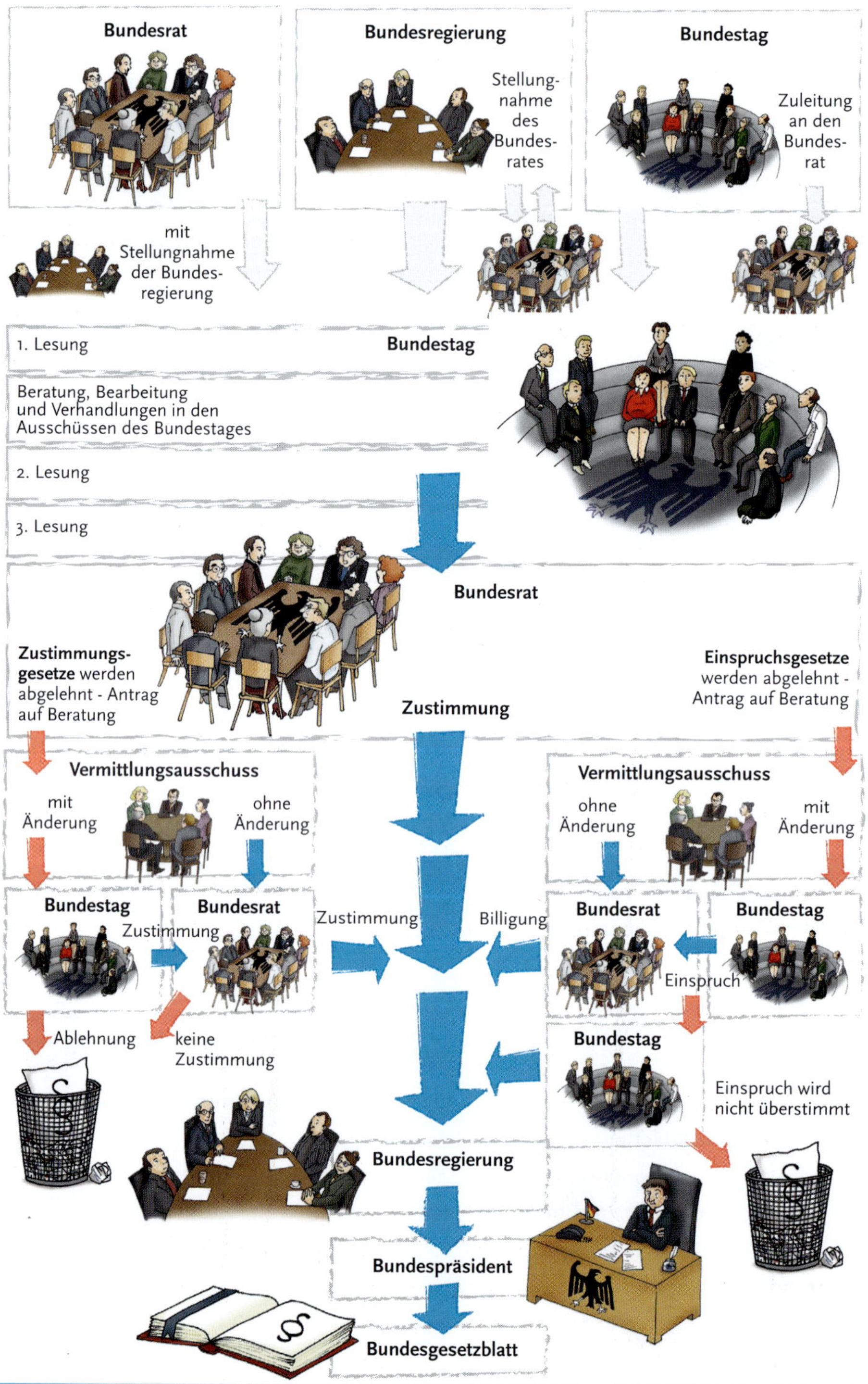

nach Idee: Klaus Schubert, Martina Klein, in: Gerd Schneider, Christiane Toyka-Seid, Politik-Lexikon für Kinder, Bonn 2011, S. 114

M 7 Stationen des neuen Atomgesetzes

a

Einigung im Kanzleramt: Die schwarz-gelbe Regierungskoalition hat ein neues Konzept für den Ausstieg aus der Kernenergie bis zum Jahr 2022 vorgelegt.

b

Der Bundestag berät in zweiter und dritter Lesung über das Atomgesetz und stimmt darüber ab.

c

Nun hat auch der Bundespräsident das Gesetz unterschrieben. Das teilte das Bundespräsidialamt in Berlin mit. Damit kann die Regelung in Kraft treten.

d

Die Bundeskanzlerin begründet in einer Regierungserklärung vor dem Bundestag, warum das Atomgesetz erneut geändert werden soll. Der Bundestag berät in erster Lesung darüber.

e

Kabinett beschließt Atomausstieg: Atommeiler laufen nur noch bis ins Jahr 2022. Ausbau erneuerbarer Energie und des Stromnetzes sollen in dem Gesetzentwurf gefördert werden.

f

Der Bundesrat stimmt dem Atomausstieg zu.

g

Das Gesetz zum Atomausstieg wird an die zuständigen Ausschüsse überwiesen.

h

Vor der zweiten und dritten Lesung des von den Koalitionsfraktionen CDU/CSU und FDP in den Bundestag eingebrachten Entwurfes eines dreizehnten Gesetzes zur Änderung des Atomgesetzes hat der Ausschuss für Umwelt, Naturschutz und Reaktorsicherheit über den Entwurf diskutiert und Experten angehört.

Aufgaben

1. Ordne die Meldungen den Stationen des Gesetzgebungsverfahrens zu und begründe deine Entscheidung (M 6, M 7).
2. Stelle dir vor, du würdest einen Interessenverband (z. B. Greenpeace oder den Bundesverband Energie- und Wasserwirtschaft) vertreten. An welcher Stelle des Gesetzgebungsprozesses würdest du versuchen, Einfluss zu nehmen? Begründe deine Entscheidung (M 6, M 7).

Methode

M 8 Wie man politische Prozesse analysieren kann – der Politikzyklus

Modelle sind wichtige Instrumente, mit denen wir die politische Wirklichkeit vereinfacht abbilden können, um sie besser zu verstehen. Im Modell wird nur das Wichtigste dargestellt. Der Politikzyklus ist ein solches Modell und ihm liegt ein gewisses Verständnis von Politik zugrunde: Politik wird hier als eine (endlose) Kette von Versuchen zur Bewältigung gesellschaftlicher Probleme verstanden. Viele Probleme werden von der Politik gelöst. Es gibt aber auch Probleme, die die Politik dauerhaft beschäftigen, wie z. B. die Energiepolitik.

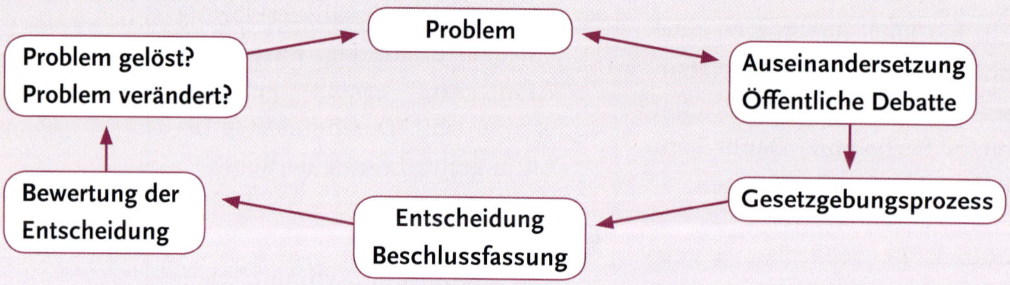

Am Beginn des Politikzyklus steht ein Problem, mit dem sich die Politik beschäftigen muss. Es wird öffentlich darüber gestritten, was man tun soll. Dabei spielen auch die Medien eine ganz wichtige Rolle. Es folgt das Gesetzgebungsverfahren in Bundestag und Bundesrat. Ist eine Entscheidung getroffen, dann wird diese wieder in der Öffentlichkeit diskutiert und bewertet. Wenn das Problem damit beseitigt werden kann, dann wird der Politikzyklus nur einmal durchlaufen. Verändert sich das Problem oder sind die getroffenen Maßnahmen nicht wirksam, dann beginnt der Zyklus von vorn. Deshalb spricht man davon, dass Politik eine (endlose) Kette von Versuchen ist, gesellschaftliche Probleme zu lösen.

Kategorien	**Schlüsselfragen**
Problem	Worin besteht das Problem? Welche Aufgabe hat die Politik zu lösen?
Auseinandersetzung Öffentliche Debatte	Was wirkt auf die Auseinandersetzung ein? Welche Interessen haben die Akteure? Welche Interessenkonflikte und Interessenkonstellationen gibt es? Welche Ziele verfolgen die beteiligten Akteure? Welche Lösungsmöglichkeiten werden diskutiert? Wie sind die Machtkonstellationen?
Gesetzgebungs- prozess	Greift der Gesetzgeber das Problem auf? Wie versuchen die Interessen Einfluss auf den Gesetzgebungsprozess zu nehmen?
Entscheidung Beschlussfassung	Zu welchen Ergebnissen hat die Auseinandersetzung geführt? Welche Akteure/Interessen, konnten sich durchsetzen?
Bewertung der Entscheidung	Welche Akteure bewerten das Ergebnis positiv? Welche negativ? Welche Interessen und Wertvorstellungen beeinflussen die Bewertung?
Problem gelöst? Problem verändert?	Ist das Problem gelöst oder ist nur die Problemlage verändert? Greift der Vollzug der Entscheidung an den Ursachen an oder werden nur die Folgen bekämpft? Schafft es das Problem erneut auf die politische Agenda?

3.2.4 Der Bundesrat im Gesetzgebungsverfahren

M 9 Warum gibt es den Bundesrat?

In einem föderalen Staat schließen sich mehrere Gliedstaaten zu einem Bündnis zusammen. So bilden die 16 deutschen Länder gemeinsam einen Bundesstaat, die Bundesrepublik Deutschland. In einem Bundesstaat ist der Gesamtstaat für alles zuständig, was einheitlich geordnet werden muss. Darauf sollte er sich aber auch beschränken, denn die übrigen Angelegenheiten sollen die Gliedstaaten selbst regeln. In Deutschland ist der Bundesrat das Bindeglied zwischen Bund und Ländern. Er ist die Interessenvertretung der Länder auf Bundesebene. Er ist ein Verfassungsorgan des Bundes, besteht aber aus Vertretern der Länder. Über den Bundesrat können die Länder in vielen Fällen die Gesetzgebung des Bundes beeinflussen. Auch in Angelegenheiten der Europäischen Union können die Länder mitwirken. Ihre Mitwirkungsrechte sind dabei genau festgelegt. Der Bundesrat kann keine Änderungen an einem vom Bundestag beschlossenen Gesetz vornehmen. Stimmt er dem Gesetz aber nicht zu, so kann er den Vermittlungsausschuss anrufen. Bei Zustimmungsgesetzen ist die Zustimmung des Bundesrates zwingend erforderlich. Zustimmungsbedürftig sind insbesondere verfassungsändernde Gesetze, aber auch alle Gesetze, die die Finanzen und Verwaltungszuständigkeit der Länder betreffen.

Stimmenverteilung im Bundesrat	
Nordrhein-Westfalen	6
Bayern	6
Baden-Württemberg	6
Niedersachsen	6
Hessen	5
Sachsen	4
Rheinland-Pfalz	4
Berlin	4
Sachsen-Anhalt	4
Thüringen	4
Brandenburg	4
Schleswig-Holstein	4
Mecklenburg-Vorpommern	3
Hamburg	3
Saarland	3
Bremen	3

Die Länder der Bundesrepublik Deutschland

Aufgaben

1. Wende den Politikzyklus (M 8) auf das Problem der Atompolitik an (M 1 - M 7) und beantworte die Schlüsselfragen. Achte dabei besonders darauf, wie die Reaktorkatastrophe von Fukushima die Wahrnehmung des Problems verändert hat.
2. Der Gesetzgebungsprozess in Deutschland ist sehr kompliziert. Sammle Argumente, die für bzw. gegen das Verfahren sprechen.
3. Recherchiere im Internet, welche aktuellen Mehrheitsverhältnisse im Bundesrat gegeben sind. Prüfe, ob der Bundesrat einen Gesetzentwurf des Bundestages blockieren könnte.

Was wir wissen

Gesetze

Politik beschäftigt sich mit der Lösung von Problemen und Konflikten, die für die Gesellschaft von Bedeutung sind. Damit die Lösung für alle Gesellschaftsmitglieder verbindlich ist, wird sie häufig in Form von Gesetzen herbeigeführt. Gesetze enthalten Regeln, denen sich die Betroffenen nicht entziehen können. Sie schützen die Menschen (z. B. Lebensmittelgesetz), ordnen das gesellschaftliche Zusammenleben (z. B. im Bereich des Luft- und Straßenverkehrs) und steuern das Verhalten der Menschen (z. B. Gesetz zur Verteuerung von Alkopops).

Gang der Gesetzgebung
M 6, M 9

Die Gesetzgebung ist ein langwieriger Prozess, an dem Bundesregierung, Bundestag und Bundesrat mitwirken. Aber auch einzelne Interessengruppen versuchen, über ihre Interessenorganisationen oder die öffentliche Meinung Einfluss zu nehmen. Das Initiativrecht haben Bundesregierung, Bundesrat und Bundestag (mindestens fünf Prozent der Abgeordneten). Die meisten Initiativen kommen von der Bundesregierung. Die Entwürfe werden von den Fachministerien ausgearbeitet, vom Kabinett abgesegnet und in den Bundestag eingebracht. Nach den Beratungen im Plenum (1. Lesung) wird der Entwurf an die Ausschüsse verwiesen. Dort findet eine intensive Beratung statt. Experten können befragt, strittige Themen ausdiskutiert und Kompromisse gefunden werden. Unter anderem versuchen hier Interessenverbände, Gesetze in ihrem Sinne zu beeinflussen. Der überarbeitete Entwurf kommt zur 2. und 3. Lesung und zur Beschlussfassung ins Plenum zurück. Anschließend wird im Bundesrat beraten und abgestimmt und am Ende muss der Bundespräsident das Gesetz unterzeichnen, damit es in Kraft treten kann.

Politikzyklus
M 8

Politik kann mit dem Modell des Politikzyklus beschrieben werden. Der Politikzyklus beruht auf der Annahme, dass Politik als Prozess der Problembearbeitung zu verstehen ist. Da sich Politik mit der Lösung von Problemen beschäftigt, steht am Anfang des Politikzyklus ein gesellschaftlich relevantes Problem. Es folgt der Gesetzgebungsprozess und – wenn es eine parlamentarische Mehrheit dafür gibt – die Verabschiedung eines Gesetzes durch den Deutschen Bundestag und gegebenenfalls den Bundesrat. Die Entscheidung wird öffentlich diskutiert und bewertet. Ist das Problem durch das Gesetz beseitigt, dann endet der Politikzyklus an dieser Stelle. Ist das Problem nicht beseitigt, dann beginnt der Politikzyklus von Neuem. Deshalb wird Politik auch als eine Kette von Versuchen zur Lösung von Problemen verstanden.

Schlagzeilen zuordnen

Täglich finden sich in den Medien zahlreiche Meldungen zur Bearbeitung von politischen Problemen. Sie lassen sich alle in das Modell des Politikzyklus einordnen.

Mehrwertsteuer für Hoteliers
Abgeordnete der CDU fordern, dass die Entscheidung, Hoteliers nur mit dem ermäßigten Mehrwertsteuersatz zu belasten, zurückgenommen wird.

Bürgerproteste gegen neues Industriegebiet
Die Ankündigung der Stadtverwaltung, ein neues Industriegebiet auszuweisen, löst eine Flut an Leserbriefen aus.

Autofahren zukünftig mit 17
Bundesregierung macht den Weg frei für das „begleitete Autofahren mit 17". Von der Neuregelung, der Bundestag und Bundesrat noch zustimmen müssen, erhofft sich das Kabinett insgesamt weniger Verkehrsunfälle.

Atomkraftwerke sollen länger laufen
Der Bundestag berät darüber, ob die Laufzeiten für Atomkraftwerke verlängert werden sollen.

Viele Schulgebäude in schlechtem Zustand
Zur Sanierung fehlt jedoch in vielen Gemeinden das Geld.

Bundesaußenminister fordert eine Welt ohne Atomwaffen
Staaten sollen abrüsten.

Volksentscheid in Bayern
Die Bürger Bayerns stimmen per Volksentscheid für ein strengeres Rauchverbot.

Alterung der Gesellschaft
In Ostdeutschland mehr offene Lehrstellen als Bewerber.

45.000 Lehrer fehlen
Jetzt sollen Pensionäre unterrichten.

Aufgabe

Ordne die Meldungen den einzelnen Phasen des Politikzyklus zu und begründe deine Entscheidung. Manchmal sind mehrere Antworten möglich.

Lösung am Ende des Buches.

Was wir wissen

Grundgesetz

Das Grundgesetz ist die Verfassung unseres Staates. Es regelt den Aufbau, die Aufgaben und das Zusammenwirken der Staatsorgane und enthält Aussagen über die Geltung der Grundrechte (z. B. Menschenwürde, Glaubensfreiheit, Meinungsfreiheit).

Grundrechte und Grundwerte der Verfassung
M 3

Im Grundgesetz haben die Grundrechte einen besonderen Stellenwert. Sie sind in einem Grundrechtskatalog dem eigentlichen Verfassungstext vorangestellt. Die Grundrechte geben eine Wertordnung vor, an der sich staatliches Handeln immer orientieren muss. Deshalb dürfen sie auch in ihrem Wesensgehalt nicht verändert werden. Art. 20 GG enthält die zentralen Verfassungsprinzipien in Kurzform: Demokratieprinzip, Rechtsstaatsprinzip, Sozialstaatsprinzip und Bundesstaatsprinzip. Diese Prinzipien dürfen gemäß Art. 79 Abs. 3 (Ewigkeitsklausel) auch nicht auf dem Wege der Verfassungsänderung beseitigt werden.

Wehrhafte Demokratie
M 4

Diese freiheitliche demokratische Grundordnung darf nicht gefährdet oder abgeschafft werden. Deshalb wird unsere Demokratie als wehrhafte oder streitbare Demokratie bezeichnet. Zu den Mitteln der wehrhaften Demokratie gehören:

- Auf Antrag können verfassungswidrige Parteien vom Bundesverfassungsgericht verboten werden.
- Vereinigungen, die sich gegen die verfassungsmäßige Ordnung richten, können vom Innenminister verboten werden.
- Als letztes Mittel räumt das Grundgesetz den Deutschen ein Recht zum Widerstand gegen jeden ein, der es unternimmt, die verfassungsmäßige Ordnung zu beseitigen, wenn keine andere Abhilfe möglich ist.

Bundesverfassungsgericht
M 9

Um einen Missbrauch der Instrumente der wehrhaften Demokratie zu verhindern, wurden diese überwiegend dem Bundesverfassungsgericht übertragen. Das Bundesverfassungsgericht ist das höchste deutsche Gericht. Es entscheidet verbindlich über die Auslegung des Grundgesetzes. Außerdem kann sich jeder Bürger an das Gericht wenden, wenn er seine Grundrechte durch staatliches Handeln verletzt sieht. Deshalb wird das Bundesverfassungsgericht auch als „Hüter der Verfassung" bezeichnet.

Horst Haitzinger 2000

Aufgaben

1. Formuliere die Aussage der Karikatur. Benenne die Personen aus diesem Kapitel, die dieser Aussage zustimmen würden, und begründe deine Position.
   a) Bernd Wagner, Gründer des Neonazi-Aussteiger-Projektes „Exit“
   b) Anetta Kahane, Vorsitzende der Amadeu Antonio Stiftung
2. Nehmt euer Plakat zur Hand, auf dem ihr die politischen Akteure notiert und gewichtet habt (vgl. Auftaktseiten).
   a) Überprüft, ob euch jetzt weitere wichtige Akteure einfallen, und ergänzt eure Auflistung.
   b) Überprüft eure Hierarchie, d. h. die Rangordnung, die ihr erstellt habt. Stimmt sie? Müsst ihr einzelne Akteure verschieben? Sind sie weniger mächtig als ihr dachtet oder haben sie mehr Macht?
   Begründet kurz, wenn ihr einen Akteur in eurer Rangordnung verschiebt.

„Ein gutes soziales Sicherungssystem ist nur für die Schwächsten der Gesellschaft wichtig."

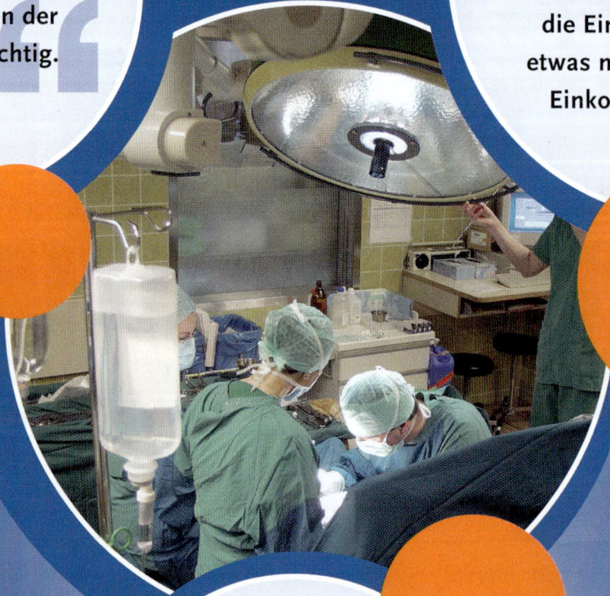

„Das soziale Sicherungssystem soll dafür sorgen, dass alle am Wohlstand teilhaben können. Dafür müssen die Einkommensstärkeren etwas mehr beitragen als die Einkommensschwachen."

„Das gegenwärtige soziale Sicherungssystem wird in der Zukunft nicht mehr finanzierbar sein."

„Ein großes Problem der gesetzlichen Sozialversicherung in Deutschland ist, dass sie von einer bestimmten Alterszusammensetzung der Bevölkerung abhängig ist, die es in Zukunft so nicht mehr geben wird."

4

Das soziale Sicherungs-system im Wandel

Demografischer Wandel und Zuwanderung verändern unsere Gesellschaft. Dies bleibt auch nicht ohne Auswirkungen auf die Ausgestaltung des Sozialstaates und der sozialen Sicherungssysteme. Welche Zukunft der Sozialstaat hat und wie wir in einer vielfältigen Gesellschaft zusammenleben können, erfährst du in diesem Kapitel.

Kompetenzen

Am Ende dieses Kapitels solltest du Folgendes können:

- wichtige Einkommensarten unterscheiden und Finanzleistungen bei Arbeitslosigkeit und Einkommensarmut kennen
- die Grundlagen des Sozialstaates und der sozialen Sicherung erläutern
- Probleme des Sozialstaates am Beispiel der Rentenversicherung aufzeigen
- Ansätze zur Reform der Rentenversicherung beurteilen

Was weißt du schon?
Wählt diejenige Aussage aus, der ihr am ehesten zustimmt oder die ihr für besonders wichtig haltet. Begründet eure Auswahl. Diskutiert zunächst innerhalb der Gruppen über eure Begründungen. Stellt sie anschließend der Klasse vor.

4.1 Das Einkommen: Grundlage der Versorgung

4.1.1 Welche Einkommensarten gibt es?

M 1 Das Einkommen von Paul

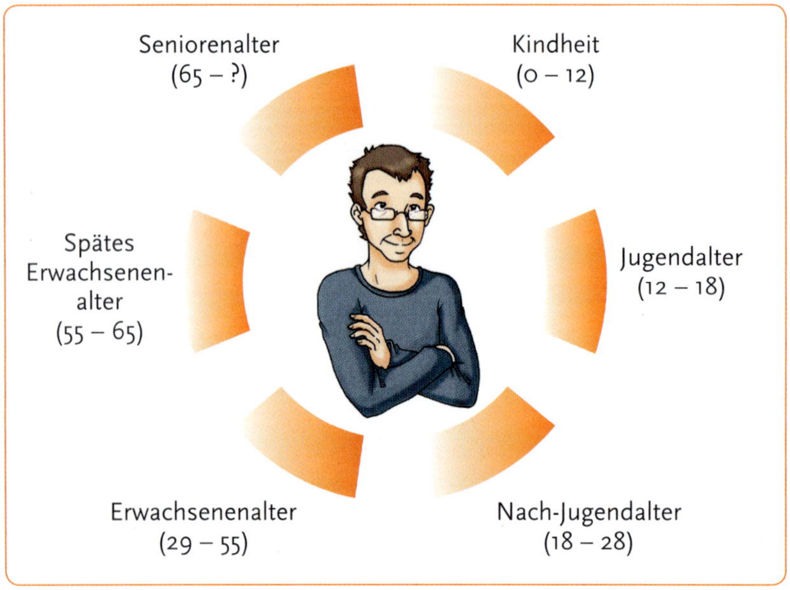

Paul Sander wird 1977 in Münster geboren. 1995 schließt er die Realschule ab. Er entschließt sich, eine Ausbildung als Mediengestalter zu machen. Nach seiner Ausbildung wird Paul 1998 zunächst im Ausbildungsbetrieb beschäftigt und erhält ein Monatsgehalt von 2.100 € brutto, von dem ihm nicht nur Sozialabgaben, sondern auch Lohnsteuer abgezogen werden. Zwei Jahre später ist der Betrieb insolvent und Paul meldet sich arbeitslos. Er erhält von der Bundesagentur für Arbeit 831,58 € Arbeitslosengeld I. Nach sechs Monaten Arbeitslosigkeit findet er wieder einen neuen Job als Werbegrafiker bei einer Computerfachzeitschrift. Hier verdient er jetzt 3.360 € brutto, von dem ihm nach Abzug von Steuern und Abgaben rund 2.000 € netto zur Verfügung stehen. 2010 heiratet Paul endlich seine Jugendliebe Laura Holtmann. Da Lauras Arbeitsvertrag vor der Heirat beendet wurde, beschließen sie, gleich eine Familie zu gründen. Im Dezember 2011 wird ihre Tochter Lena geboren und Laura erhält für ein Jahr Elterngeld in Höhe von 300 €, welches ihnen zusätzlich zu Pauls Einkommen (3.360 € brutto monatlich) und dem Kindergeld für Lena in Höhe von 184 € zur Verfügung steht. Laura und Paul planen, ein Haus zu kaufen, und schließen deshalb einen Bausparvertrag und eine Lebensversicherung ab, in die sie monatlich jeweils 100 € einzahlen, der Bausparvertrag wird mit 3 %, die Lebensversicherung mit 4 % jährlich verzinst. Mit 67 Jahren gehen Paul und Laura in Rente. Zusammen beziehen sie eine gesetzliche Rente von 1.800 €. Außerdem haben sie Einnahmen aus einer privaten Rentenversicherung in Höhe von 250 € und 800 € Einnahmen aus einer geerbten Wohnung, die sie vermietet haben.

M 2 Woher bekommen wir Einkommen?

Einkommen, Lohn, Gehalt, Gewinn – täglich werden diese Begriffe im Gespräch oder in der Zeitung verwendet, ohne dass sich jeder unmittelbar vorstellen kann, was damit gemeint ist. Allgemein umfasst der Begriff Einkommen das Entgelt für selbstständige oder nichtselbstständige Arbeitsleistung (Arbeitseinkommen). Bei Selbstständigen (zum Beispiel Rechtsanwälte oder Schriftsteller) nennt man das Einkommen Gewinn oder Honorar. Bei Nichtselbstständigen heißt das Einkommen Lohn (Arbeiter) oder Gehalt (Angestellte, Beamte).

Im weiteren Sinne kann man Einkommen aber auch durch den produktiven Einsatz von Besitz, Vermögen und Kapital erhalten, zum Beispiel als Miete, Pacht, Zins:

Arbeitseinkommen (Lohn, Gewinn) als Entgelt für die Arbeitsleistung
Grundrente (Miete, Pacht) als Entgelt für die Bodennutzung
Zins (Sparzinsen, Kreditzinsen) als Entgelt für die Nutzung von Kapital

In einer Volkswirtschaft bezieht der Einzelne aber nicht nur aus dem Produktionsprozess Einkommen, sondern er wird auch ohne Gegenleistung vom Staat z. B. mit Kindergeld unterstützt. Diese Einkommen nennt man Transfereinkommen.

Fasst man alle Einkommen (auch die Transfereinkommen) zusammen, die ein privater Haushalt, also z. B. eine vierköpfige Familie, bezieht, so spricht man vom Bruttohaushaltseinkommen. Es steht nun allerdings nicht in vollem Umfang zur freien Verfügung der privaten Haushalte. Der Staat erhebt Ansprüche auf Teile der Arbeits- und Kapitaleinkommen in Form von direkten Steuern. Die von den Einkommen der Haushaltsmitglieder zu zahlenden Steuern und die Pflichtbeiträge zur Sozialversicherung muss man vom Einkommen abziehen, um das Nettoeinkommen zu erhalten.

Pauls Gehaltsabrechnung		**Betrag/Monat**
Gehalt (brutto)		**3.360,00 €**
Abgaben / Beitragssatz gesamt		
– Rentenversicherung (RV) / 18,9 %	9,45 %	317,52 €
– Arbeitslosenversicherung (AV) / 3,0 %	1,5 %	50,40 €
– Pflegeversicherung (PV) / 2,05 %	1,025 %	34,44 €
– Krankenversicherung (KV) / 15,5 %	8,2 %	275,52 €
Summe Sozialabgaben		677,88 €
Steuern		
– Lohnsteuer (Steuerklasse I – alleinstehend)		577,50 €
– Solidaritätszuschlag	5,5 %	31,76 €
– Kirchensteuer	9,0 %	51,97 €
Summe Steuern		661,23 €
Gehalt (netto)		**2.020,89 €**

(Stand: 2013)

Tipp
Hier kannst du ein Nettogehalt ganz einfach ausrechnen: *http://www.sueddeutsche.de/app/jobkarriere/gehaltsrechner/index.html*

Aufgaben

1. Ordne die im Fall genannten Einnahmequellen den Einkommensarten zu. Ergänze gegebenenfalls weitere dir bekannte Einkommensarten (M 1, M 2). Beschreibe, wie sich die Einkommensarten im Lebensverlauf verändern.
2. Nach seiner Heirat wechselt Paul in eine andere Steuerklasse (III für Verheiratete). Laura hat zu diesem Zeitpunkt kein eigenes Einkommen. Sein Arbeitgeber führt jetzt vom Bruttogehalt 319,16 Euro Lohnsteuer an das Finanzamt ab. Berechne das Nettogehalt von Paul und vergleiche es mit dem Gehalt vor der Heirat. Beurteile, ob die Unterschiede gerechtfertigt sind (M 2).

4.1.2 Was passiert, wenn das Erwerbseinkommen ausfällt?

M 3 Arbeitslosigkeit kann jeden treffen

Simon Wagner (44) ist seit 12 Jahren verheiratet. Er und seine Frau Karina (35) haben 3 Kinder im Alter von 14, 10 und 5 Jahren. Simon ist ausgebildeter Elektroinstallateur und verdient ein monatliches Nettogehalt von 2.400 €. Für ihre drei Kinder erhalten sie monatlich 558 € Kindergeld. Seine Frau Karina hat eine Ausbildung als Floristin gemacht, ist aber nicht in ihrem Beruf tätig, sondern kümmert sich um die Kinder. Sie wohnen in einer 85qm-Wohnung in einer Kleinstadt und zahlen 680 € Miete inkl. Heizkosten. Simon war in den letzten Jahren häufig krank. Seit Jahresbeginn war im Betrieb immer wieder die Rede von Entlassungen, aber Simon hätte nie gedacht, dass es ihn auch treffen könnte. Heute muss er mit der Nachricht nach Hause kommen.

M 4 Finanzleistungen bei Arbeitslosigkeit

Wird jemand arbeitslos, dann kann er oder sie zunächst Arbeitslosengeld I beziehen. Der Betreffende muss jedoch mindestens sechs Monate lang sozialversicherungspflichtig beschäftigt gewesen sein und sich bei der Bundesagentur für Arbeit persönlich arbeitslos gemeldet haben. Wenn diese Voraussetzungen erfüllt sind, dann hat er zuvor entsprechende Beiträge (3 % seines monatlichen Bruttogehalts) in die Arbeitslosenversicherung eingezahlt und erhält nun eine „Versicherungsleistung".

Bezugsdauer des Arbeitslosengeldes I

sozialversicherungspflichtige Beschäftigung in Monaten	Lebensalter der Betroffenen in Jahren	Anspruch auf ALG I in Monaten
6		3
8		4
10		5
12		6
16		8
20		10
24		12
30	ab 50	15
36	ab 55	18
48	ab 58	24

Die Höhe des Arbeitslosengeldes beträgt ca. 60 % des letzten Nettogehalts. Hat der Arbeitslose Kinder, dann erhöht sich der Satz auf 67 %. Die Bezugsdauer hängt von der Dauer des vorausgehenden Beschäftigungsverhältnisses und dem Lebensalter ab. Das ALG I wird durch die Beiträge der Arbeitnehmer und Arbeitgeber zur Arbeitslosenversicherung finanziert.

Diejenigen, die die Voraussetzungen für das Arbeitslosengeld I nicht oder nicht mehr erfüllen, aber arbeitsfähig sind, erhalten die Grundsicherung für Arbeitssuchende (Arbeitslosengeld II/ALG II). Die Höhe des ALG II ist pauschal (d. h. für jeden gleich) festgelegt und soll das Existenzminimum garantieren. Es entspricht der Höhe der Sozialhilfe. Ein alleinstehender Arbeitsloser erhält 382 € monatlich (Stand: 2013); zusätzlich werden die „angemessene" Kaltmiete sowie die Heizkosten übernommen. Wer ALG erhält, ist verpflichtet, daran mitzuwirken, eine zumutbare Arbeit zu finden. Lehnt er oder sie eine zumutbare Arbeit ab, kann das ALG II gekürzt werden. Nur wer als „bedürftig" gilt, erhält ALG II. Dazu wird geprüft, ob nicht etwa der Lebenspartner genug verdienen oder das eigene Vermögen so groß ist, dass es zunächst aufgebraucht werden muss. Eine Eigentumswohnung oder ein kleineres Sparvermögen müssen jedoch in der Regel nicht verwendet werden. Haben die Familienmitglieder auch kein eigenes Einkommen, so erhalten auch sie – wenn sie arbeitsfähig sind – ALG II, wenn nicht, erhalten sie „Sozialgeld": Partner bekommen 345 €, Kinder bis 5 Jahre 224 €, Kinder zwischen 6 und 13 Jahren 255 € und Kinder ab 14 Jahren 289 €. (Bezieher von ALG II erhalten kein Kindergeld, weil das Existenzminimum durch die Kinderregelsätze gewährleistet werden soll.) Ergänzend zu den Regelleistungen bekommen Kinder und Jugendliche ein „Bildungspaket" als Sachleistung. Auf diese Weise wird der „Bedarf" ermittelt: Summe der Regelsätze + Miete und Heizkosten. Das ALG II und das Sozialgeld werden aus allgemeinen Steuermitteln finanziert.

Arbeitslosengeld II
Das ALG II heißt korrekt „Grundsicherung für Arbeitssuchende". Es wurde im Jahre 2005 eingeführt als „Viertes Gesetz für moderne Dienstleistungen am Arbeitsmarkt" („Hartz IV"). Eine Kommission unter der Leitung von Peter Hartz hatte den Vorschlag zuvor erarbeitet.

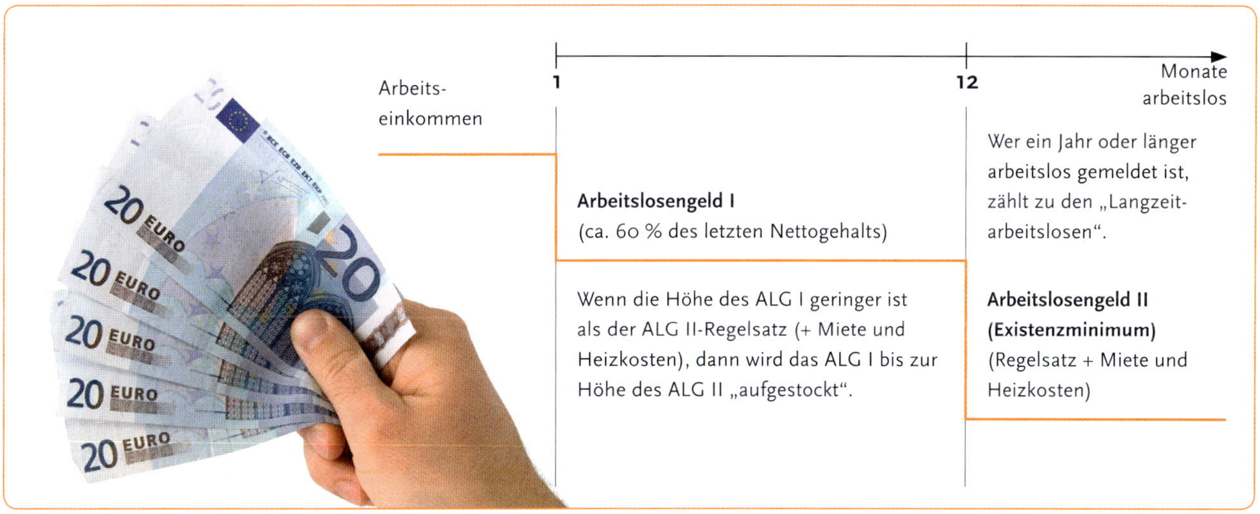

Aufgaben

1. Lies den Fall der Familie Wagner und ermittle, ob und in welcher Höhe ein Anspruch auf Arbeitslosengeld besteht (M 3, M 4).
2. Nach Ablauf des Arbeitslosengeldes I erhält die Familie Wagner den Hartz IV-Regelsatz (Arbeitslosengeld II). Berechne, wie viel Einkommen der Familie Wagner nun zur Verfügung steht. Miete und Heizkosten werden übernommen. Begründe, ob du die Regelungen für gerecht (M 4) hältst.

4.1.3 Was bedeutet Armut in Deutschland?

M 5 Gibt es in Deutschland Armut?

M 6 Familie Schmitt – das Einkommen reicht kaum zum Leben

Peggy Schmitt, die eine abgeschlossene Berufsausbildung als Kauffrau für Bürokommunikation hat, und ihr Mann, der zuvor im Sicherheitsdienst gearbeitet hat, jobben nun in einem Hamburger Call Center mit 7,67 € Grundlohn, sodass sie vom Gehalt alleine ihre Familie nicht satt bekommen. Deshalb beziehen sie staatliche „Aufstockung" von monatlich 300 €, sodass insgesamt 2.330 € netto Einkommen vorhanden sind. Doch auch mit dem Hartz IV-Zuschuss können die Facetten der Armut, die besonders die vier Kinder (12, 9, 7 und 5 Jahre alt) benachteiligen, nicht beseitigt werden. „Wir haben nach Abzug der festen Kosten (Miete, Strom, Telefon, Lebensmittel ...) 150 € Wochengeld zur Verfügung. Das sind 20 € pro Person pro Woche. Meine zwölfjährige Tochter Jacqueline bräuchte einen neuen Badeanzug für den Schwimmunterricht in der Schule. Einen neuen für 30 € bei Karstadt kann ich ihr nicht kaufen, also muss sie mit ihrem alten Bikini schwimmen."

Das Weihnachtsfest im letzten Jahr fiel für die Kinder gut aus. Es gab Geschenke und reichlich gutes Essen auf den Tisch. Doch die für die Eltern eigentlich unerschwingliche Großzügigkeit hatte gravierende Folgen. Die Eltern konnten die Januarmiete nur zur Hälfte bezahlen, sodass die Wohnungsbaugesellschaft mit der Kündigung des Mietverhältnisses drohte. Auf den ersten Blick sieht man den Kindern Peggy Schmitts nicht an, dass sie arm sind. Sieht man jedoch genau hin, so haben die Kinder auch Probleme in der Schule, bräuchten mehr Motivation und Hilfe, um ihre Hausaufgaben zu erledigen.

nach: Claudia Hangen, Beinahe wie zu den Zeiten Oliver Twists (http://www.heise.de/tp/r4/artikel/27/27187/1.html)

M 7 Wer ist in Deutschland von Armut bedroht?

Anteil der Menschen in Deutschland, die mit weniger als 940 Euro pro Monat auskommen müssen (inkl. staatlicher Transferleistungen)

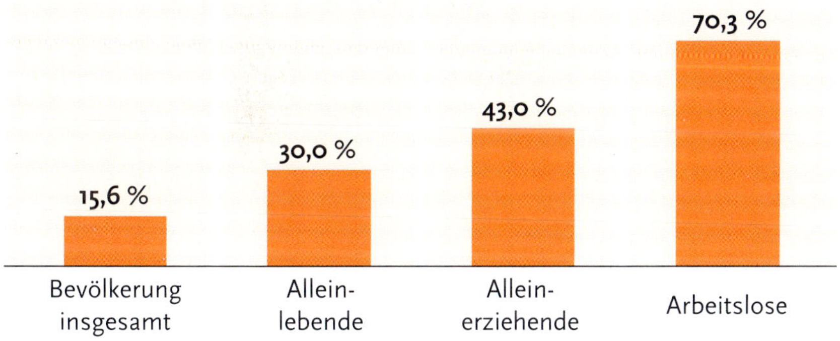

dpa-Infografik 15629; Quelle: Stat. Bundesamt; Stand: 2009; 17.10.2011

Folgende Armutsbegriffe werden unterschieden:

Absolute oder extreme Armut
Lebenssituationen, in denen Menschen (längerfristig) nicht über Mittel zum physischen Überleben verfügen (in Deutschland etwa Straßenkinder, Obdachlose)

Strenge Armut
Haushalte, deren monatliches Nettoeinkommen bei bis zu 40 % des monatlichen Durchschnittsnettoeinkommens liegt

Relative Armut
Haushalte, deren monatliches Nettoeinkommen bei bis zu 60 % des monatlichen Durchschnittsnettoeinkommens liegt (in der EU gängige Definition)

Prekärer Wohlstand
Haushalte mit Einkommenshöhen von 60-75 % des monatlichen Durchschnittsnettoeinkommens

M 8 Ab wann ist jemand arm?

Nach einer häufig verwendeten Definition ist jemand arm, wenn das Einkommen nicht ausreicht, um minimale Lebensbedürfnisse zu befriedigen. Nach dem sogenannten „Lebenslagenansatz" sind Einzelne oder Familien nicht nur dann arm, wenn sie in finanzieller Armut leben, sondern auch wenn sie benachteiligt sind im Hinblick auf das Maß von Lebenschancen, Lebenskomfort und Selbstrespekt, welches die Gemeinschaft, der sie angehören, als „normal" ansieht. Armut umfasst auch eine kulturelle Dimension (z. B. Art der Freizeitgestaltung), eine soziale Dimension (Ausmaß sozialer Kontakte) und den Gesundheitszustand.

Die Armutsgrenze wird im Verhältnis zu einem durchschnittlichen Nettoeinkommen bestimmt. Gemessen an diesem Verhältnis werden unterschiedliche Armutsdefinitionen festgelegt (vergleiche Randspalte). Das durchschnittliche Nettoeinkommen eines Alleinstehenden betrug im Jahr 2010 z. B. 1.784 €. In einem Haushalt mit 2 Personen lag der Durchschnitt bei 3.227 €, bei 4 Personen im Haushalt bei 4.548 €. Öffentliche Transferzahlungen, wie z. B. das Kindergeld, sind hier schon mit einberechnet.

Aufgaben

1. Ergänze den Satz: „Für mich ist jemand arm, wenn ..."
   Die Bilder können dir Denkanstöße geben (M 5).
2. Lies den Fall der Familie Schmitt (M 6) und entscheide auch mithilfe deiner Ergebnisse aus Aufgabe 1, ob die Familienmitglieder in Armut leben.
3. Entscheide, mit welcher gängigen Armutsdefinition die Familie Schmitt am besten beschrieben werden könnte (M 6, M 8, Randspalte).
4. a) Arbeite heraus, welche Bevölkerungsgruppen am stärksten armutsgefährdet sind (M 7).
   b) Diskutiert in 3er-Gruppen mögliche Gründe hierfür.

Was wir wissen

Einkommensarten
M 1, M 2

Das persönliche Einkommen stammt im Lebensverlauf aus unterschiedlichen Quellen. Zunächst leben Kinder vom Einkommen der Eltern, das sich aus ihrem Erwerbseinkommen (Arbeitsentgelt) und staatlichen Transferzahlungen (dem Kindergeld und dem Elterngeld) sowie möglicherweise noch anderen Einkommensarten (z. B. aus selbstständiger Arbeit oder aus Kapitalvermögen oder Vermietung) zusammensetzt. Wer eine Ausbildung beginnt, der erhält eine Ausbildungsvergütung und ab der ersten Festanstellung ein Gehalt.
Von einem Erwerbseinkommen müssen Sozialversicherungsbeiträge und Einkommensteuer gezahlt werden. Dadurch werden die Ausgaben des Staates einschließlich der Sozialleistungen finanziert. Zu den Sozialleistungen zählt z. B. das ersatzweise Einkommen bei Arbeitslosigkeit (Arbeitslosengeld I und II) sowie die Altersrente.

Leistungen des sozialen Sicherungssystems bei Arbeitslosigkeit
M 4

Im Fall von Arbeitslosigkeit wird der oder die Betroffene sowie seine Familie nach dem Solidaritätsprinzip durch staatliche Sozialleistungen finanziert. Wenn der Arbeitslose vor Eintritt der Arbeitslosigkeit erwerbstätig war, dann erhält er in der Regel für längstens ein Jahr Arbeitslosengeld I. Das ALG I ist eine Versicherungsleistung, die über Beiträge finanziert wird und im Bedarfsfall 60 % des vorherigen Nettoeinkommens beträgt (67 % mit Kindern).
Wer arbeitsfähig ist, jedoch kein Erwerbseinkommen oder ALG I erhält, der kann Arbeitslosengeld II beantragen. Das ALG II ist eine steuerfinanzierte pauschale Fürsorgeleistung, die nur denen gewährt wird, die nachweislich „bedürftig“ sind. Der Gesetzgeber prüft, welche Ausgaben als „notwendig“ für das Existenzminimum anzusehen sind, und legt so den Regelsatz fest.

Einkommensarmut in Deutschland
M 8

„Armut“ bezieht sich nach den wichtigsten Definitionen auf den Gesundheitszustand, das Ausmaß sozialer Kontakte, die Wohnverhältnisse und vor allem die Einkommenssituation. Besondere Beachtung findet die „Einkommensarmut“, die für Deutschland (und andere Industrieländer) als eine „relative“ Armut definiert wird. Die Einkommenslage wird „in Relation“, also in Verhältnis zu einem durchschnittlichen Einkommen gesetzt. Das Armutsrisiko in Deutschland ist besonders hoch bei Arbeitslosen, bei Alleinerziehenden und bei Familien mit mehreren Kindern.

Simulation – Haushalten in Krisenzeiten

Herr Müller (47) ist ein erfolgreicher Ingenieur in einem mittelständischen Maschinenbauunternehmen. Seine Frau (44) ist als städtische Angestellte ebenfalls berufstätig. Ihre Tochter Tina (18) steht kurz vor dem Abitur, Anna (15) ist in der 9. Klasse der Realschule und Max (11) geht in die 5. Klasse des Gymnasiums. Der Familie geht es finanziell gut. – Doch dann passiert das Unerwartete: Herr Müller verliert seinen Job, weil seine Firma insolvent ist. Er bekommt zwar 12 Monate lang Arbeitslosengeld I, aber wie soll seine Familie mit 1.200 Euro weniger im Monat auskommen? Herr Müller beschließt, einen „Familienrat" abzuhalten, um einen neuen Haushaltsplan für die Familie zu erstellen.

Aufgabe: Bildet Fünfer-Gruppen. Jedes Gruppenmitglied übernimmt die Rolle eines Familienmitglieds. Diskutiert und entscheidet dann, wie der neue Haushaltsplan aussehen soll. Präsentiert eure Ergebnisse.

Bisheriger Haushaltsplan				Zukünftiger Haushaltsplan			
Einnahmen/Monat		*Ausgaben/Monat*		*Einnahmen/Monat*		*Ausgaben/Monat*	
Herr Müller	3.000,-	**Lebensmittel**	1.000,-	Herr Müller	1.800,-		
Frau Müller	2.000,-	**Miete** Reihenhaus inkl. Nebenkosten	1.100,-	Frau Müller	2.000,-		
Kindergeld	450,-	**Telefon** Internet, 5 Handys	200,-	Kindergeld	450,-		
		Fahrzeugkosten Herr Müller: Familienauto und Motorrad Frau Müller: Kleinwagen	800,-				
		Körperpflege	100,-				
		Kleidung	600,-				
		Kultur Theater, Kino, Bücher, Zeitschriften	300,-				
		Reisen	350,-				
		Taschengeld Tina 80,-; Anna 50,-; Max 20,-	150,-				
		Sportvereine Frau Müller: Fitness 90,-; Tina: Schwimmverein 20,-; Anna: Tennis 20,-/Golf 60,-/ Reiten 100,-; Max: Fußball 10,-	300,-				
		Versicherungen Lebensversicherung, Skiversicherung, Haftpflichtversicherung, Unfallversicherung	200,-				
		Möbel, Computer	50,-				
		Sparen	200,-				
Gesamt:	5.350,-		5.350,-				

Ins Heft

4.2 Sozialstaat und soziale Sicherung

4.2.1 Sozialstaat – was hat das mit mir zu tun?

M 1 Was hat das mit mir zu tun?

Jacqueline, 22 Jahre, alleinerziehende Mutter, kann in einem Jahr wieder bei ihrem alten Arbeitgeber als Einzelhandelskauffrau arbeiten.

Kevin, 17 Jahre, Azubi, muss nur wenig von seinem Gehalt zu Hause abgeben, weil seine Eltern vom Staat jeden Monat Kindergeld bekommen.

Lisa, 22 Jahre, drei Geschwister, die Eltern verdienen durchschnittlich, kann nur mithilfe staatlicher Unterstützung in einer anderen Stadt ihr Traumfach Medizin studieren.

Familie Schmidt, drei Kinder, geringes Einkommen, würde gerne in eine größere Wohnung umziehen, da die älteste Tochter mit 14 endlich ein eigenes Zimmer bekommen soll.

Jennifer, 23 Jahre, und Christian, 24 Jahre, erwarten ihr erstes Kind. Jennifer will nach der Geburt so schnell wie möglich wieder arbeiten.

Ruth, 79 Jahre, verwitwet, hat sich ihr Leben lang um Haushalt und Familie gekümmert und kann von ihrer kleinen Witwenrente kaum leben.

M 2 Ausgewählte staatliche Hilfen für junge Leute

Berufsausbildungsförderung (BAföG) soll jungen Leuten die Möglichkeit geben, eine Ausbildung nach ihren Vorstellungen zu machen, auch wenn sie nicht die erforderlichen Mittel zum Lebensunterhalt haben.

Elterngeld und Elternzeit sollen es den Eltern erleichtern, sich in den ersten Jahren nach der Geburt besser um ihre Kinder kümmern zu können.

Wohngeld ist ein Zuschuss zur Miete, wenn das Gesamteinkommen der Familie nicht ausreicht, um die Miete zu bezahlen.

Das Mutterschutzgesetz beinhaltet einen umfangreichen Schutz für berufstätige Schwangere, sowie eine zeitlich begrenzte finanzielle Unterhaltsleistung vor und nach der Geburt des Kindes.

Kindergeld wird unabhängig vom Einkommen der Eltern bezahlt und ist ein wichtiger Beitrag zur finanziellen Entlastung von Familien.

Sozialhilfe soll ein menschenwürdiges Leben ermöglichen und wird an Personen gezahlt, die nicht (mehr) selbst für ihren Lebensunterhalt sorgen können und keine anderen sozialen Leistungen erhalten.

M 3 Der Sozialstaatsgedanke im Grundgesetz

Viele denken zuerst an sich, dann erst an den Nächsten. Schlecht für die, die alt, krank, arm oder in Not sind. Schlecht für uns, wenn wir plötzlich selbst betroffen sind. Daher ist es gut, dass wir in einem sozialen Staat leben. Unsere sozialen Sicherungsgesetze bauen nämlich gegen die Folgen solcher Lebensrisiken vor. In unserem Grundgesetz ist das „Sozialstaatsprinzip" verankert: Es verpflichtet die Politik, die Existenzgrundlagen seiner Bürgerinnen und Bürger zu sichern und für einen gerechten Ausgleich zwischen den sozial Schwachen und den sozial Starken zu sorgen.

Was ist „sozial"? auf: www.sozialpolitik.com

Art. 20 (1) GG
Die Bundesrepublik ist ein demokratischer und sozialer Bundesstaat.

M 4 Das soziale Netz in Deutschland

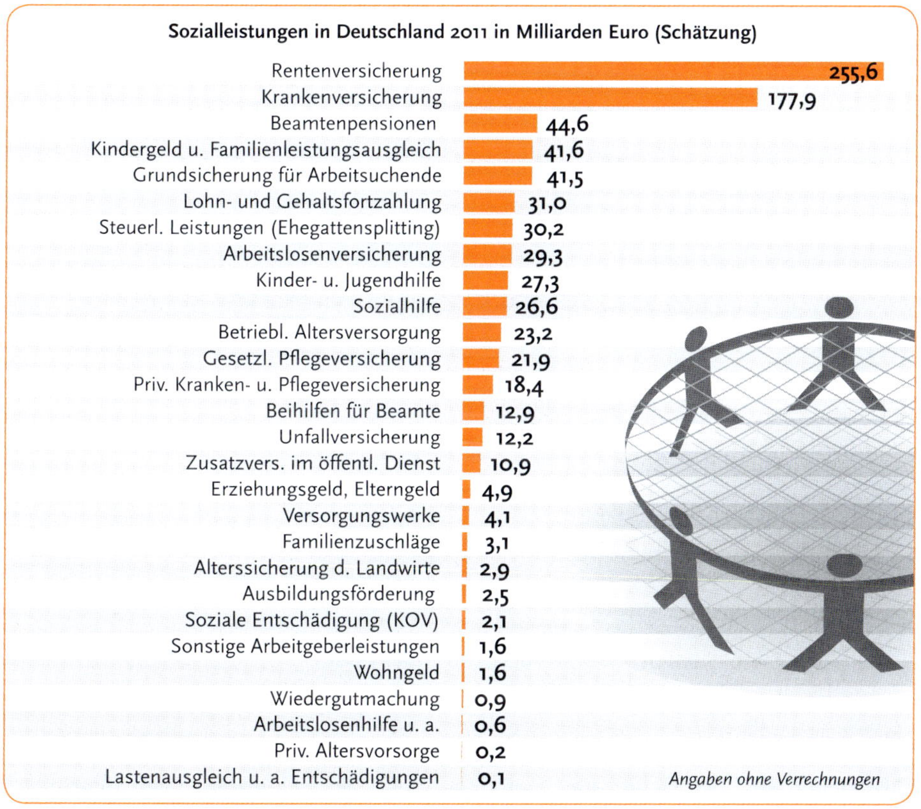

Globus-Grafik 5081; Quelle: BMAS

Aufgaben

1. a) Ordne die Fallbeispiele (M 1) den staatlichen Hilfen (M 2) zu.
   b) Informiert euch in Gruppen arbeitsteilig genauer über die verschiedenen staatlichen Leistungen (M 2).
2. Analysiere das Schaubild und formuliere mindestens drei Kernaussagen (M 4).

4.2.2 Die Säulen der Sozialversicherung

M 5 Die Ursprünge der Sozialversicherung

Reichskanzler Otto von Bismarck

Das 19. Jahrhundert in Deutschland war von der Entstehung der Industrie geprägt. Menschen zogen vom Land in die Städte, um in den neuen Fabriken Arbeit zu finden. Die unmenschlichen Arbeitsbedingungen dort, die niedrigen Löhne, die kaum für die Existenz reichten, und die Ausbeutung durch Kinderarbeit führten jedoch zu Armut und Elend und schließlich zu gesellschaftlichen Spannungen in den Städten. Bedürftige konnten oft nicht mehr von ihren Familien aufgefangen werden. Ein neues System musste her: die allgemeine Sozialversicherung.

1881 Sozialversicherung:
Reichskanzler Otto von Bismarck fordert am 17. November 1881 mit der „Kaiserlichen Botschaft" den Reichstag auf, Gesetze über die soziale Absicherung von Arbeitern zu beschließen – die Geburtsstunde der deutschen Sozialversicherung: 1883 verabschiedet der Reichstag das Krankenversicherungsgesetz, 1884 das Unfallversicherungsgesetz und 1889 das Invaliditäts- und Altersversicherungsgesetz. [...]

1927 Arbeitslosenversicherung:
Ein Gesetz zur Grundversorgung der steigenden Zahl der Arbeitslosen wird eingeführt.

1949 Sozialstaat:
Das Grundgesetz der Bundesrepublik Deutschland tritt in Kraft. In Artikel 20 heißt es: „Die Bundesrepublik ist ein freiheitlicher, demokratischer und sozialer Rechtsstaat." Die Leistungen der Sozialversicherung werden in den folgenden Jahren weiter ausgebaut.

Soziale Sicherung & private Vorsorge, Magazin 2012/2013, auf: www.safety1st.de

M 6 Die fünf Säulen des deutschen Sozialversicherungssystems

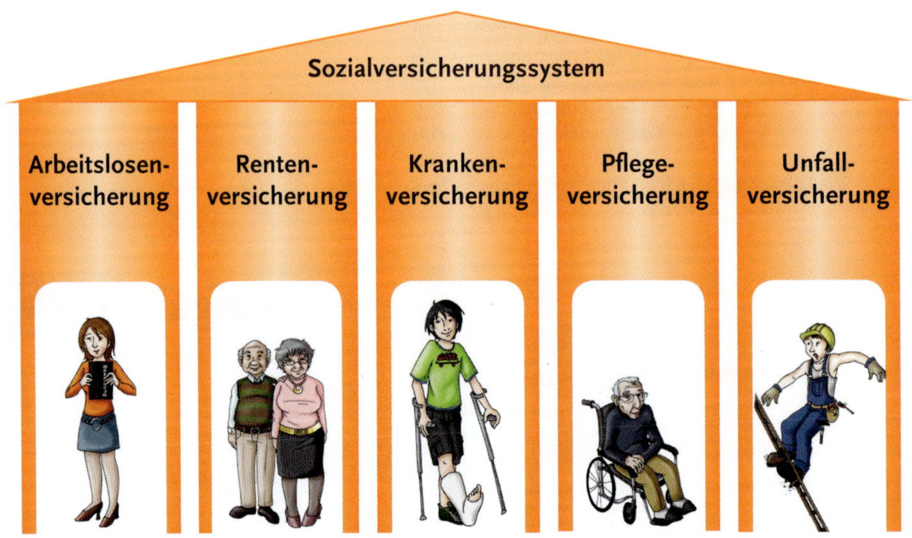

Methode

M 7 Ein Gruppenpuzzle durchführen

Das Gruppepuzzle umfasst drei Arbeitsphasen: Zunächst eine Phase der Arbeit in den Stammgruppen, danach in den Expertengruppen und abschließend noch einmal eine Phase in den Stammgruppen.

Gruppen einteilen: Zur Gruppeneinteilung und damit ihr den Überblick behaltet, wer wann mit wem arbeitet, tragt ihr euch in die Tabelle ein, die euer Lehrer (evtl. auf Folie) kopiert hat. Jeder darf sich dabei nur einmal eintragen.

Expertengruppen / Stammgruppen	A	B	C	D	E
1					
2					
3					
4					
5					

auf die Folie

Treffen in der Stammgruppe: Zu Beginn setzt ihr euch mit eurer Stammgruppe zusammen. Jeder bekommt sein Arbeitspaket und erarbeitet sich dieses Thema zunächst selbstständig (hier z. B. eine Säule der gesetzlichen Sozialversicherung).

Thema in der Expertengruppe diskutieren: Nun treffen sich die Expertengruppen: Du tauschst dich mit den Experten aus den anderen Stammgruppen aus, die dasselbe Thema bearbeiten wie du. Ihr klärt miteinander offene Fragen und bereitet eine Präsentation zu eurem Thema vor.

Expertengruppen:

Ⓐ A1, A2, A3, A4, A5
Ⓑ B1, B2, B3, B4, B5 ...
... E3, E4, E5

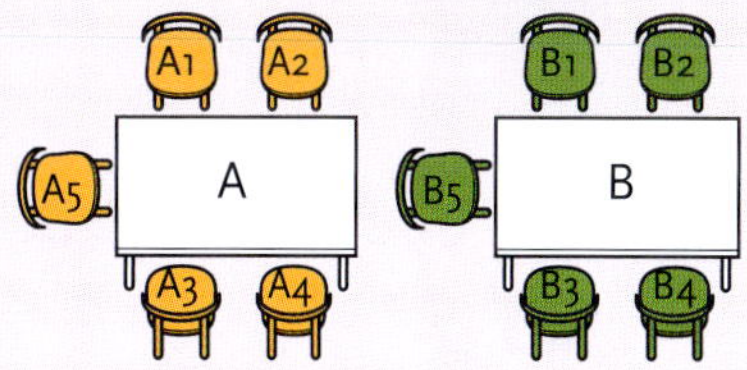

Thema in der Stammgruppe präsentieren: Abschließend trefft ihr euch in den Stammgruppen, um eure Ergebnisse aus der ersten Arbeitsphase vorzustellen. Hierbei sitzt ihr wie folgt zusammen:

Stammgruppen:

① A1, B1, C1, D1, E1
② A2, B2, C2, D2, E2...
... C5, D5, E5

Am Ende dieser Arbeitsphase liegt in jeder Stammgruppe ein möglichst umfassendes Ergebnis in Bezug auf die Aufgabenstellung vor.

Aufgaben

1. Arbeitet in euren Expertengruppen aus den Materialien M 6 - M 13 jeweils Antworten auf folgende Fragen zu einer Versicherung heraus:
   - Welches Risiko des Lebenslaufes wird abgesichert?
   - Wer ist versichert?
   - Was leistet die Versicherung?
   - Wie finanziert sich die Versicherung?
   - Nach welchem Prinzip ist die Versicherung organisiert (M 13)?
2. Präsentiert euch im Anschluss an diese Erarbeitungsphase in euren Stammgruppen die Ergebnisse und fügt die Informationen zu den fünf Versicherungen zusammen. Grundlage hierfür können auch bildliche Darstellungen „eures" Sozialversicherungszweiges sein.

M 8 Arbeitslosenversicherung

Die Arbeitslosenversicherung ist eine Pflichtversicherung. Versichert sind alle Arbeitnehmer, die einer bezahlten, mehr als geringfügigen Beschäftigung (Monatsverdienst bis zu 450 €) nachgehen. Das betrifft den Arbeiter ebenso wie die Angestellte oder einen Auszubildenden. Besondere Personengruppen, z. B. Beamte, Soldaten oder Personen, die das 65. Lebensjahr vollendet haben, müssen sich nicht versichern.

Die Leistungen dieser Versicherung, das sogenannte Arbeitslosengeld I, erhalten diejenigen, die sich an der Finanzierung der Arbeitslosenversicherung beteiligt hatten. Die Leistungen richten sich nach der Höhe der eingezahlten Beiträge.

Die Finanzierung erfolgt in erster Linie durch die Beiträge der Arbeitnehmer und der Arbeitgeber. Hinzu kommen Umlagen bzw. Mittel des Bundes. Der Beitragssatz beträgt 3,0 Prozent des Arbeitsentgeltes* der Beschäftigten (Stand: 2013). Arbeitgeber und Arbeitnehmer zahlen den Beitrag in der Regel je zur Hälfte. Dieser wird direkt vom Bruttolohn eingezogen und an die zuständige Bundesagentur für Arbeit weitergeleitet.

nach: www.deutsche-sozialversicherung.de

***Arbeitsentgelt**
ist das Geld, was der Arbeitnehmer für seine geleistete Arbeit erhält.

M 9 Rentenversicherung

Die gesetzliche Rente folgt dem solidarischen Prinzip „Einer für alle – alle für einen". In der Rentenversicherung sind alle Personen, die in einem beruflichen, unselbstständigen Beschäftigungsverhältnis stehen oder sich in der Berufsausbildung befinden (mit Ausnahme der Beamten) versicherungspflichtig. Dies gilt auch für Behinderte, die in anerkannten Werkstätten beschäftigt sind, sowie für Bufdis (Bundesfreiwilligendienst). Auch Selbstständige können unter bestimmten Umständen pflichtversichert sein.

Zahlungen aus der Rentenversicherung erhalten nicht nur Alte (Regelaltersrente), sondern z. B. auch Witwen oder (Halb-)Waisen. Die Rentenzahlung soll den Lohn ersetzen und somit den versicherten Menschen eine ausreichende Lebensgrundlage bieten.

In der Rentenversicherung gilt der Generationenvertrag zwischen Jung und Alt: Vom laufenden Beitrag werden die laufenden Renten gezahlt, d. h. die Beiträge der (gegenwärtig berufstätigen) Rentenversicherten werden direkt an die Rentner ausbezahlt. Dieses Verfahren nennt man auch Umlageverfahren. Arbeitnehmer und Arbeitgeber tragen die Beiträge entsprechend dem jeweils gültigen Beitragssatz je zur Hälfte. Die Höhe der Zahlungen aus der Rentenversicherung richtet sich nach der Höhe der eingezahlten Beiträge.

nach: www.deutsche-sozialversicherung.de

M 10 Krankenversicherung

Eine Krankheit könnte schnell zu einem finanziellen Risiko werden. Deshalb sichern die gesetzlichen Krankenkassen ihre Mitglieder und deren Familie im Krankheitsfall ab. Als Solidargemeinschaft übernimmt die Krankenversicherung in der Regel die Leistungen für die notwendige medizinische Hilfe im Falle einer Krankheit (Ausnahme: beruflich bedingte Unfälle) und zahlt ein Krankengeld, wenn der Arbeitgeber das Gehalt während einer Arbeitsunfähigkeit nicht weiterbezahlt.
Als Arbeitnehmer ist man in der Bundesrepublik Deutschland in der Regel versicherungspflichtig, d. h. man ist automatisch gesetzlich krankenversichert. Darüber hinaus gibt es in der Krankenversicherung auch freiwillig Versicherte (z. B. Selbstständige) und Familienversicherte. In der Bundesrepublik Deutschland sind etwa 90 Prozent der Bevölkerung gesetzlich krankenversichert.
Erwerbstätige, die besonders viel verdienen, und Beamte können sich privat über andere Versicherungen krankenversichern.
Besondere Leistungen müssen auch von gesetzlich Versicherten zusätzlich bezahlt werden. Die gesetzliche Krankenversicherung finanziert sich weitestgehend selbst, insbesondere durch die Beiträge von Arbeitnehmern und Arbeitgebern. Wie hoch der Beitrag ist, hängt vom Einkommen der Versicherten ab. Grundsätzlich gilt: Der finanziell Stärkere unterstützt den Schwächeren. Die einheitlichen Beitragssätze werden je zur Hälfte vom Arbeitgeber und vom Arbeitnehmer aufgebracht.

nach: www.deutsche-sozialversicherung.de

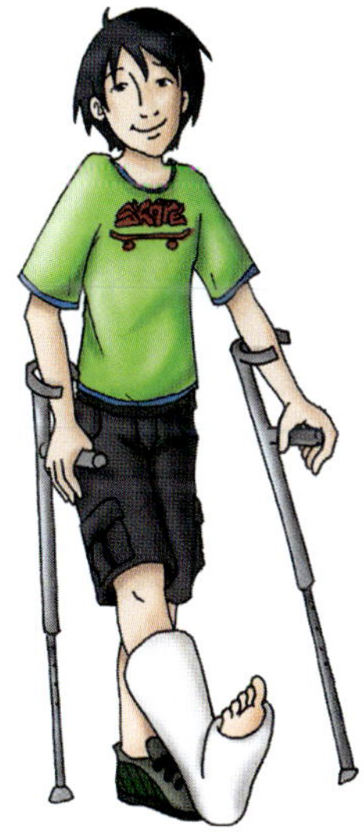

M 11 Pflegeversicherung

Die Pflegeversicherung bietet seit 1995 eine Absicherung gegen die Folgen der Pflegebedürftigkeit, d. h. wenn man voraussichtlich mindestens für sechs Monate in erheblichem Maße Hilfe bei den Verrichtungen des täglichen Lebens braucht. Die Pflegeversicherung ist eine Pflichtversicherung. Im Grundsatz gilt: Wer gesetzlich krankenversichert ist, der gehört auch der Pflegeversicherung an. Dies gilt auch für mitversicherte Familienangehörige. Wer z. B. privat krankenversichert ist, muss folglich auch eine private Pflegeversicherung abschließen. Die Finanzierung der Pflegeversicherung ist genauso organisiert wie für die gesetzliche Krankenversicherung: Arbeitnehmer und Arbeitgeber zahlen je die Hälfte des Beitrages. Kinderlose zahlen einen Beitragszuschlag. Es gibt – wie in der gesetzlichen Krankenversicherung – einen gesetzlich festgelegten Beitragssatz. Arbeitgeber und Arbeitnehmer übernehmen jeweils den gleichen Anteil. Der Beitrag wird mit den übrigen Sozialabgaben automatisch bei der Lohn- oder Gehaltsabrechnung einbehalten. Für versicherte Familienangehörige werden keine Beiträge erhoben.

nach: www.deutsche-sozialversicherung.de

M 12 Unfallversicherung

Subsidiarität
Zunächst soll sich der Einzelne selbst helfen. Erst wenn er dazu nicht mehr in der Lage ist, wird die Familie und danach erst der Staat ersatzweise einspringen.

Die gesetzliche Unfallversicherung – eine der ältesten „Säulen" der deutschen Sozialversicherung – soll vorbeugen, d. h. Arbeitsunfälle, Berufskrankheiten und arbeitsbedingte Gesundheitsgefahren sollen mit allen geeigneten Mitteln verhütet werden. Die Beratung von Unternehmen in allen Fragen der Gesundheit steht im Mittelpunkt. Sie bietet z. B. kostenlose Veranstaltungen zum Thema Arbeitsschutz an.

Die gesetzliche Unfallversicherung bietet Arbeitnehmern, auch Auszubildenden, Unternehmern, Kindern in Tageseinrichtungen, Schülern und Studierenden und weiteren Personen einen umfassenden Versicherungsschutz. Unter den Versicherungsschutz fallen Unfälle, die sich am Arbeitsplatz oder in der Schule sowie auf dem Weg dorthin und zurück ereignen – auch Berufskrankheiten sind versichert.

Renten an Versicherte werden dann gezahlt, wenn die Erwerbsfähigkeit nicht vollständig wiederhergestellt werden kann, d.h. eine Minderung von mindestens 20 Prozent vorliegt.

Die Kosten für diesen Versicherungsschutz tragen die Arbeitgeber bzw. der Bund, die Länder und Gemeinden im öffentlichen Bereich.

nach: www.deutsche-sozialversicherung.de

M 13 Prinzipien der sozialen Sicherung

Nicht alle Notsituationen sind über Versicherungen abgesichert. Für Bedürftige stehen ebenfalls Leistungen des Sozialstaates zur Verfügung. Man unterscheidet daher folgende Prinzipien:

Prinzip	Versicherungsprinzip	Fürsorgeprinzip, auch: Subsidiaritätsprinzip
	Eine Versicherung beruht darauf, dass Menschen, die bestimmten Risiken ausgesetzt sind, sich zusammenschließen. Dies tun sie, um mögliche Schadensfolgen für den Einzelnen zu begrenzen und um die Last auf viele Schultern zu verteilen. Versicherte erwerben also einen Anspruch auf soziale Leistungen dadurch, dass sie (und ihre Arbeitgeber) regelmäßig Beiträge einzahlen. Im Bedarfsfall erhalten sie Leistungen aus der Versicherungskasse.	Das Prinzip kommt dann zur Anwendung, wenn andere Einrichtungen des sozialen Sicherungssystems keine Hilfe mehr bieten können. Fürsorge wird in der Regel erst dann gewährt, wenn: • der Betroffene keine oder nur unzureichende Versicherungsleistungen erhält, • der Betroffene sich nicht selbst aus seiner Notlage befreien kann und auch andere Hilfe, wie z. B. durch die Familie, nicht zur Verfügung steht, • Bedürftigkeit besteht. Fürsorge wird aus Steuermitteln finanziert.
	Sozialversicherungen (Arbeitslosen-, Renten-, Kranken-, Pflege- und Unfallversicherung)	Arbeitslosengeld II (Hartz IV), Wohngeld, Sozialhilfe

4.2.3 Was bedeutet soziale Gerechtigkeit?

M 14 Eine Simulation zum Thema „soziale Gerechtigkeit“

Simulation vorbereiten
(mindestens 1 Tag vorher):
Ihr benötigt 10 Euro in möglichst kleinen Münzen. Außerdem benötigt ihr bei 30 Schülern insgesamt: 8 einzelne Tennissocken, 6 dünne (Damen-) Socken, 8 einzelne Fingerhandschuhe, 2 gepolsterte Handschuh-Topflappen, 4 Fausthandschuhe. Achtung: Ihr benötigt genau 2 Utensilien weniger als ihr Schüler in der Klasse seid, bei 30 Schülern also genau 28! Weiterhin benötigt ihr eine Leinentasche, Tüte o. Ä., in der ihr eure Utensilien so verstauen könnt, dass sie von außen nicht zu sehen sind.

Tipp: Bittet euren Lehrer/eure Lehrerin, Spielleiter/in zu sein.
Nun setzt ihr euch in einen Stuhlkreis. Achtet darauf, dass das Kreisinnere so groß ist, dass sich 30 Personen gut darin bewegen können. Jetzt verteilt der Spielleiter eine Utensilie pro Person, wobei zwei Schüler leer ausgehen. Zieht die Socken, Handschuhe, Topflappen über eine eurer Hände. Anschließend verteilt der Spielleiter die Münzen willkürlich auf dem Fußboden im Innern des Stuhlkreises; die Spieler bleiben auf ihren Stühlen sitzen.

Simulation durchführen
(ca. 20 Minuten):
Ihr dürft nur mit der „bekleideten“ Hand spielen. Der Spielleiter gibt das Zeichen zum Start: „Für alle lautet die Aufgabe gleich: Sammelt so viele Münzen wie möglich!“ Reden ist nicht erlaubt. Wenn alle Münzen vom Fußboden aufgesammelt sind, setzt ihr euch wieder auf euren Platz. Der Spielleiter wird euch dann auffordern, eure Münzen zu zählen.
Variante: Ihr könnt die Simulation auch ausweiten, indem ihr vor der Auswertung eine weitere Runde spielt. Der Spielleiter gibt euch z. B. 3 Minuten Zeit, in denen ihr nun mit den anderen Teilnehmern in Verhandlung treten dürft, um euer u. U. unbefriedigendes Ergebnis zu maximieren – falls ihr auf großzügige Teilnehmer stoßt.

Simulation auswerten
(ca. 20 Minuten):
Zählt nun eure Münzen. Gibt es große Unterschiede? Weshalb? Nennt Gründe, weshalb der eine mehr, der andere weniger Münzen aufsammeln konnte. Tauscht euch darüber aus, wie ihr euch während der Simulation gefühlt habt. Hat gegebenenfalls die anschließende Verhandlungsrunde euer Ergebnis verbessert? Wie seid ihr an die Verhandlungen herangegangen?

Aufgaben

1. Führt die Simulation in eurer Klasse durch (M 14).
2. a) Diskutiert mögliche Lösungen, um aus diesem Gerechtigkeitsdilemma herauszukommen.
   b) Überlegt auch, worin konkret die Aufgabe des Staates bestehen könnte. Notiert wesentliche Ergebnisse im Heft.
3. Formuliert gemeinsam eine Definition des Begriffes „soziale Gerechtigkeit“.

M 15 … ist das Gerechtigkeit?

Karl-Heinz Schoenfeld

M 16 Welche Gerechtigkeit ist gemeint?

Verfahrensgerechtigkeit

Leistungsgerechtigkeit

Bedarfsgerechtigkeit

Teilhabegerechtigkeit

„Gerechtigkeit" ist ein Begriff; der von allen Menschen unterschiedlich interpretiert wird. Gleichzeitig sind sich alle einig, dass ein Mindestmaß an Gerechtigkeit die Voraussetzung für eine stabile Gesellschaft ist.

Menschen nehmen mit unterschiedlichen Voraussetzungen am gesellschaftlichen Leben teil (Begabung, berufliche Qualifikation, Einkommen und Vermögen, Geschlecht, ethnische Herkunft …). Als gerecht wird empfunden, wenn sich alle mit gleichen Rechten einbringen können, das Verfahren also für alle gleich ist.

Andererseits kann man in den Blick nehmen, ob die Verteilung als gerecht empfunden wird – und hier zu unterschiedlichen Einschätzungen kommen:

Manche sagen z. B., ungleiche Arbeitseinkommen seien dann gerecht, wenn sie auf unterschiedlichen Leistungen beruhen: Derjenige, der mehr leistet, soll auch ein deutlich höheres Einkommen erzielen können.

Demgegenüber steht die Vorstellung, dass alle Menschen entsprechend ihrer Bedürfnisse versorgt werden und der Staat darauf hinwirken soll.

Andere vertreten die Überzeugung, dass niemand davon ausgeschlossen werden darf, die Einrichtungen der Gesellschaft (Theater, Bildungseinrichtungen …) zu nutzen. Für diese geht es gerecht zu, wenn alle am gesellschaftlichen Leben teilhaben können.

M 17 Geht es bei uns noch gerecht zu?

Unzufriedenheit und Unruhe lassen sich […] überall [in den westlichen Industrieländern] feststellen. Denn obwohl die Weltwirtschaft unaufhörlich wächst, zweifeln immer mehr Menschen, dass sie etwas davon haben. Kein Wunder: Seit 1990 hat die Ungleichheit in allen Industriestaaten zugenommen. […] Für Hilfsarbeiter, Putzfrauen oder Lastwagenfahrer sieht es besonders schlecht aus: Geringqualifizierte verdienen nicht mehr so viel wie noch zur Jahrtausendwende, sondern so wenig wie 1985. Sie können sich von ihrer Arbeit nicht mehr kaufen als damals. Das ist die Realität für fünf Millionen Menschen und ihre Familien.

Aber warum öffnet sich die Schere zwischen Arm und Reich so? Lange Zeit waren die Einkommen ziemlich gleich verteilt. Doch Mitte der Neunzigerjahre begann die dramatische Wende. Das liegt vor allem an der Globalisierung, die Hunderte Millionen Chinesen oder Inder mit westlichen Arbeitnehmern rivalisieren lässt. Aber nicht nur. Europäische Firmen verlagern ihre Fabriken seit dem Mauerfall auch in den billigen Osten oder drohen zumindest damit. All diese Faktoren drücken die Löhne. […] Überall im Westen wurden Regelungen aufgehoben, die das Handeln von Unternehmen begrenzt hatten. Firmen konkurrieren seitdem stärker und versuchen, Löhne zu reduzieren und Kündigungen zu vereinfachen. Die Finanzkrise hat das Gefühl vieler, es gehe ungerecht zu, extrem verschärft. […]

Aber was wird aus der Gesellschaft, wenn die Bürger den Glauben verlieren? Ein einfacher Arbeiter wird sich vielleicht lieber vom Sozialstaat aushalten lassen, als sich in Jobs plagen, die stressiger sind als früher und zugleich unsicherer. Wohin ein Land rutschen kann, in dem kaum noch jemand hinter dem Staat steht, lässt sich in Griechenland sehen.

Wenn die Demokratien des Westens eine Systemkrise verhindern wollen, müssen sie dringend handeln. Dafür braucht es den Mut, sich ernsthaft um Gerechtigkeit zu kümmern. Das ist schon lange nicht mehr der Fall […].

Nach: Alexander Hagelühen, Arm, in: Süddeutsche Zeitung, 22./23.12.2012, V2/1

Zur Verteilung der Einkommen in Deutschland, siehe Kapitel 5.2.4, zur Globalisierung, siehe Kapitel 5.1.5 und 8.

rivalisieren = um den Vorrang kämpfen

Aufgaben

1. a) Analysiere die Karikatur (M 15).
   b) Nimm vor dem Hintergrund eurer Simulation Stellung zur Aussage der Karikatur.
2. Ordne den Begriffen aus der Randspalte Textabschnitte zu (M 16).
3. Arbeitet heraus, welche Vorstellungen von sozialer Gerechtigkeit (M 16) …
   a) in der Karikatur M 15 thematisiert werden.
   b) in eurer Klasse die Simulation bestimmt haben (M 14).

Erkläre, warum es für alle Menschen in jedem Staat wichtig ist, dass ein Gefühl der Gerechtigkeit erfüllt wird (M 17).

Was wir wissen

Sozialstaat und soziale Gerechtigkeit M 3, M 14	Die Ausgangsbedingungen für jeden Einzelnen in unserer Gesellschaft sind verschieden. Wenn auch die Möglichkeiten, was man im Leben erreichen kann, unterschiedlich sind, spricht man von Chancenungleichheit. Das deutsche Grundgesetz verpflichtet für diesen Fall die Regierenden durch Artikel 20, sich auch um soziale Gerechtigkeit zu kümmern. Wie genau soziale Gerechtigkeit umgesetzt werden kann, darüber gibt es unterschiedliche Vorstellungen in unserer Gesellschaft. Wir leben also in einem Land, in dem – neben der Garantie der Menschenwürde und der Menschenrechte – das Sozialstaatsprinzip die Basis der freiheitlichen demokratischen Grundordnung bildet.
Soziale Sicherung M 6, M 13	Die soziale Sicherung besteht einerseits aus dem Sozialversicherungssystem, das über viele Jahrzehnte gewachsen ist. Daneben umfasst das sogenannte Fürsorgesystem z. B. die Sozialhilfe und das Arbeitslosengeld II (umgangssprachlich Hartz IV). Es wird aus Steuermitteln finanziert und sorgt nach einer Bedürftigkeitsprüfung für ein festes Einkommen zur Existenzsicherung.
Die fünf Säulen der Sozialversicherung M 5	Ziel der Sozialversicherungen ist es, den Bürgerinnen und Bürgern menschenwürdige Lebensverhältnisse zu ermöglichen und sie gegen größere Lebensrisiken abzusichern. Die Umsetzung dieses Ziels wird durch die gesetzlich geregelte Arbeitslosen-, Unfall-, Kranken- und Pflege- sowie die gesetzliche Rentenversicherung angestrebt.
Wie finanzieren sich die Sozialversicherungen?	Die Finanzierung erfolgt neben gesetzlich geregelten, einheitlichen Beitragssätzen auch über Steuereinnahmen. Hintergrund ist der Gedanke, dass alle füreinander einstehen: Der finanziell Stärkere unterstützt den Schwächeren (Solidarität). Die Höhe der Rentenzahlungen richtet sich nach der Höhe der eingezahlten Beiträge. Grundsätzlich gilt, der Staat allein trägt nicht die Kosten, er übernimmt nur die Organisation der sozialen Absicherung. So werden vom Bruttolohn/-gehalt sämtliche Sozialversicherungsbeiträge einbehalten.

Alt in Amerika: 70-Jährige stehen bei McDonalds noch am Hamburgergrill

Immer häufiger arbeiten Menschen weit über das 65. Lebensjahr hinaus, um Miete und Nebenkosten wie etwa die Stromrechnung bezahlen zu können. Die derzeitige Wirtschaftskrise [2009], die schlimmste seit 80 Jahren, trifft ältere Amerikaner besonders hart.

Diese Fabrikarbeiterin in Wisconsin ist 93 Jahre alt und arbeitet seit über 55 Jahren in dem Unternehmen.

Zwar erhalten rund 37 Millionen Rentner jeden Monat Schecks vom Staat. Doch in der Regel handelt es sich um ein paar hundert bis maximal 1.000 Dollar (ca. 715 Euro). Schließlich zielt diese unter Präsident Roosevelt eingeführte Rentenversicherung nicht darauf ab, Senioren vollständig zu versorgen. Sie sollte vielmehr eine Aufstockung der privaten Altersvorsorge sein. [Die private Altersvorsorge wird zu großen Teilen über den Kauf von Aktien gelöst.]

Da aber in Folge der Finanzkrise und der drastischen Einbrüche Aktien einen großen Teil ihres Werts verloren haben, müssen sich Rentner in zunehmendem Maße auf Jobsuche begeben. Laut einer Regierungsstatistik gingen im Jahre 2008 etwa 5 Millionen Rentner einer beruflichen Tätigkeit nach. Der jüngste Bericht des Senats zu diesem Thema sagt gar voraus, dass diese Zahl in den kommenden fünf Jahren um nahezu 75 Prozent steigen wird – das wären dann gut 8 Millionen arbeitende Rentner.

nach: Dieter Keller, Südwest Presse, 21.7.2009

Aufgaben

1. Arbeite die Unterschiede zwischen dem deutschen und dem amerikanischen Rentensystem heraus.
2. Die amerikanischen Bürger zahlen lediglich einen Rentenversicherungsbeitrag von 12,4 %, wovon die Arbeitnehmer und Arbeitgeber jeweils 6,2 % entrichten. Sollte es in Deutschland ein ähnliches System wie in den USA geben? Begründe deine Stellungnahme, indem du möglichst viele Perspektiven (Arbeitnehmer, Arbeitgeber, Rentner) mit einbeziehst.

4.3 Probleme des Sozialstaates am Beispiel der Rentenversicherung

4.3.1 Die Rentenversicherung in der Klemme

M 1 Wer hat hier ein Problem?

Rudolf Schoepper

M 2 Die Finanzierung der Rentenversicherung

Der Generationenvertrag

Der Begriff entstand mit dem sogenannten Umlageverfahren in der Rentenversicherung, eingeführt 1957. Er beruht auf folgendem Prinzip:

... sorgen durch ihre Beiträge zur Rentenversicherung zur Finanzierung des Lebensunterhaltes der Rentner.

↑

Die sozialversicherungspflichtig Erwerbstätigen ...

↓

... sorgen für die nachfolgende Generation durch Unterhalt, Erziehung, Ausbildung.

Die Finanzierung der gesetzlichen Renten erfolgt in Deutschland nach dem sogenannten **Umlageverfahren**. Die jeweils aktuell Erwerbstätigen zahlen Pflichtbeiträge von ihrem Einkommen, die direkt an die aufgrund ihres Alters nicht mehr Erwerbstätigen (Rentner) ausgezahlt werden. Durch die Entrichtung der Pflichtbeiträge erwerben die Erwerbstätigen selbst Ansprüche auf Rentenzahlung durch die nachfolgende Generation. Hinzu kommen allerdings auch noch Zuschüsse des Staates aus Steuermitteln.

Darüber hinaus gibt es für abhängig Beschäftigte und Beamte die Möglichkeit, eine staatlich geförderte private Altersvorsorge zu betreiben

(Riesterrente). Diese basiert auf dem **Kapitaldeckungsverfahren**. Dabei zahlt der Versicherte monatlich Beträge in einen Versicherungsvertrag ein, den man sich wie einen Sparvertrag vorstellen kann. Der Staat zahlt eine Zulage und der Sparer muss auf die Sparsumme zunächst keine Steuern zahlen.

M 3 Einnahmen und Ausgaben der gesetzlichen Rentenversicherung nach dem Umlageverfahren

(in Milliarden Euro)				
Jahr	Beitragssatz	Beitragseinnahmen	Bundeszuschuss	Rentenauszahlungen
1995	18,6 %	138,2	30,4	151,0
1997	20,3 %	152,1	35,2	162,4
1999	19,5 %	159,2	42,5	171,8
2001	19,1 %	163,6	46,02	183,3
2005	19,5 %	168,0	54,82	198,8
2006	19,9 %	179,5	54,92	199,4
2008	19,9 %	180,0	62,52	216,2
2009	19,9 %	181,6	63,4	220,8

Zahlen: Deutsche Rentenversicherung Bund (Hg.), Rentenversicherung in Zeitreihen, Oktober 2010

Demografischer Wandel
So werden die Veränderungen in der Bevölkerungszusammensetzung hinsichtlich ihrer Größe und Struktur bezeichnet. In wissenschaftlichen Untersuchungen wird vor allem die Veränderung in der Alterszusammensetzung betrachtet, bedingt z. B. durch Veränderungen der Geburtenzahlen und Sterbefälle.

M 4 Der demografische Wandel in Deutschland

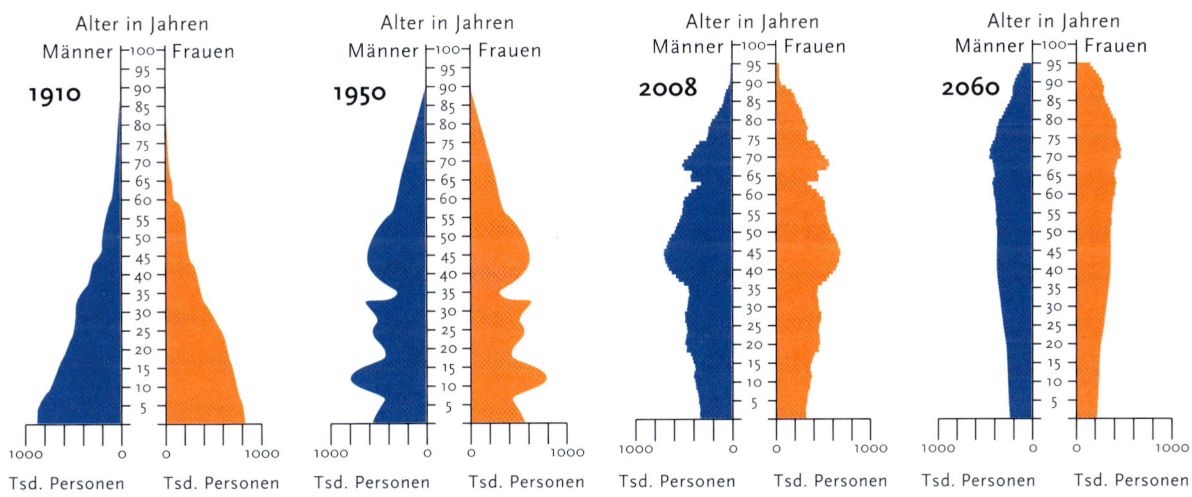

Erklärung zur Lesart der Alterspyramide: x-Achse: Anzahl oder Anteil Menschen zu einem Jahrgang; y-Achse: Lebensalter der Menschen; in die eine Richtung der x-Achse werden die Anteile der Frauen (rechts) und in die andere Richtung der x-Achse die Anteile der Männer (links) dargestellt.

Statistisches Bundesamt, Wiesbaden 2010

M 5 Veränderungen auf dem Arbeitsmarkt

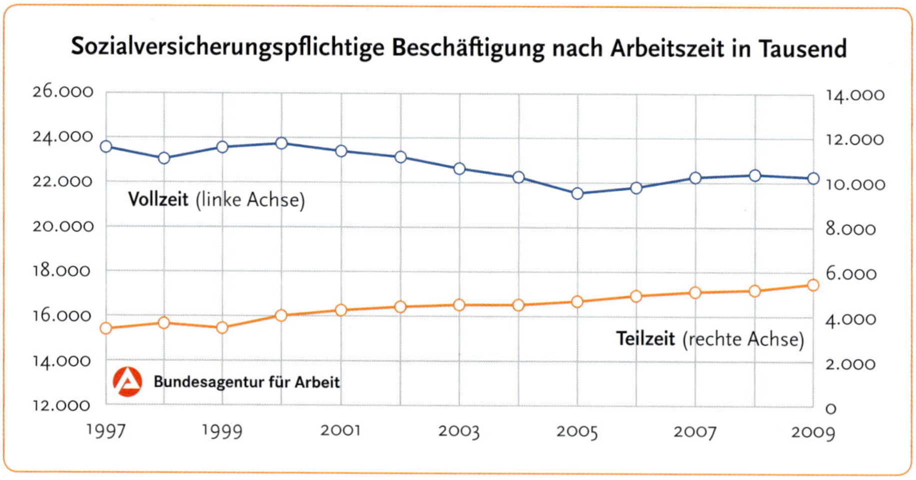

Bundesagentur für Arbeit, Jährliche Zeitreihen zum Arbeitsmarkt in Deutschland, 2010

Beschäftigungsverhältnisse
Vollzeitbeschäftigung bedeutet, dass ein Arbeitnehmer die nach dem Tarifvertrag bestimmte maximale Wochenarbeitszeit ableistet. Teilzeitbeschäftigt ist ein Arbeitnehmer, dessen regelmäßige Wochenarbeitszeit kürzer ist als die eines vergleichbaren vollzeitbeschäftigten Arbeitnehmers. Beide Beschäftigungsverhältnisse unterliegen der Sozialversicherungspflicht, doch werden bei Teilzeitbeschäftigung entsprechend weniger Beiträge und Steuern entrichtet, da die Löhne geringer sind.

M 6 Die Probleme der Rentenversicherung

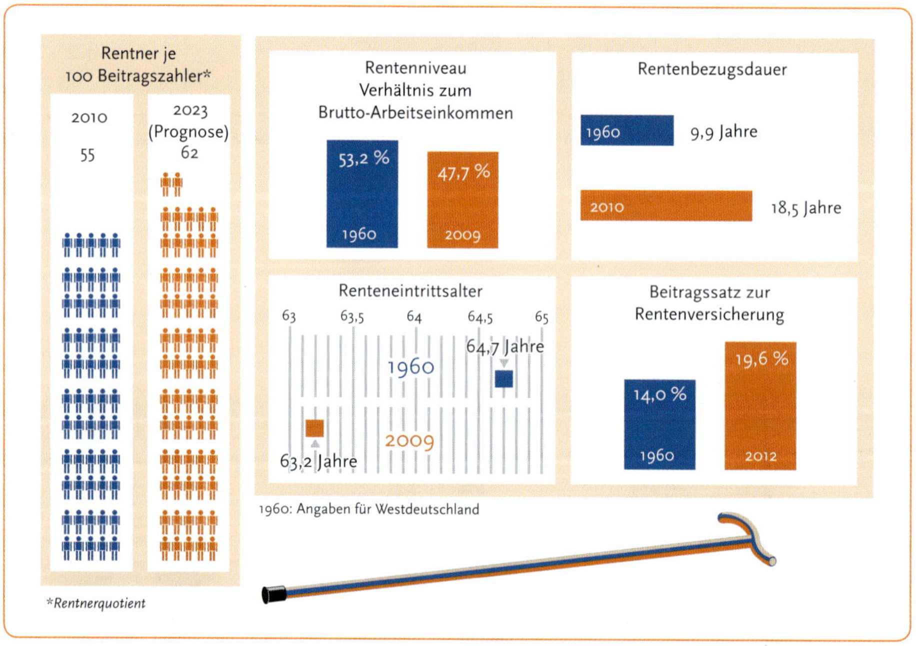

Globus-Grafik 3697; Quelle: Deutsche Rentenversicherung

Tipp
Auf der Internetseite des Statistischen Bundesamtes findest du eine animierte Grafik zum Bevölkerungsaufbau in Deutschland: *www.destatis.de/bevoelkerungspyramide*

Aufgaben

1. Stelle in einer Übersicht die Vor- und Nachteile des Umlage- und des Kapitaldeckungsverfahrens zusammen (M 2, M 3).
2. Untersuche die Grafiken (M 3 - M 6) und erörtere, vor welchen Herausforderungen der Sozialstaat im Hinblick auf die Rentenversicherung steht.

4.3.2 Wie soll eine zukunftsfähige Rentenversicherung gestaltet werden?

M 7 Zur Finanzierung der Rentenversicherung ...

Erich Rauschenbach, Baaske Cartoons

M 8 Wie reagiert die Bundesregierung? Was bisher geschah ...

Die Bundesregierungen haben bereits einige Schritte unternommen, um das Rentensystem zu stabilisieren:

- Die Höhe der durchschnittlichen gesetzlichen Rente wird sinken. Laut Rentenbericht der Bundesregierung erhält ein Rentner, der 45 Jahre in die Rentenkasse eingezahlt hat, im Jahr 2009 noch 52 Prozent seines durchschnittlichen Nettomonatseinkommens. Dieses sogenannte „Rentenniveau" wird laut Modellrechnung auf ca. 38 Prozent im Jahr 2030 sinken.
- Freiwillige kapitalgedeckte private Eigenvorsorge wird staatlich gefördert.
- Der demografische Wandel wird bei der Rentenberechnung einbezogen. Sinken die Beitragszahler, steigt die Rente nicht mehr mit den Löhnen. Die 2009 beschlossene „Rentengarantie" soll aber gewährleisten, dass die Renten auch im Falle sinkender Löhne nicht sinken, sondern höchstens nicht steigen.
- Ab dem Jahr 2012 wird das Renteneintrittsalter schrittweise erhöht von derzeit 65 auf 67 Jahre. So wird länger in die Rentenkasse eingezahlt und die Rentenzahlungen werden später fällig.

M 9 Riesterrente: staatlich geförderte private Vorsorge

Neben der gesetzlichen Sozialversicherung gibt es seit 2001 für abhängig Beschäftigte und Beamte die Möglichkeit, eine staatlich geförderte private Altersvorsorge zu betreiben (Riesterrente). Diese basiert auf dem Kapitaldeckungsverfahren. Dabei zahlt der Versicherte monatlich Beträge in einen Versicherungsvertrag ein, den man sich wie einen Sparvertrag vorstellen kann. Der Staat zahlt eine Zulage. Zum vereinbarten Zeitpunkt erhält der Anspruchsberechtigte nun das eingezahlte Kapital plus Zinsen als einmalige oder als lebenslange monatliche Rente ausbezahlt. Unabhängig davon kann jeder Bürger natürlich zusätzlich für seine Absicherung im Alter, z. B. durch den Erwerb einer Immobilie, vorsorgen.

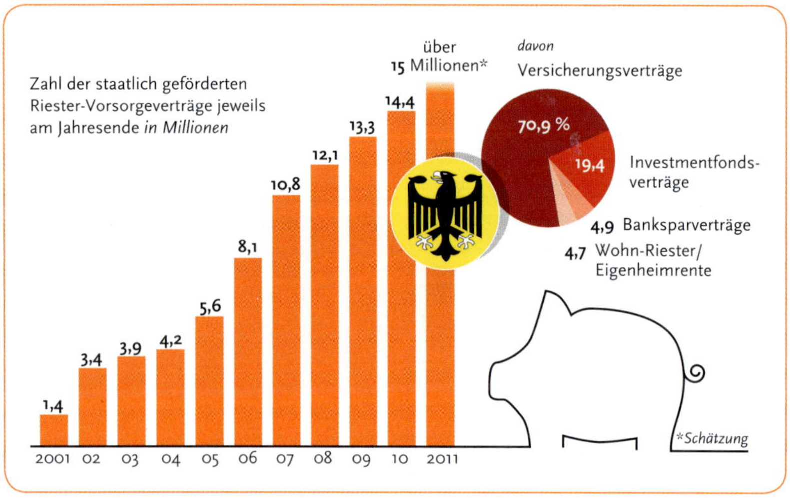

Globus-Grafik 4707; Quelle BMAS

M 10 Kritik an der Riester-Rente auf dem Prüfstand

Der Vorwurf, Riester lohne sich nicht, stimmt so pauschal nicht. Wer einen guten Vertrag abschließt, erreicht durch die staatliche Förderung eine ganz ordentliche Rendite auf seine Riester-Beiträge. Sie ist jedenfalls höher als bei anderen vergleichbaren Produkten, beispielsweise einer privaten Rentenversicherung. Davon profitieren allerdings vor allem Gutverdiener.

Auch der Vorwurf, Riester lohnt nicht bei niedrigem Einkommen, stimmt so pauschal nicht. Gerade durch die Zulagen lohnt sich die Riester-Förderung für Menschen mit niedrigem Einkommen. Denn bei ihnen sind die staatlichen Zuschüsse im Verhältnis zum eigenen Sparbeitrag besonders hoch, vor allem wenn sie Kinder haben. Nur für Menschen, die im Alter so wenig Geld haben, dass sie staatliche Sozialleistungen brauchen, bringt Riester-Sparen bisher tatsächlich nichts.

Der Vorwurf, Riester sei kompliziert und bürokratisch stimmt dagegen, Selbst die Profis sind immer wieder ratlos, wenn sie auf Detailfragen antworten sollen.

Der Vorwurf, Riester sei zu teuer und mache die Anbieter reich, stimmt ebenfalls häufig. Dies trifft bei Riester leider genauso zu wie bei anderen Finanzprodukten.

Das Fazit: Wer sich heute eine Zusatzrente oder Wohneigentum fürs Alter sichern will, kann mit einem Riester-Vertrag besser fahren als mit anderen Altersvorsorgeverträgen oder Baukrediten. Kunden müssen bei der Auswahl allerdings auf einen guten Vertrag achten.

nach: Stiftung Warentest, Kritik an Riester, 30.4.2012

M 11 Maßnahmen zur Stabilisierung der Rentenversicherung

Beitragssatz zur Rentenversicherung erhöhen	Beitragssatz abhängig von der Kinderzahl machen	Renten kürzen	Rentenalter weiter erhöhen	Steuern erhöhen
Zahl der Beitragszahler erweitern um Selbstständige, Beamte	Maßnahmen zur Erhöhung der Geburtenzahlen ergreifen	Zusätzlich private Vorsorge verpflichtend machen und verstärken	Betriebliche Altersvorsorge stärken	...

Ergänze weitere mögliche Maßnahmen.

M 12 Die Zukunft des Sozialstaates: staatliche Fürsorge oder Initiative des Einzelnen?

In der Nachkriegszeit ist in Deutschland ein Versorgungsstaat entstanden, der sich im Hinblick auf die gesellschaftlichen Veränderungen in seiner bisherigen Form nicht mehr aufrechterhalten lässt, ohne die Bürger durch immer höhere Abgaben zu belasten.

Immer mehr Menschen werden sich an Einschnitte oder Belastungen gewöhnen müssen: Sich laufend neue Qualifikationen aneignen, häufiger den Job wechseln oder vielleicht auch mal eine Zeitlang arbeitslos sein, im Krankheitsfall mehr als bisher selber zahlen müssen, von der gesetzlichen Rente allein nicht mehr leben können – diese Situationen werden von Ausnahmen zum Normalfall.

Wirtschaftswissenschaftler und Soziologen sind sich darin einig, dass Bürgerinnen und Bürger künftig flexibler sein müssen, auch was z. B. ihre Absicherung für das Alter oder im Krankheitsfall betrifft. Die gesetzliche Sozialversicherung allein wird zukünftig keine zufriedenstellende Versorgung ermöglichen können. Zusätzliche private (Kranken- bzw. Renten-)Versicherungen werden einen immer höheren Stellenwert bekommen. Nur wer sich persönlich gut abgesichert hat, hat entspannte Aussichten.

Aufgaben

1. a) Analysiere die Karikatur (M 7).
   b) Formuliert ein gemeinsames Ergebnis in der Klasse.
2. a) Fasse zusammen, welche Maßnahmen zur Stabilisierung der Renten bereits ergriffen wurden (M 8 - M 11).
   b) Entscheide, ob die Vorschläge bei der Einnahmen- oder Ausgabenseite der Rentenkasse ansetzen (M 11).
3. Versetze dich wahlweise in einen Rentner oder einen jungen Erwerbstätigen. Wähle dann aus dem Maßnahmenpool eine Maßnahme (oder eine Kombination von Maßnahmen) aus, um die Finanzierung des Rentensystems zu stabilisieren. Beachte dabei auch, welche Folgen deine Maßnahme haben könnte. Arbeite dann eine kurze Rede zu deinem Reformvorschlag aus (M 10 - M 12).

Was wir wissen

Rentensystem
M 2

Das Rentenversicherungssystem in Deutschland basiert auf dem Generationenvertrag. Die Erwerbstätigen bezahlen direkt die Renten der aus dem Erwerbsleben Ausgeschiedenen und erwerben so Ansprüche auf eine eigene Rente (Umlageverfahren). Die Höhe der Rente bestimmt sich durch die Dauer der Beschäftigung, die Höhe des Einkommens und einen Rentenfaktor. Ergänzend fördert der Staat die private Vorsorge in Form von Riesterrenten oder betrieblicher Altersvorsorge. Diese ergänzenden Systeme beruhen auf dem Kapitaldeckungsverfahren.

Rentensystem unter Druck
M 3, M 4, M 6

Durch sinkende Einnahmen und steigende Ausgaben geraten die gesetzlichen Sicherungssysteme in Deutschland zunehmend unter Druck. Hier macht sich insbesondere der demografische Wandel bemerkbar. Immer weniger Beitragszahler müssen eine steigende Zahl von Rentnern mit längeren Rentenbezugszeiten finanzieren.
Auch der Arbeitsmarkt wirkt sich auf die Finanzierung der Renten aus. In Zeiten hoher Arbeitslosigkeit und einer sinkenden Zahl von Vollzeitarbeitsplätzen gerät die Einnahmeseite der Rentenversicherung zusätzlich unter Druck. Dies gilt prinzipiell für alle sozialen Sicherungssysteme.

Zukunft der Rentenfinanzierung
M 8, M 12

Die Bundesregierungen haben in den vergangenen Jahren verschiedene Maßnahmen ergriffen, um das Rentensystem zu sichern.
Hierbei wird sowohl bei den Ausgaben als auch bei den Einnahmen der gesetzlichen Versicherung angesetzt: Die Rentenzahlungen werden niedriger und der Beginn der Zahlungen verschiebt sich nach hinten, die Empfänger bekommen also erst ab einem höheren Alter Zahlungen. Dadurch zahlen mehr Arbeitnehmer auch länger in die Rentenkasse ein.
Zusätzlich wird das private Sparen für die Rentenzeit gefördert: Der Staat zahlt Zulagen und erlässt Steuern auf sogenannte Riesterverträge, wenn der Einzelne Geld für seine Rente spart.

Was wir können

	Aussage	Richtig (R) oder falsch (F)
1	Die Unfallversicherung gehört nicht zu den gesetzlichen Pflichtversicherungen.	
2	Arbeitslosengeld kann jeder Erwerbslose für 12 Monate beziehen.	
3	Die gesetzliche Krankenversicherung (GKV) beruht auf dem Fürsorgeprinzip.	
4	Erwerbstätige, deren Einkommen über der Beitragsbemessungsgrenze liegt, können sich privat krankenversichern.	
5	Das Arbeitslosengeld errechnet sich aus dem Nettolohn des Arbeitnehmers.	
6	Die gesetzliche Pflegeversicherung wurde 1995 eingeführt.	
7	Versicherte der GKV müssen sich einer Gesundheitsprüfung unterziehen, bevor sie aufgenommen werden.	Ins Heft
8	Die gesetzliche Unfallversicherung wird zu 20 % vom Arbeitnehmer und zu 80 % vom Arbeitgeber bezahlt.	
9	Wenn ALG II-Bezieher eine zumutbare Arbeit ablehnen, kann das Arbeitslosengeld gekürzt werden.	
10	Der Generationenvertrag bedeutet, dass die Rentner von heute ihre angesparten Beiträge aus der Rentenversicherung ausgezahlt bekommen.	
11	Das gesetzliche Sozialversicherungssystem besteht aus vier Säulen.	
12	Das Problem der Finanzierung besteht nur für die Rentenversicherung.	

Lösung am Ende des Buches.

Aufgabe
Entscheide, ob die Aussagen richtig (R) oder falsch (F) sind. Stelle drei der falschen Aussagen richtig.

Die Zukunft der Rente?

Roger Schmidt

Aufgabe
Interpretiere die Karikatur und arbeite heraus, welches Problem der Karikaturist hier darstellt. Verwende dabei folgende Begriffe: *Gesetzliche Rentenversicherung, Generationenvertrag, Umlageverfahren, demografischer Wandel.*

Stellt euch vor, ihr schwebt in einem Ballon „Staat". (Gebt eurem Ballon einen Namen!)

An Bord sind schwere Lastenpakete mit Aufgaben des Staates, die den Ballon immer wieder an Höhe verlieren lassen. Er droht abzustürzen. Um den Abstieg aufzuhalten, müsst ihr ein Lastenpaket über Bord werfen. Ihr müsst euch dabei überlegen, welche Staatsaufgaben ihr leicht aufgeben könnt und welche ihr so lange wie möglich an Bord behalten wollt.

Der Ballon fängt sich, verliert aber nach einer Weile wieder an Höhe. Ein weiteres Paket (2. Spielrunde) muss also abgeworfen werden. Dies geht so weiter, bis der Ballon sich endlich stabilisiert hat. Dokumentiert jeden Abwurf: In welcher Reihenfolge wurden die Lasten abgeworfen? Begründet jeden einzelnen Abwurf (Argumente, Kontroversen).

Anmerkung für den Spielleiter:

Alle Mitspieler erhalten die Liste mit den Lasten. Außerdem wird eine große Tabelle mit den Namen der Ballone und der mitfahrenden Spielerinnen und Spieler benötigt, um am Schluss die Ergebnisse vergleichen zu können.

5

Wirtschaft organisieren

Jede Volkswirtschaft muss für sich die Frage beantworten, wie die Produktion der notwendigen Güter vorgenommen werden soll. Was soll produziert werden? Wer soll es produzieren? Wie soll produziert werden? Wie sollen die Güter verteilt werden?
Unsere Wirtschaftsordnung verlässt sich auf die Koordination durch freie Märkte, doch greift der Staat korrigierend ein, wenn die Ergebnisse des Marktes sozial unerwünscht sind. Deshalb bezeichnet man unsere Wirtschaftsordnung als Soziale Marktwirtschaft.

Kompetenzen

Am Ende dieses Kapitels solltest du Folgendes können:

- Stärken und Schwächen des Marktes erklären
- die Rolle des Staates in der Wirtschaftsordnung beschreiben
- die Merkmale der Sozialen Marktwirtschaft erläutern
- einfache ökonomische Wirkungsketten mithilfe des Kreislaufmodells beschreiben
- Möglichkeiten und Grenzen staatlicher Konjunkturpolitik beurteilen

Was weißt du schon?
Spielt das Ballonspiel wie in der Spielanleitung beschrieben.

5.1.4 Die Soziale Marktwirtschaft – was zeichnet sie aus?

Ludwig Erhard präsentiert sein Buch „Wohlstand für alle" (1957). Alfred Müller-Armack entwarf die Idee und den Begriff der Sozialen Marktwirtschaft, die ab 1949 vom ersten deutschen Bundeswirtschaftsminister Ludwig Erhard umgesetzt wurde.

M 11 Die Soziale Marktwirtschaft

1. Die Soziale Marktwirtschaft basiert auf den Funktionen eines beweglichen und sich dynamisch entwickelnden Marktes.
2. Die Soziale Marktwirtschaft ist angetreten mit dem Anspruch, durch den marktwirtschaftlichen Prozess nicht nur die Gütererzeugung anzuheben, den Bereich persönlicher freier Gestaltungsmöglichkeiten für die Einzelnen zu erweitern, sondern auch soziale Fortschritte zu bringen. […]
4. Garant des sozialen Anspruchs der Marktwirtschaft ist nicht nur der Markt […]. Der Staat hat vielmehr die unbestrittene Aufgabe, über den Staatshaushalt und die öffentlichen Versicherungen die aus dem Markt resultierenden Einkommensströme umzuleiten und soziale Leistungen, wie Kindergeld, Mietbeihilfen, Renten, Pensionen, Sozialsubventionen und so weiter, zu ermöglichen.

Alfred Müller-Armack, Unser Jahrhundert der Ordnungsexperimente, zitiert nach: Genealogie der sozialen Marktwirtschaft, Bern, Stuttgart 1981, S. 150 f.

M 12 Bausteine der Sozialen Marktwirtschaft

Die Soziale Marktwirtschaft fördert den freien Wettbewerb der Anbieter. Dort, wo Unternehmen ihre Freiheit missbrauchen, um z. B. Kartelle und Monopole zu bilden, greift der Staat regulierend ein (z. B. durch die Kartellbehörden).

In der Sozialen Marktwirtschaft werden die Einkommen nicht nur nach der individuellen Leistungsfähigkeit verteilt. Der Staat sorgt für einen sozialen Ausgleich, indem er z. B. hohe Einkommen höher besteuert oder soziale Leistungen wie Kindergeld, Mietbeihilfen oder die Grundsicherung Hartz IV bezahlt.

Die Soziale Marktwirtschaft garantiert die Vertragsfreiheit, d. h., dass jeder mit jedem die Verträge abschließen kann, die für ihn vorteilhaft sind. Doch werden der Vertragsfreiheit Grenzen gesetzt. So werden die schwächeren Vertragspartner auf vielfältige Weise geschützt (z. B. durch Kündigungsfristen im Mietrecht oder durch das Gewährleistungsrecht).

Die Soziale Marktwirtschaft versucht mit unterschiedlichen Mitteln, negative Auswirkungen des Marktprozesses auf die Umwelt zu verhindern. So gibt es Gesetze gegen Luftverschmutzung, Pfand auf Einwegverpackungen usw.

Das Privateigentum ist in der Sozialen Marktwirtschaft garantiert. Jeder kann mit seinem Eigentum im Prinzip tun, was er möchte. Doch gibt es eine Verpflichtung: Das Eigentum soll auch dem Wohle der Allgemeinheit dienen. So muss man sich als Hauseigentümer z. B. an Vorschriften des Denkmalschutzes halten.

Die Soziale Marktwirtschaft ist schon deshalb sozial, weil sie durch ihre wirtschaftliche Leistungsfähigkeit dazu beiträgt, dass alle Menschen vom technischen Fortschritt, von steigenden Einkommen und der Schaffung neuer Arbeitsplätze profitieren.

M 13 Zwischenbilanz nach 60 Jahren Sozialer Marktwirtschaft

Der FDP-Ehrenvorsitzende Otto Graf Lambsdorff und der SPD-Linke Ottmar Schreiner streiten über Erbe, Irrwege und Zukunft der Sozialen Marktwirtschaft.

Herr Schreiner, haben Sie die Soziale Marktwirtschaft positiv oder negativ empfunden?

Schreiner: Ich konnte als erstes Kind einer großen Familie in den Fünfzigerjahren ein Gymnasium besuchen. Die Soziale Marktwirtschaft war ohne Zweifel die ökonomische Grundlage für eine Gesellschaft, die sozialen Aufstieg für die anbot, die wollten und die geistigen Voraussetzungen mitbrachten. [...]

Lambsdorff: In der Einschätzung der damaligen Chancen liegen Herr Schreiner und ich nicht weit auseinander. [...] Im Gegensatz zu Herrn Schreiner bin ich jedoch der Ansicht, dass diese Gesellschaftsordnung heute zu sozial geworden ist. Der Sozialstaat hat die Marktwirtschaft in weiten Teilen außer Kraft gesetzt.

Zu sozial oder zu unsozial, was gilt denn nun?

Schreiner: Unsozial ist die hohe Arbeitslosigkeit. Unsozial ist, dass Millionen Menschen arbeiten, ohne selbst ihr Existenzminimum erwirtschaften zu können. Unsozial ist auch das wachsende Gefälle zwischen Arm und Reich. Und dass die Arbeitnehmerschaft seit zehn, zwölf Jahren von der allgemeinen Wirtschaftsentwicklung abgekoppelt wird. [...]

Teilen Sie die Anamnese [hier = Bestandsaufnahme], Graf Lambsdorff?

Lambsdorff: Nur mit Einschränkungen. Wir können uns Sozialpolitik nur leisten, wenn wir erfolgreich wirtschaften. Ohne eine erfolgreiche Wirtschaftspolitik gibt es auch nicht genügend Arbeitsplätze. Zu viel Sozialleistungen belasten dagegen die Unternehmen und nehmen den Bürgern auch den Antrieb, sich selbst zu helfen.

Das Interview führten Michael Inacker und Christian Ramthun, Die Zukunft unserer Wirtschaftsordnung, 30.6.2008, auf: www.wiwo.de

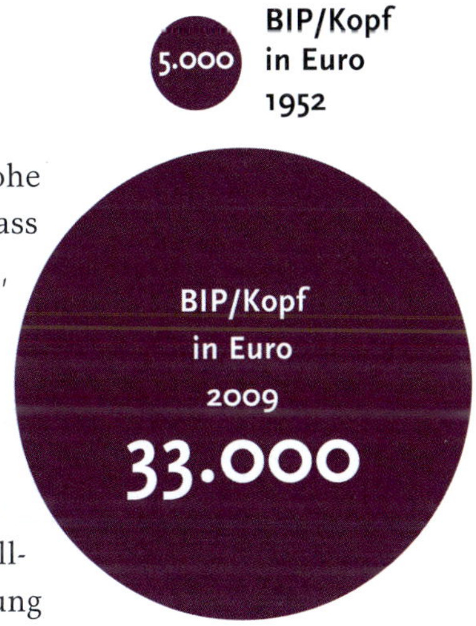

Wirtschaftswoche Global Nr. 1, 2009, S. 29

Anteil der deutschen Bevölkerung, die von Armut bedroht ist

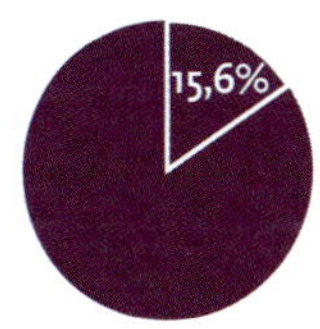

Bruttoinlandsprodukt (BIP)
Messgröße, mit der die Wirtschaftskraft eines Landes dargestellt wird. Das BIP umfasst den Geldwert aller in einem Jahr innerhalb der Landesgrenzen produzierten Waren und Dienstleistungen.

Aufgaben

1. Formuliere drei Fragen zur Sozialen Marktwirtschaft. Gib die Fragen deinem Nachbarn und bitte ihn, Antworten auf deine Fragen zu finden (M 11, M 12, eigene Recherchen).
2. Entscheide, welche der folgenden staatlichen Maßnahmen mit welcher Wirtschaftsordnung (Zentralverwaltungs-, freie bzw. Soziale Marktwirtschaft) vereinbar / nicht vereinbar wären (M 5, M 7, M 11, M 12):
   - Der Staat legt Höchstpreise für Brot fest.
   - Der Staat legt fest, dass nur noch Autos mit Elektroantrieb produziert werden dürfen.
   - Der Staat verpflichtet dazu, in eine Rentenversicherung einzuzahlen.
3. Gestalte ein Schaubild zur Sozialen Marktwirtschaft (M 10 - M 12).

Betrachte die Bausteine in M 12. In welchen Bereichen kann die Soziale Marktwirtschaft deiner Meinung nach als Erfolgsmodell gelten (M 13)?

zu Aufgabe 3
Das Schaubild soll mindestens die Grundidee, wichtige Merkmale und die Rolle des Staates enthalten.

5.1.5 Globalisierung – eine Herausforderung für die Soziale Marktwirtschaft

M 14 Standortverlagerung bei Nokia

Im Januar 2008 kündigte die Unternehmensleitung von Nokia überraschend an, die Produktion komplett von Deutschland nach Rumänien zu verlegen und das Werk in Bochum zu schließen. Dies stieß auf Unverständnis und Wut bei Mitarbeitern und Politikern.
Mitte November 2011 verkündete Nokia, das neue Werk in Rumänien zu schließen und die Produktion nach Asien zu verlegen.

Nokia hatte mitgeteilt, Mitte des Jahres 2008 das Werk mit 2.300 Mitarbeitern aus Kostengründen schließen zu wollen. „Wir folgen der globalen Nokia-Strategie, die auf Kosteneffizienz und Flexibilität in der Logistik setzt", hatte der Aufsichtsratschef der Nokia GmbH, Veli Sundbäck, das Vorgehen begründet. „Da wir erfolgreich sind, müssen wir die Wettbewerbsfähigkeit kontinuierlich verbessern", argumentierte der Manager und verwies auf den Standort Rumänien, wo die Arbeitskosten nur ein Zehntel des deutschen Niveaus ausmachten.

Alfons Frese (mit Material der dpa), Der Tagesspiegel, 17.1.2008

M 15 Sieg im Standortwettbewerb

Stundenlang blockierten empörte Beschäftigte die Einfahrt, als die Schockbotschaft die Runde machte. Doch der Protest ließ die Unternehmensleitung ungerührt: Der neue Standort bot ganz einfach die besseren Konditionen.

Die Rede ist indes nicht von Nokia, sondern von der Frachttochter der Deutschen Post, DHL. Doch anders als beim finnischen Handyhersteller, der sein Bochumer Werk nach Rumänien verlegt, sorgte die 2004 verkündete DHL-Entscheidung in Deutschland für keinerlei negative Schlagzeilen, ganz im Gegenteil. Denn DHL hatte schließlich den Umzug nach Deutschland beschlossen, weg von Belgien. Dass am Brüsseler Flughafen, dem bisherigen DHL-Nachtdrehkreuz, von 2008 an mehr als 1.500 Menschen arbeitslos werden würden und verzweifelt protestierten, interessierte Politik und Öffentlichkeit hierzulande nicht. Stattdessen wurde lautstark der Sieg bejubelt, den der Flughafen Leipzig/Halle im „harten, aber fairen" Standortwettbewerb gegen Brüssel-Zaventem errungen hatte.

Hannelore Crolly und Viktoria Unterreiner unter Mitarbeit von Stefan von Borstel, Die Welt, 20.1.2008

M 16 Standortwettbewerb in der Sozialen Marktwirtschaft

Eine wichtige Auswirkung der Globalisierung ist der größer werdende Standortwettbewerb: Viele große Unternehmen sind weltweit tätig und haben Produktionsstätten in verschiedenen Ländern der Welt. Für ein Unternehmen macht es manchmal keinen großen Unterschied, in welchem Land es seinen Firmensitz oder seine Produktion ansiedelt.

Für ein Land und seine Arbeitnehmer ist es aber sehr wohl wichtig: Von den Arbeitsplätzen hängt ab, ob die Erwerbstätigen ein Einkommen haben und sich versorgen können. Für den Staat hängen davon die Steuereinnahmen ab. Der Staat zahlt mit dem eingenommenen Geld z. B. die Straßen, Spielplätze und Schwimmbäder des Landes und natürlich die Sozialleistungen für seine Bürger, zum Beispiel Kindergeld oder Sozialhilfe.

Wenn das Unternehmen genauso gut in einem anderen Land produzieren kann, stehen deutsche Arbeitnehmer in Konkurrenz mit deutlich niedrigeren Löhnen in anderen Ländern, in denen der Staat häufig auch weniger Geld für die soziale Sicherung der Bürger ausgibt.

Die zunehmende weltweite Verflechtung setzt den hohen Standard des deutschen Sozialstaates also unter Druck. Auf der anderen Seite profitiert Deutschland stark von der Globalisierung, da gleichzeitig andere neue Arbeitsplätze entstehen.

Mehr zur Globalisierung erfahrt ihr in Kapitel 8.1.

Spiegel-Titelbild 44/2004

M 17 Warum macht die Globalisierung Angst?

Globalisierung ist kein Nullsummenspiel, bei dem der eine nur das gewinnen kann, was der andere verliert. [...] In den letzten Jahren hat sich die Schere zwischen Reich und Arm weiter geöffnet. [...]

Stellenverluste sind nämlich nicht Folge der Globalisierung, sondern die eines stetigen Strukturwandels, den keine Macht der Welt aufhalten kann. Auch die Globalisierung verhindert nicht, dass Menschen ihre Jobs verlieren. Sie hilft jedoch nachhaltiger als jede Alternative, neue Jobs zu schaffen. [...]

Für Arbeiter, vor allem wenn sie weniger gut qualifiziert sind, zeigt die Globalisierung ein dunkleres Gesicht. [...] Sie macht vielen Deutschen Angst, weil in Asien und Lateinamerika fast immer billiger, gelegentlich besser und immer öfter schon besser und billiger als in Europa produziert wird.

nach: Thomas Straubhaar, Frankfurter Allgemeine Sonntagszeitung, 10.6.2007

Aufgaben

1. Erkläre, warum der weltweite Standortwettbewerb eine Herausforderung für die Soziale Marktwirtschaft ist (M 14 - M 17).
2. Bildet zwei Gruppen. Eine Gruppe arbeitet die Vorteile, die andere Gruppe die Nachteile der Globalisierung heraus. Beachtet dazu die Perspektive Deutschlands und die verschiedener anderer Länder (vgl. Kapitel 8). Vergleicht eure Ergebnisse (M 14 - M 17).

Was wir wissen

Wirtschaftsordnung – wozu eigentlich?
M 3

Es geht in einer Wirtschaft vor allen Dingen um Verteilungsfragen: die Verteilung von Gütern und Dienstleistungen, von Arbeit, von Einkommen etc.

- Welche Güter und Dienstleistungen sollen produziert bzw. bereitgestellt werden?
- Wann und wo sollen sie produziert und bereitgestellt werden?
- Wie und für wen sollen sie produziert und bereitgestellt werden?

Die Wirtschaftsordnung gibt den Rahmen vor, innerhalb dessen über diese Verteilungsfragen entschieden wird.

Zentralverwaltungswirtschaft und freie Marktwirtschaft
M 5, M 7

Die Zentralverwaltungswirtschaft oder Planwirtschaft, die nach dem Zweiten Weltkrieg auch in der DDR eingeführt wurde, versuchte im Vorhinein die Produktion und die Verteilung zu planen. Dieses Verfahren ist jedoch sehr kompliziert, u. a. weil sehr viele Informationen benötigt werden und Abstimmungen nötig sind. Das System funktionierte nicht zufriedenstellend.
Die freie Marktwirtschaft dagegen überlässt alle wirtschaftlichen Abläufe dem Markt, also dem Mechanismus aus Angebot und Nachfrage. Hier zeigte sich jedoch schon im 19. Jahrhundert, dass große soziale Probleme und Umweltschäden entstehen, wenn dem Markt keine Grenzen gesetzt werden.

Soziale Marktwirtschaft: ein Zukunftsmodell?
M 11, M 12

In Deutschland ist die Soziale Marktwirtschaft die Wirtschaftsordnung. Die Soziale Marktwirtschaft hat zum Ziel, den Grundsatz der Freiheit auf dem Markt mit dem Gedanken der sozialen Sicherung des Einzelnen zu verbinden. In der Sozialen Marktwirtschaft besteht – ebenso wie in der freien Marktwirtschaft – Privateigentum an Produktionsmitteln. Die Regelung von Angebot und Nachfrage erfolgt überwiegend durch den Markt.
Anders jedoch als in der freien Marktwirtschaft mildert der Staat durch entsprechende Maßnahmen (z. B. Hartz IV, gesetzliche Sozialversicherungen ...) die sozial nicht vertretbaren Folgen des Marktmechanismus.

Erfolgsgeschichte?
M 13

Gemessen am Wirtschaftswachstum (BIP) ist die Geschichte der Sozialen Marktwirtschaft seit der Gründung der Bundesrepublik Deutschland zumindest bis Ende der Achtzigerjahre eine Erfolgsgeschichte. Die Wirtschaftsleistung der Bundesrepublik hat sich im besagten Zeitraum nach Abzug der Preissteigerungen fast verzehnfacht.
Doch steht die Soziale Marktwirtschaft heute vor ungelösten Problemen: In Deutschland zählen dazu insbesondere die hohe Staatsverschuldung, Arbeitslosigkeit und die drohende Überlastung der sozialen Sicherungssysteme.

Globalisierung als Herausforderung
M 16

Die Globalisierung hat verschiedene Auswirkungen auf die Soziale Marktwirtschaft. In erster Linie hat sie zu einer Verschärfung des Wettbewerbs und zu einem beschleunigten Strukturwandel geführt. Dies hat einen Verlust von Arbeitsplätzen vor allem in arbeitsintensiven Branchen in Deutschland zur Folge, da in vielen Regionen der Welt kostengünstiger produziert werden kann. Doch ist der Standort Deutschland immer noch attraktiv, wie viele Unternehmensansiedlungen und der Erfolg als Exportnation zeigen.

Ein Werbeplakat zur Sozialen Marktwirtschaft gestalten

Bildet Gruppen. Ihr arbeitet in einer bekannten Werbeagentur und bekommt den Auftrag, im Rahmen einer Kampagne für die Soziale Marktwirtschaft ein Werbeplakat zu gestalten. Alternativ kann auch ein „Warnplakat" zu den negativen Seiten der Sozialen Marktwirtschaft gestaltet werden. Überlegt euch zunächst, welche Art von Plakat ihr gestalten wollt.

Begriffe-Memory anfertigen

Sicher kennt ihr das Spiel „Memory". Das könnt ihr gut auch selbst anfertigen. Sammelt die wichtigsten Begriffe dieses Kapitels. Entwickelt für jeden dieser Begriffe eine passende Definition. Erstellt nun „Memorykarten" aus Pappe. Paare bestehen aus zwei Karten, dem Begriff und der dazugehörigen Definition. Mischt die Karten und legt sie auf dem Tisch aus. Wer die meisten Paare erhält, hat gewonnen.
Begriffe: Markt, Soziale Marktwirtschaft, Zentralverwaltungswirtschaft, Wettbewerb, Privateigentum, Globalisierung, Standortwettbewerb ...

5.2 Wann und warum soll der Staat in den Markt eingreifen?

5.2.1 Wettbewerb – nur damit funktioniert die Marktwirtschaft

M 1 Millionenstrafe gegen Kaffeeröster

Das Bundeskartellamt hat gegen zahlreiche Kaffeeröster und den Deutschen Kaffeeverband (DKV) wegen illegaler Preisabsprachen Bußgelder in Höhe von insgesamt 30 Millionen Euro verhängt. Auch gegen zehn verantwortliche Mitarbeiter der Unternehmen wurden Bußgelder verhängt. Insgesamt müssen acht Unternehmen wegen der illegalen Machenschaften zahlen. Die Geldbußen sind zwar noch nicht rechtskräftig. Doch haben sechs der acht Unternehmen sowie deren Mitarbeiter sich laut Bundeskartellamt zu einer einvernehmlichen Verfahrensbeendigung bereit erklärt.

Nach den Erkenntnissen des Kartellamtes existierte seit mindestens 1997 bis Mitte 2008 ein Arbeitskreis beim DKV, bestehend aus Geschäftsführern und Vertriebsleitern. Dort wurden Preiserhöhungen und zum Teil auch Preissenkungen bei der Belieferung von Gastronomie, Hotels, Automatenaufstellern und anderen Großverbrauchern koordiniert.

www.tagesschau.de, 9.6.2010

Kartell = eine Vereinbarung oder ein Zusammenschluss selbstständig bleibender Unternehmen oder sonstiger Marktakteure zur Beschränkung ihres Wettbewerbs, z. B. durch Preisabsprachen

Monopol
Unter einem Monopol versteht man eine Marktform, in der ein Unternehmen (Hersteller, Händler) als alleiniger Anbieter auftritt oder einen so großen Marktanteil besitzt, dass er allein die Preise kontrollieren kann. Damit verfügt er über eine besondere Marktmacht gegenüber den Nachfragern bzw. Konsumenten.

M 2 Monopole – warum sind sie gefährlich für die Wirtschaft?

Was ist nun eigentlich so schlimm an Monopolisten? Ganz einfach: Sie verlangen praktisch immer überhöhte Preise, gemessen an den tatsächlichen Kosten. Das geht nicht nur zu Lasten der Verbraucher, es mindert auch den Zwang, sich um Effizienz und gute Qualität der Produkte zu bemühen. Wenn es um die marktbeherrschende Stellung eines Software-Unternehmens wie Microsoft geht, hört der Spaß auf. [...]

Die Wettbewerbshüter sind dabei allerdings oft in schwieriger Beweislage. Ein Problem besteht darin, überhöhte Preise von ganz normalen Marktreaktionen abzugrenzen. Wenn etwa wieder einmal das Benzin an der Tankstelle teurer wird, kann das ja auch an steigenden Rohölpreisen, einem höheren Dollarkurs oder höheren Steuern liegen. Auch dass alle Tankstellen mehr oder weniger gleichzeitig die Preisschilder auswechseln, ist noch kein Beweis für Preisabsprachen. In einem echten Wettbewerbsmarkt würde bei steigenden Einkaufspreisen nämlich genau das Gleiche passieren.

nach: Ulrich van Suntum, Frankfurter Allgemeine Sonntagszeitung, 4.2.2007

M 3 Durch Wettbewerb entsteht Neues

Der österreichische Ökonom Josef Schumpeter hat schon 1911 darauf hingewiesen, dass im Grunde jeder Erfinder eines neuen Produktes zunächst eine Monopolstellung gewinnt. Darin bestehe ja gerade der Anreiz, als Pionierunternehmer immer wieder neue Güter auf den Markt zu bringen. Im Laufe der Zeit werden allerdings zunehmend Imitatoren auftreten, sodass die anfänglichen Gewinne im Konkurrenzkampf schmelzen. Dieser ständige Wettlauf zwischen Innovation und Imitation, den Schumpeter als „Prozess der schöpferischen Zerstörung" bezeichnete, ist wohl das Wichtigste an der Wettbewerbsidee. [...]

nach: Ulrich van Suntum, Frankfurter Allgemeine Sonntagszeitung, 4.2.2007

Imitation = Nachbildung, Nachahmung

Für die Wettbewerbskontrolle sind in Deutschland das Bundeskartellamt und der Bundeswirtschaftsminister zuständig, auf europäischer Ebene die Europäische Kommission.

M 4 Mehr Vielfalt und niedrigere Preise

Bei manchen Gütern wie zum Beispiel Eisenbahnen, Stromversorgung und Telefon war man lange Zeit der Meinung, dass es hier prinzipiell keinen Wettbewerb geben könne. Das Argument war immer das gleiche: Es sei nicht sinnvoll, mehrere Eisenbahngleise, Telefonleitungen oder Postlinien parallel zu unterhalten, nur um Wettbewerb zu schaffen. [...]

Inzwischen denkt man anders über die natürlichen Monopole. Vor allem die EU macht seit den Achtzigerjahren Druck, auch diese Märkte zu liberalisieren. Schließlich können auf einem Schienennetz durchaus mehrere Eisenbahnunternehmen fahren, und bei Strom und Gas ist es nicht viel anders. [...]

Wie heilsam sich die Öffnung für mehrere Anbieter auswirkt, hat nicht zuletzt die Liberalisierung des Telefonmarktes gezeigt: Während zu Zeiten der Bundespost ein farbiges Tastentelefon der Gipfel des Komforts in Deutschland war, ist die heutige Angebotsvielfalt an Endgeräten gar nicht mehr zu überblicken. Gleichzeitig sind auch noch die Preise für das Telefonieren kräftig gefallen und Abertausende neue Arbeitsplätze geschaffen worden.

nach: Ulrich van Suntum, Frankfurter Allgemeine Sonntagszeitung, 4.2.2007

liberalisieren = von Einschränkungen befreien

Orange und mit Tasten: Das war mal ein modernes Telefon.

Aufgaben

1. Fasse zusammen, welche negativen Auswirkungen die Einschränkung des Wettbewerbs durch Monopole für die Wirtschaft hat (M 1 - M 4).
2. Sammelt Beispiele für Monopole aus eurem Alltag (Stadtbibliothek, Kino, Hallenbad, Eisdiele, Italiener, Coca Cola ...). Prüft jeweils, ob es sich tatsächlich um Monopole handelt.
3. Erkläre, welche Funktion zeitlich begrenzte Monopole für die Wirtschaft haben. Nimm Stellung (M 3).

5.2.2 Wirtschaftspolitik – soll der Staat eingreifen?

M 5 Wenn die Wirtschaft in der Krise steckt ...

EXPORTE GEHEN DEUTLICH ZURÜCK
Deutschland hat im letzten Quartal deutlich weniger Waren ausgeführt als im Jahr zuvor.

Wirtschaftskrise erreicht Arbeitsmarkt
Experten sehen eine Million Jobs gefährdet.

Handel droht Pleitewelle
Wegen der Wirtschaftskrise halten die Konsumenten ihr Geld zusammen. Branchenvertreter erwarten, dass zahlreiche Firmen pleite gehen.

Steuereinnahmen sinken dramatisch
Infolge der Wirtschaftskrise brechen dem Staat die Steuereinnahmen weg. Erwartet wird ein deutlicher Anstieg der Neuverschuldung.

Absatz von Neuwagen bricht ein
Der Absatz von Neuwagen ist im Jahresvergleich bis zu 27 % eingebrochen.

M 6 Krisen gibt es immer wieder: Berg- und Talfahrt der Konjunktur

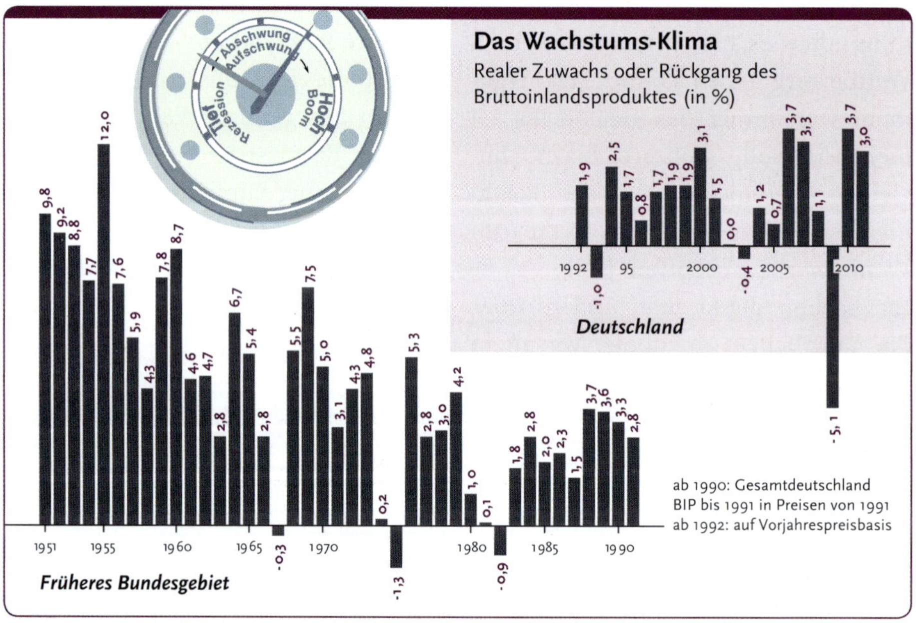

Bergmoser + Höller Verlag AG, Zahlenbilder 220 000; Quelle: Destatis 1990/91: IAB; Stand: 1/2012

Konjunktur = die gesamtwirtschaftliche Situation und Entwicklungsperspektiven

Eine Volkswirtschaft steht niemals still. Typischerweise steigt die gesamtwirtschaftliche Produktion von Waren und Dienstleistungen der Tendenz nach an (= Wachstum). Allerdings verläuft diese Zunahme nicht gleichmäßig. Solche Wachstumsschwankungen bezeichnen wir als Konjunkturschwankungen. Es kommt relativ „regelmäßig" zu einem Auf und Ab der Konjunktur. Diese wiederkehrenden Phasen werden Konjunkturzyklen genannt. Wenn die Wirtschaft schwach ist, sparen viele Unternehmen, vielleicht werden Arbeiter entlassen. Die Arbeitslosigkeit steigt.

M 7 Ziele der Wirtschaftspolitik

Sowohl die Überhitzung der Konjunktur als auch eine Wirtschaftskrise schaffen soziale und damit auch politische Probleme. Schwächelt die Konjunktur, so steigt die Arbeitslosigkeit, dem Staat entgehen Einnahmen und er kann weniger ausgeben. Bei einer Überhitzung der Konjunktur drohen Preissteigerungen und ein plötzlicher Absturz. Insgesamt erschwert ein unsicherer Wirtschaftsverlauf die Entscheidungen der Wirtschaftsakteure. Sie meiden Risiken und neigen zu vermehrtem Sparen, dies schadet der wirtschaftlichen Entwicklung. Um eine möglichst gleichmäßige Wirtschaftsentwicklung zu erreichen, betreibt der Staat Stabilitätspolitik. Gesetzliche Grundlage ist das Stabilitäts- und Wachstumsgesetz von 1967, das die wirtschaftspolitischen Ziele festschreibt:

- Stabilität des Preisniveaus
- hoher Beschäftigungsstand (geringe Arbeitslosigkeit)
- außenwirtschaftliches Gleichgewicht
- stetiges und angemessenes Wirtschaftswachstum

Der Bund und die Länder sind zu einer an den „Erfordernissen des gesamtwirtschaftlichen Gleichgewichts" orientierten Wirtschafts- und Finanzpolitik verpflichtet. Da es – wegen wechselseitiger Abhängigkeiten – schwer bzw. unmöglich ist, die Ziele gleichzeitig zu erfüllen, werden sie auch als „Magisches Viereck" bezeichnet.

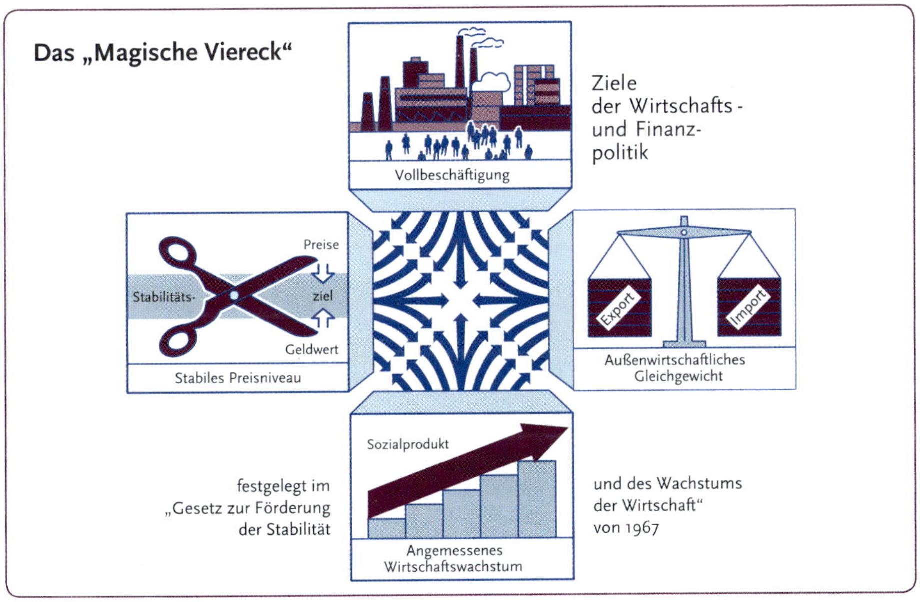

Bergmoser + Höller Verlag AG, Zahlenbilder 200 510

Aufgaben

1. Arbeite aus M 5 und M 6 die Konjunkturphasen und den langfristigen Wachstumstrend heraus.
2. Erkläre, warum der Staat Wirtschaftskrisen vermeiden möchte (M 6, M 7).

5.2.3 Krise aktuell und Wirtschaft in der Theorie

M 8 2009: Regierung beschließt Milliarden für die Konjunktur

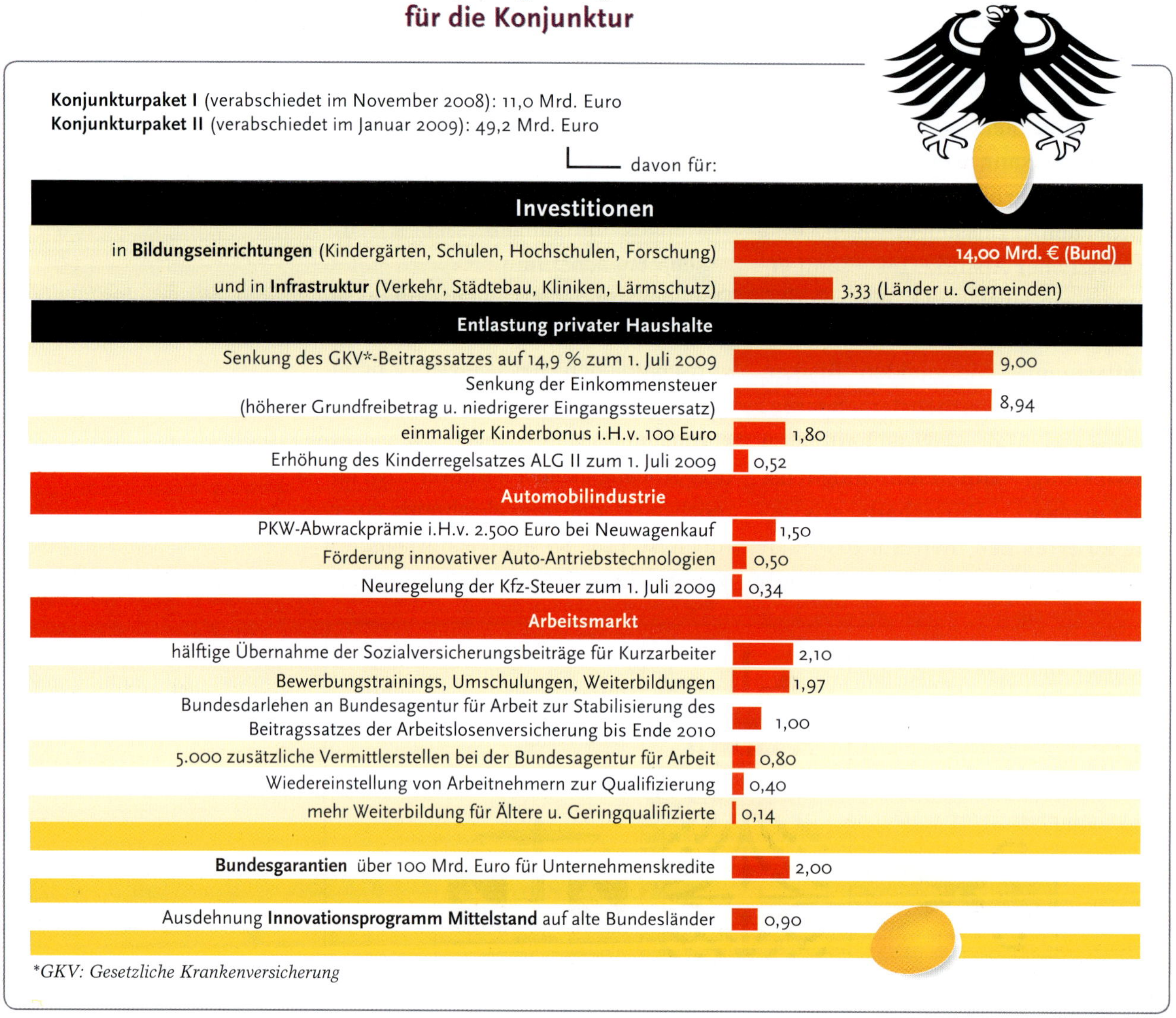

Globus-Grafik: 2606; Quelle: Bundesregierung

M 9 Wachstum, wenn die Nachfrage steigt: Wirtschaftspolitik in der Theorie

Wenn das Bruttoinlandsprodukt - abgekürzt: BIP - wächst, ist die Chance größer, dass es allen besser geht. [...] Das BIP hängt von der gesamtwirtschaftlichen Nachfrage ab. Die entsteht, wenn alle vier wichtigen Mitspieler der Wirtschaft einkaufen gehen: Nummer eins sind die Privatleute. Sie konsumieren (shoppen), etwa indem sie einen Kühlschrank kaufen. Nummer zwei sind die Unternehmen. Sie investieren in eine neue Fabrik oder Maschine, wofür sie auch Geld ausgeben. Der Staat, die Nummer drei, gibt Geld aus, um eine Straße oder eine Schule zu bauen. Nummer vier schließlich sind die anderen Länder. Regierungen oder Bürger aus dem Ausland kaufen auch in Deutschland ein, zum Beispiel Maschinen oder ein paar Autos. Rechnet man die Summen auf dem Kassenzettel und den Rechnungen aller dieser vier Mitspieler zusammen, so kommt man auf die gesamtwirtschaftliche Nachfrage.

Wie entsteht jetzt Wachstum? Auf den ersten Blick ist das ganz einfach: Wachstum entsteht, wenn mindestens einer der vier Mitspieler in Deutschland für mehr Geld kauft oder investiert als im Jahr davor. [...]

Die Idee der Wirtschaftspolitik ist es, dann einzugreifen, wenn es von selbst nicht läuft. Eine Vorstellung dabei lautet, dass der Staat die gesamtwirtschaftliche Nachfrage erhöht.

Hier haben wir einen ersten Ansatz für Wirtschaftspolitik, um das BIP zu steigern. Die Regierung kann durch Instrumente, wie zum Beispiel Steuersenkungen, das verfügbare Einkommen des Privatmannes erhöhen, damit er Lust aufs Shoppen bekommt. Kauft er dann mehr als bisher, steigt das BIP.

Steuersenkungen können auch Unternehmen glücklich machen. Sie können dann mehr von ihrem Gewinn behalten, in Bürogebäude, Aufzüge, Förderbänder oder Mähdrescher investieren, neue Leute anstellen oder ihren Angestellten höhere Gehälter zahlen. Woraufhin diese mehr einkaufen gehen können. Steuersenkungen sind ein Mittel der Wirtschaftspolitik, das helfen kann, das BIP und damit Wachstum zu stimulieren. [...]

Neben Steuersenkungen kann die Regierung ihre eigenen Ausgaben erhöhen, indem sie Bürgern Geld schenkt - etwa durch eine Erhöhung des Kindergeldes - oder indem sie Aufträge an Firmen vergibt. Sie kann beispielsweise Straßen bauen lassen. Dafür stellen die Unternehmen Rechnungen an den Staat, der muss sie bezahlen, und so kann auch das BIP wachsen. Ein Verfechter dieser Idee, durch Erhöhung der Staatsausgaben Wachstum in Schwächephasen zu erzeugen, war einer der berühmtesten Ökonomen des vergangenen Jahrhunderts: John Maynard Keynes.

nach: Winand von Petersdorff, Das Geld reicht nie, Frankfurt a. M. 2008, S. 119-123

Keynes und die Nachfragetheorie
John Maynard Keynes (1883 - 1946) entwickelte eine Wirtschaftstheorie, die davon ausgeht, dass die Selbstregulierung des Marktes allein nicht für Vollbeschäftigung sorgt. Vielmehr kommen dem Staat wichtige Aufgaben bei der Stabilisierung der gesamtwirtschaftlichen Entwicklung und beim Ausgleich der zyklischen Schwankungen von Angebot und Nachfrage zu. In Schwächephasen der Wirtschaft soll der Staat seine Ausgaben erhöhen und die Nachfrage damit ankurbeln. Ist die Nachfrage bereits hoch, soll der Staat seine Ausgaben senken (antizyklisches Verhalten).

M 10 Die Kehrseite der hohen Ausgaben und andere Probleme

Wenn die Regierung die Ausgaben erhöhen möchte, wie Keynes das sagt, dann muss sie entweder einen zusätzlichen Kredit aufnehmen oder aber die Steuern erhöhen.

1. Wenn der Staat seine Steuern erhöht, so sinkt das verfügbare Einkommen der Bürger, und die Unternehmen haben weniger von ihrem Gewinn übrig. Der positive Effekt der höheren Staatsausgaben kann schnell verschwinden. Dazu kommen die oben erwähnten Probleme: Die Leute halten ihr Geld zurück oder produzieren weniger.

2. Wenn der Staat nicht knausert, sondern noch mehr Schulden macht, dann hat das auch Auswirkungen. Der Staat muss sich noch mehr Geld leihen. Er muss bei den Banken anfragen. Von den Banken wollen gleichzeitig aber auch Unternehmen und Privatleute Kredite bekommen: weil sie Maschinen kaufen oder Häuser bauen wollen. Und wenn viele Gruppen – Regierungen und Unternehmen und Privatleute – Kredite haben wollen, dann werden Kredite teuer, weil die Banken mehr Zinsen verlangen. Teure Kredite halten aber Unternehmen ab, eine große Maschine zu kaufen oder eine Fabrik zu bauen. Und sie schrecken Privatleute ab, sich ein Haus zu bauen. Das schadet der Wirtschaft.

3. Noch ein Problem taucht auf: Was ist, wenn die Privatleute die Steuersenkung zwar zum Shoppen nutzen – aber nicht in Deutschland, sondern auf Mallorca? Die Deutschen lieben Auslandsurlaub. Oder wenn sie nur ausländische Autos kaufen?

nach: Winand von Petersdorff, Das Geld reicht nie, Frankfurt a. M. 2008, S. 119-123

M 11 Konjunkturpakete: Staatsverschuldung explodiert

Die teure Bankenrettung, hohe Kosten für Konjunkturpakete und Kurzarbeit sowie Steuerausfälle lassen die Staatsverschuldung in Deutschland explodieren. Experten befürchten, dass die Staatsverschuldung weiter ausufert und den Spielraum der neuen Regierung einengt. Schon jetzt sind die Zinszahlungen der zweitgrößte Ausgabenposten des Bundes.

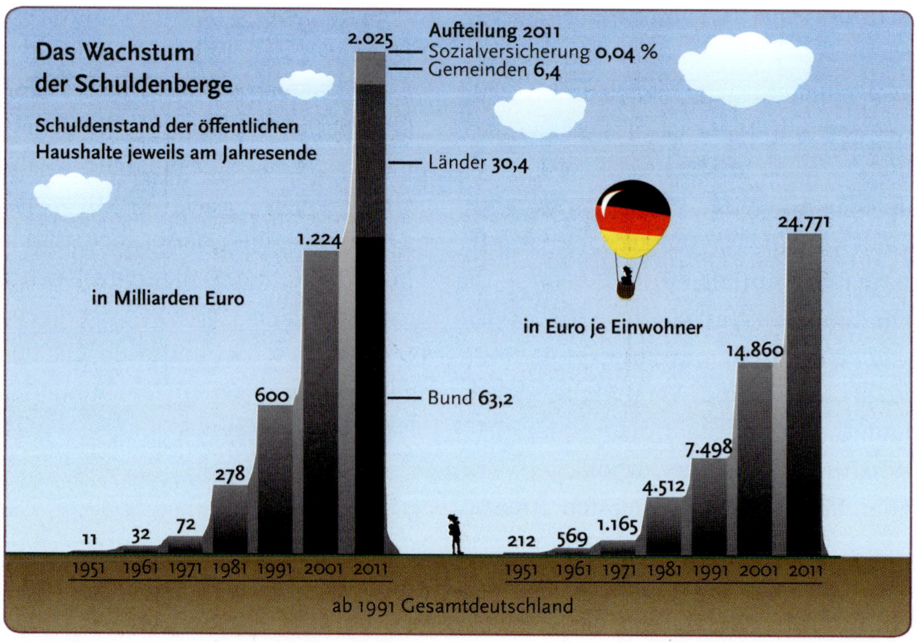

Globus-Grafik 5362 (29.11.2012); Quelle: Statistisches Bundesamt

M 12 Hat sich das teure Konjunkturpaket gelohnt?

Die Regierungsprogramme gegen die Krise waren zum Teil fragwürdig und teuer - aber erfolgreich. Im Jahr nach der tiefsten Nachkriegsrezession zeigt sich die deutsche Wirtschafts stärker denn je. [...]

Das unerwartete Comeback ist das Ergebnis eines beispiellosen wirtschaftlichen Großexperiments. Nach dem dramatischen Konjunktureinbruch im Jahr 2009 entschied sich Kanzlerin Merkel nach anfänglichem Zögern zu einer Rettungsaktion nach der Rezeptur des britischen Ökonomen John Maynard Keynes. Wenn die Wirtschaft auf Talfahrt geht, so hatte der Professor aus den Erfahrungen der Weltwirtschaftskrise geschlossen, muss die Regierung mit staatlichen Ausgabeprogrammen gegensteuern, und zwar gleichermaßen schnell wie wuchtig. [...]

Die Staatsschuld explodierte, doch dafür erhielten die Unternehmen neue Aufträge, die Verbraucher hatten mehr Geld im Portemonnaie, und die Banken vergaben wieder Kredite, weil sie nicht mehr fürchten mussten, dass ihre Geschäftspartner demnächst bankrottgehen.

So stellten die staatlichen Rettungspakete jenes Grundvertrauen in die wirtschaftliche Entwicklung wieder her, das in der Finanzkrise verloren gegangen war. „Die öffentlichen Haushalte haben mit ihren Konjunkturprogrammen den Laden in Schwung gehalten", sagt der Ökonom Peter Bofinger.

Das gilt etwa für die Abwrackprämie. [...] 2.500 Euro erhielten Neuwagenkäufer vom Staat, wenn sie ihre Altwagen der Schrottpresse übergaben. [...] Hunderttausende fahrtüchtiger Autos wurden vorzeitig aus dem Verkehr gezogen, dafür stieg der Neuwagenabsatz um stattliche 23 Prozent.

nach: Markus Dettmer, u. a. in: Der Spiegel, 19.7.2010

Aufgaben

1. In der Wirtschaftskrise 2008 / 09 reagierte der Staat mit der Verabschiedung eines Konjunkturpaketes. Stelle dar, welche Maßnahmen ergriffen wurden und bei welchem Sektor des Wirtschaftskreislaufs (M 13) sie ansetzten.
2. Erkläre die Konjunkturpakete mit der Wirtschaftstheorie der steigenden Nachfrage (M 8, M 9).
3. Führt ein Streitgespräch zu den Konjunkturpaketen (M 8 - M 12). Bereitet hierfür in zwei Gruppen vor, welche Argumente dafür sprechen (M 9) und welche Risiken bestehen (M 10, M 11).
4. Ordne folgende Maßnahmen aus dem Konjunkturpaket (M 9) in das Modell des erweiterten Wirtschaftskreislaufs (M 13) ein: Senkung der Einkommensteuer, PKW-Abwrackprämie, Investitionen in Verkehrsinfrastruktur (Straßenbau). Beurteile mithilfe des Wirtschaftskreislaufs die möglichen Auswirkungen dieser Maßnahmen.

M 13 Der erweiterte Wirtschaftskreislauf als Analyseinstrument

Im Modell des erweiterten Wirtschaftskreislaufs werden die gesamten Beziehungen zwischen den einzelnen Wirtschaftssubjekten einer Volkswirtschaft vereinfacht dargestellt. Dabei werden nur die Geldströme berücksichtigt.

Die Sektoren

Private Haushalte

Die privaten Haushalte stellen den Unternehmen Produktionsfaktoren (Arbeit, Boden, Kapital) zur Verfügung und verwenden ihr Einkommen, das sie von den Unternehmen beziehen, für den Konsum der von den Unternehmen produzierten Güter und Dienstleistungen. Von den Banken erhalten sie Sparzinsen oder nehmen Kredite auf. Vom Staat erhalten sie Transferleistungen, im Gegenzug entrichten sie Steuern und Abgaben (Beiträge zu den Sozialversicherungen).

Die Unternehmen

Von den privaten Haushalten beziehen die Unternehmen die Produktionsfaktoren, vor allem Arbeitsleistung, im Gegenzug bezahlen sie die Einkommen der Haushalte. Von den Banken erhalten sie Sparzinsen oder nehmen Kredite auf. Vom Staat empfangen sie Subventionen, aber sie bezahlen auch Steuern.

Der Staat

Der Staat erhält von den Haushalten und den Unternehmen Steuern, Gebühren und Beiträge. Von diesen Einnahmen zahlt der Staat Beträge für sehr verschiedene Zwecke: Investitionen (z. B. Straßenbau, Bau von Schulen) und andere Sachleistungen; Gehaltszahlungen an die Angestellten und Beamten des öffentlichen Dienstes; Transferzahlungen (Zahlungen ohne direkte Gegenleistung des Empfängers) an die Haushalte in Form von sozialen Leistungen (z. B. Wohngeld, Sozialhilfe); Transferzahlungen an die Unternehmen in Form von Subventionen.

Kapitalsammelstellen (Vermögensveränderung)

Banken und Versicherungen werden als Kapitalsammelstellen bezeichnet. Sie erhalten die nicht verwendeten Teile der Einkommen von Unternehmen und Haushalten (theoretisch auch vom Staat). Damit stellen sie Haushalten, Unternehmen und dem Staat Kredite zur Verfügung. Für die ausgegebenen Kredite werden Schuldzinsen eingenommen, andererseits werden den Anlegern Guthabenzinsen bezahlt.

Zur Vertiefung: das Ausland

Der Sammelbegriff Ausland steht für ausländische Staaten, Unternehmen und Haushalte, zwischen ihnen wird nicht unterschieden. Da im Kreislaufmodell nur die Geldströme dargestellt werden, verlaufen die Ausgaben für den Import (z. B. Kauf von Erdöl aus Saudi-Arabien, Honorar für einen Architekten in Italien) und die Einnahmen aus dem Export (z. B. Verkauf eines Pkw in die USA) jeweils entgegen der Richtung der Warenströme.

Der Wirtschaftskreislauf als Analyseinstrument

Das Modell des Wirtschaftskreislaufs eignet sich dazu, um die Aus-

wirkungen wirtschaftlicher Ereignisse in Form von Wirkungsketten zu analysieren. Angenommen, der Staat erhöht seine Transferzahlungen, zum Beispiel in Form von Kindergeld und Sozialhilfe. Welche gesamtwirtschaftlichen Folgen hätte dies?
Man kann davon ausgehen, dass Sozialhilfeempfänger und auch kinderreiche Familien einen Großteil ihres Einkommens für den Konsum verwenden. Also wird der Konsum der Haushalte deutlich und das Sparen nur etwas steigen. Der erhöhte Konsum führt zu höheren Einkommen der Unternehmen usw.

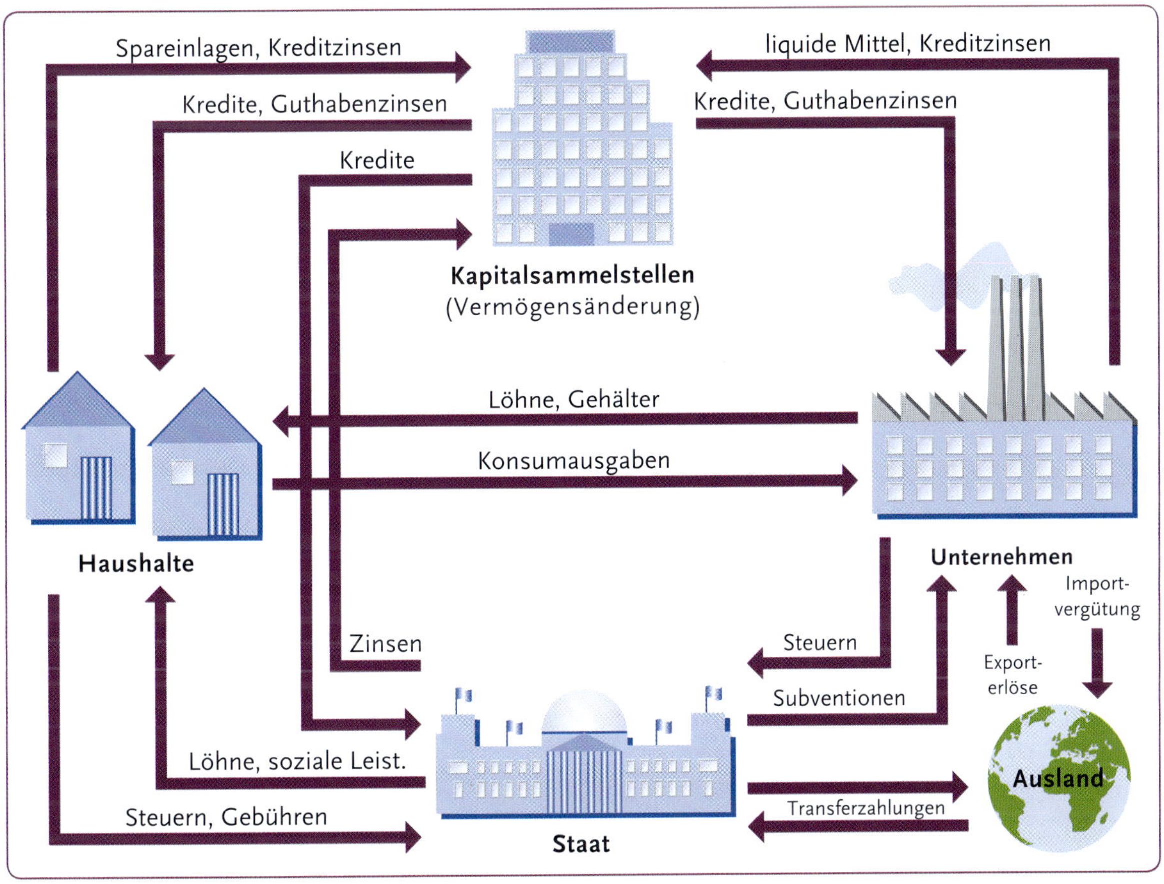

Udo Schmitz, Bernd Weidtmann, Handbuch der Volkswirtschaftslehre, Stuttgart 2000, S. 66 f.

Aufgabe

Erläutere, welche Auswirkungen auf die Sektoren folgende wirtschaftlichen Ereignisse haben könnten. Formuliere dazu mögliche Wirkungsketten (M 13):

- Der Staat erhöht die Transfereinkommen (Kindergeld, Hartz IV) für die privaten Haushalte (vgl. letzter Abschnitt M 13).
- Der Preis für Rohöl steigt stark an.
- Die Zinsen für Guthaben bei den Banken steigen.
- Der Staat erhöht die Steuern für die privaten Haushalte.
- Der Staat zahlt eine Prämie, wenn Haushalte für ihre Rente zusätzlich sparen.

5.2.4 Wie wichtig ist eine gerechte Einkommensverteilung?

M 14 Vom Viereck zum Magischen Sechseck

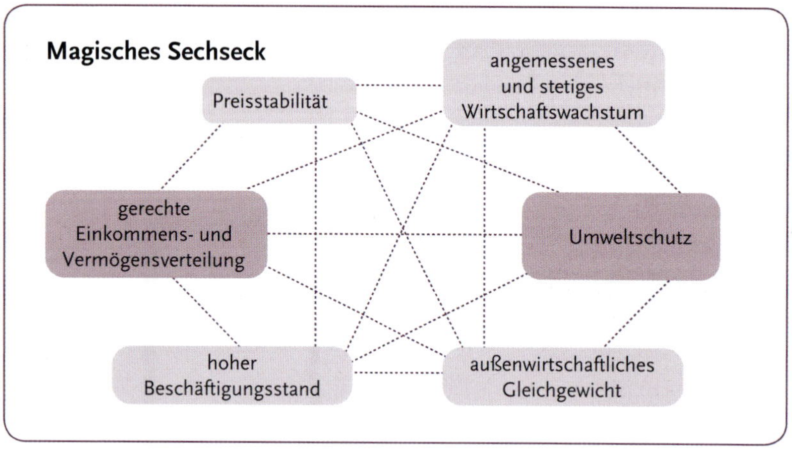

1994 wurde der Umweltschutz als allgemeines Staatsziel in das Grundgesetz aufgenommen (Art. 20 a). Eine umweltverträgliche Wirtschaftsentwicklung darf seither als weiteres Stabilitätsziel angesehen werden.
Auch eine gerechte Einkommens- und Vermögensverteilung gilt heute als wirtschaftspolitisches Ziel. Für die Mehrheit unserer Gesellschaft ist es wichtig, dass Reichtum relativ gerecht verteilt ist.

M 15 Wie sollen die Einkommen verteilt werden?

Frau Meier kommt aus einem einfachen Elternhaus. Sie hat den Hauptschulabschluss gerade so geschafft und arbeitet heute 45 Stunden in der Woche für ein Gebäudereinigungsunternehmen. Sie ist sehr fleißig und macht ihre Aufgabe gut, aber die harte Arbeit strengt sie sehr an. Sie hat zwei Kinder.

Herr Peters kommt als Einzelkind aus einem betuchten Elternhaus. Seine Eltern haben dafür gesorgt, dass er die besten Schulen besucht hat. Er hat ein Ingenieur-Studium abgeschlossen. Heute ist er leitender Manager in einem Unternehmen mit 300 Mitarbeitern. Er ist alleinstehend.

Herrn Sollings Eltern bezogen beide Hartz IV. Er war jedoch ehrgeizig, machte das Abitur nach und absolvierte neben seinem Job ein Fernstudium in Betriebswirtschaft. Wegen einer Wirtschaftskrise verlor er seine Arbeit. Bis heute hat er keine neue Anstellung gefunden. Er hat eine ebenfalls arbeitslose Frau und drei kleine Kinder.

Frau Höfer kommt aus einem Lehrerhaushalt. Sie hat ein Studium der Sprachwissenschaften abgeschlossen. Unmittelbar nach dem Studium hatte sie einen Autounfall, den sie nicht verschuldet hat. Sie leidet seitdem unter Gedächtnisstörungen und Angstzuständen und wird nie arbeiten können.

Herrn Niklas Vater arbeitete als Kohlearbeiter, seine Mutter war Hausfrau. Er selbst war in der Schule eigentlich gut, versäumte es aber, den Realschulabschluss zu machen, da er oft die Schule schwänzte. Er findet Arbeit grundsätzlich zu anstrengend und trifft sich lieber mit seinen Freunden.

M 16 Ist die Einkommens- und Vermögensverteilung gerecht?

a) Anteile an der Einkommensteuer nach Jahreseinkommen

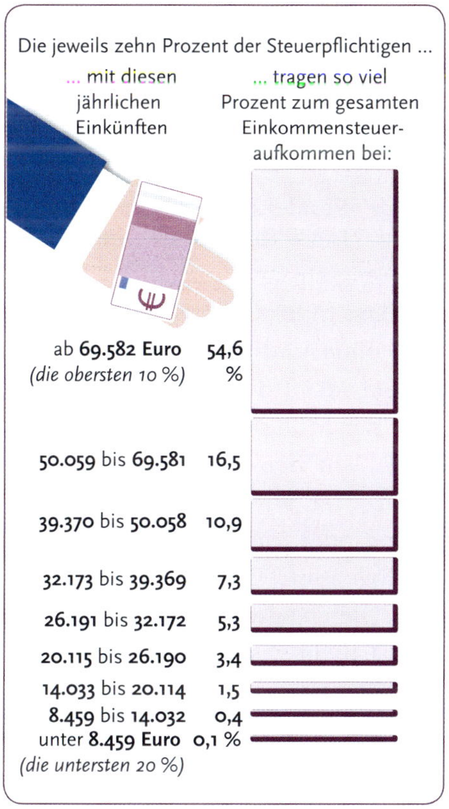

Globus-Grafik 5171; Quelle: BMF, FIT; Stand 2011

b) Die Entwicklung des Privatvermögens

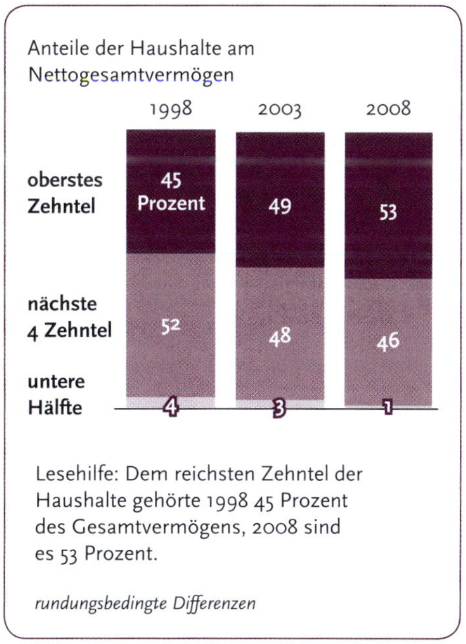

dpa-Grafik 17467; Quelle: Statistisches Bundesamt

Aufgaben

1. Bildet Gruppen. Angenommen, euch steht ein Betrag von 15.000 Euro zur Verfügung. Teilt nun den beschriebenen Personen die Monatseinkommen zu, die ihr für gerecht haltet. Begründet eure Entscheidung und vergleicht eure Ergebnisse (M 15).
2. a) Beschreibe, wie der Staat versucht, die Einkommen gerecht zu besteuern (M 14, M 16 a).
   b) Was ist deine Meinung: Ist die Verteilung des Vermögens gerecht? Begründe (M 16).
3. Überprüfe, ob du in Aufgabe 1 eher nach dem Prinzip der Bedarfsgerechtigkeit oder der Leistungsgerechtigkeit vorgegangen bist (Kap. 4.2.3).

Kannst du noch den Unterschied zwischen Bedarfs- und Leistungsgerechtigkeit erklären? Wiederhole aus Kapitel 4.2.3.

5.2.5 Schadet der Markt der Umwelt?

M 17 Selbstbedienung an der Umwelt und ihre Folgen

Fischerboote inmitten von Wasserhyazinthen am Victoriasee.

kollabieren = zusammenbrechen, aus dem Gleichgewicht geraten

Der Anflug auf den ugandischen Flughafen Entebbe ist malerisch. Im glitzernden Victoriasee spiegeln sich Sonne und Wolken. Doch dann, kurz vor Entebbe, scheint der See zu Ende – Wasserhyazinthen bilden einen dicken Teppich, so weit das Auge reicht. Und aus der Nähe betrachtet wirkt das Wasser dreckig und verliert den vorher so schimmernden Glanz.

Der zweitgrößte Frischwassersee der Welt, doppelt so groß wie Nordrhein-Westfalen, ist zur Kloake verkommen. Wissenschaftler finden in ihm eine Zyanid-Vergiftung, die eine Gefahr für Menschen und Tiere darstellt. Kaum vorstellbar, dass die nahe Entebbe gelegene ugandische Hauptstadt Kampala noch vor 40 Jahren ihr Trinkwasser aus dem Victoriasee bezog. Eine vorherige Reinigung oder Abkochen war nicht nötig.

Was ist geschehen, dass der See, aus dem der Nil entspringt, in so relativ kurzer Zeit kollabierte? [...] Der ganze Dreck der Städte am Rande des Sees strömte ungefiltert in den See. Die Industriebetriebe von Kampala, Jinja und Masaka kennen keine Schadstoffbeseitigung. Und oft wird der Müll der Städte im See entsorgt. Von den Feldern der fruchtbaren Ufer wird der Dünger – natürlich oder künstlich – ins Wasser geschwemmt. Das einstige ökologische Gleichgewicht des Victoriasees [...] ist nicht gestört, sondern bereits zerstört.

nach: Frank Räther, in: Kölner Stadtanzeiger, 1.6.2005

M 18 Wenn der Markt nicht funktioniert ...

Ein Leuchtturm – Beispiel für ein öffentliches Gut?

Normalerweise funktioniert ein Markt folgendermaßen: Jemand stellt ein Gut her und übergibt es dir zu einem bestimmten Preis, wenn du es erwerben möchtest. Der Preis bildet sich durch Angebot und Nachfrage. Wenn du den Marktpreis bezahlst, erhältst du das Gut. Auch kann niemand anders mehr dieses Gut konsumieren, wenn du es erworben hast. Bezahlst du den Preis nicht, wirst du vom Konsum ausgeschlossen.

Es gibt aber einzelne Güter, die kannst du konsumieren, ohne im direkten Austausch dafür etwas zu bezahlen. Das gilt z. B. für die Luft, die schöne Natur, einen Deich zum Schutz vor Hochwasser, Sicherheit oder die Straßenbeleuchtung. Du musst nichts dafür bezahlen, da man dich nicht – oder nur mit großem Aufwand – von der Nutzung des Gutes ausschließen kann. Man kann die Straßenbeleuchtung nicht nur für diejenigen Personen brennen lassen, die etwas dafür bezahlen. Der Weg ist auch für diejenigen erleuchtet, die nicht dafür bezahlt haben. Außerdem beeinträchtigt der Konsum des Lichts nicht den Konsum durch einen anderen, da das Gut

„Straßenbeleuchtung" nicht teilbar ist. Für diese Art von Gütern tauchen nun zwei spezifische Probleme auf: Wenn niemand bereit ist, für ein Gut einen Preis zu bezahlen, so wird es auch von niemandem angeboten. Das bedeutet, es gäbe keine Straßenbeleuchtung und auch keinen Deich zum Schutz vor Hochwasser. Viele Güter, die für die Gesellschaft bedeutsam sind, muss deshalb der Staat bereitstellen und den Preis dafür durch Steuern einziehen. Man nennt diese Güter auch öffentliche Güter.

Die Menschen neigen bei dieser Art von Gütern dazu, sie übermäßig zu konsumieren, zu verschmutzen oder zu verbrauchen. Auch hier liegt das Problem darin, dass wir niemanden von der Nutzung ausschließen können – zumindest nicht ohne großen Aufwand.

M 19 Der letzte Schrei

Aufgaben

1. a) Beschreibe, wie am Victoriasee das ökologische Gleichgewicht kollabiert ist (M 17).
   b) Erläutere mithilfe des Marktmechanismus das Problem des öffentlichen Gutes „Victoriasee" (M 17, M 18). Verwende dabei folgende Begriffe: Preis – öffentliches Gut – vom Konsum ausschließen – Verbrauch.
2. Im Park deiner Stadt hat sich eine kleine Kolonie einer seltenen Kaninchenart angesiedelt und munter vermehrt. Zeitgleich präsentieren Topmodels auf dem Pariser Modesalon Schuhe aus dem Fell dieser Kaninchenart. Für das Fell können nun Höchstpreise erzielt werden. Beschreibe, was voraussichtlich mit den Kaninchen geschehen wird, und gib dafür eine Erklärung (M 18, M 19).
3. Definiere öffentliche Güter und gib weitere Beispiele dafür (M 18).
4. Denke darüber nach, welche Waren und Dienstleistungen in deiner Gemeinde bereitgestellt werden. Beurteile anhand der Frage der Ausschließbarkeit, ob es sich um öffentliche Güter handelt (M 18, M 19): Polizeischutz, Stadtbibliothek, Schneeräumdienst, Hallenbad, Schulbildung, Gemeindestraßen und städtische Straßen, Landstraßen und Bundesstraßen.

Was wir wissen

Markt und Staat im Spannungsfeld

Die Marktwirtschaft mit ihrem freiheitlichen Menschenbild fordert und fördert Leistung, schafft Anreize für Innovationen und ermöglicht so eine gute Versorgung der Bürger mit Gütern. Der Marktmechanismus schafft es aber nicht, alle Aufgaben befriedigend zu erfüllen.

Aufrechterhaltung des Wettbewerbs
M 2, M 3

Der Markt versagt, wenn es darum geht, seine eigenen Voraussetzungen, nämlich Wettbewerb und Konkurrenz, zu schützen. Staatliche Wettbewerbspolitik (z. B. Kartellverbote) sichert den Wettbewerb und damit die Leistungsfähigkeit des Marktmechanismus.

Wirtschaftspolitische Ziele
M 9

Weltweit tendieren Marktwirtschaften zu Wachstumsschwankungen, die sich im Extremfall zu wirtschaftlichen Krisen mit hoher Arbeitslosigkeit und / oder Inflation entwickeln können.
Um die Marktwirtschaft wieder ins Gleichgewicht zu bringen bzw. eine gleichmäßige Wirtschaftsentwicklung zu garantieren, greift der Staat in das Wirtschaftsgeschehen ein. Die Ziele staatlicher Wirtschaftspolitik wurden 1967 in einem Gesetz festgeschrieben: Stabilität der Preise, geringe Arbeitslosigkeit, außenwirtschaftliches Gleichgewicht und Wirtschaftswachstum. Auch der Umweltschutz und eine gerechte Einkommens- und Vermögensverteilung zählen zu den wirtschaftspolitischen Zielen.

Einkommenspolitik
M 14

Der Markt weist Einkommen nach Leistung, nicht nach Bedürftigkeit zu. Menschen, die nicht in der Lage sind, eigenes Einkommen zu erzielen, wären auf Almosen oder familiäre Unterstützung angewiesen. Der Staat übernimmt deshalb durch Sozialpolitik (Sozialleistungen) und Einkommenspolitik (Steuerpolitik) die im Grundgesetz garantierte Aufgabe, für ein Existenzminimum zu sorgen. Wie eine gerechte Einkommens- und Vermögensverteilung aussieht und in welchem Umfang der Staat über seine Steuerpolitik dafür Einkommen und Vermögen umverteilen soll, ist politisch allerdings umstritten.

Umweltschutz und öffentliche Güter
M 18

Der Marktmechanismus stößt auch an seine Grenzen, wenn es sich um den Schutz wichtiger Güter handelt, für die es keine Preise gibt, sogenannte öffentliche Güter. Öffentliche Güter zeichnen sich durch zwei Merkmale aus: Von einem öffentlichen Gut kann niemand ausgeschlossen werden und bei öffentlichen Gütern konkurrieren die Verbraucher nicht um den Konsum. Folge davon ist, dass diese Güter gar nicht oder nicht in ausreichender Menge hergestellt werden bzw. übermäßig genutzt und verbraucht werden.

Leistungen und Grenzen freier Märkte erkennen

Neueröffnung – grenzenlos Einkaufen!
Der heute neu eröffnete Supermarkt bietet ein reichhaltiges Warenangebot – rund 10.000 verschiedene Artikel – von regionalen Spezialitäten aus Deutschland bis zu internationalen Markenprodukten. In der Feinkost-Frische-Abteilung sind neben deutschen und italienischen Wurst- und Käsespezialitäten auch eine große Auswahl an ofenfrischem Brot und Gebäck erhältlich. Auch Spezialitäten wie verschiedenste exotische Früchte, frische Gewürze & Kräuter, Speisepilze, asiatische Lebensmittel, Trockenfrüchte und edle Schokoladen & Bonbonniere sind in diesem Lebensmittelgeschäft verfügbar.

Protest gegen Flughafen
Seitdem die Deutsche Flugsicherung im September neue Abflugrouten für den neuen Berliner Großflughafen bekannt gegeben hatte, formiert sich der Protest. „Dabei sollen die Flugzeuge nicht mehr wie bisher in 3.000 Meter Entfernung, sondern plötzlich in niedriger Flughöhe und in nur 500 Meter Entfernung südlich von Lichtenrade geführt werden", sagt Simon Lietzmann, Mitglied der Bürgerinitiative Lichtenade/Mahlow-Nord. Seitdem die geänderten Flugrouten vor sechs Wochen bekannt wurden, haben sich rund 30 Bürgerinitiativen gegründet: Sie fürchten Lärmbelästigung und den Wertverlust ihrer Häuser.

Penibel organisiert
Unter Beteiligung des Branchenverbandes ZAV wurden bei den Brillenglasherstellern seit Mitte 2000 in zwei Gesprächszirkeln weitreichende Entscheidungen für die ganze Branche getroffen. In einem ersten Gesprächskreis stimmten die fünf dominierenden Unternehmen ihre Preiszuschläge ab und verständigten sich über geplante Rabatte, die Augenoptiker von ihnen erhalten sollten.

Frank Seidlitz, in: Die Welt, 14.6.2010

Wirtschaftsbericht aus dem Frühjahr 2011
Wirtschaftsbeobachter gehen von einem kräftigen Wachstum des BIP im Jahr 2010 aus. Ein Wunder ist das nicht. Die Entwicklung ist erklärbar. Etwa damit, dass die deutsche Wirtschaft im Vorjahr besonders tief eingebrochen war (minus 4,7 Prozent) und nun aufholt. Auch die Arbeitslosenzahlen sanken im Jahresverlauf deutlich, zuletzt unter die magische Grenze von drei Millionen. Dies macht Hoffnung auf eine längere Wachstumsphase, da nun neben den Exporten endlich auch der Konsum im Inland anzieht. Sorgen bereiten jedoch die schnell steigenden Preise für Öl und andere Rohstoffe.

Aufgabe

Arbeitet in Gruppen. Ihr seid konfrontiert mit folgenden Berichten über die Leistungen und Grenzen freier Märkte. Beschreibt genau, um welche Leistungen bzw. Defizite es sich jeweils handelt, und gebt eine Begründung dafür. Entwickelt gegebenenfalls eine Lösung für das genannte Problem.

EU-Führerschein

Ab 2013 soll ein einheitlicher EU-Führerschein mit integrierter Chipkarte eingeführt werden. Bis 2033 haben dann Fahrer aller Klassen Zeit, ihren alten Führerschein zu ersetzen. Eine erneute Fahrprüfung ist voraussichtlich nicht erforderlich. Ziel dieser Maßnahme ist die Angleichung der Führerscheine innerhalb der EU, wodurch auch eine direkte Speicherung von Verkehrsdelikten auf der Chipkarte möglich wird.

Feinstaub

Seit 2005 gilt die EU-Richtlinie zur Verringerung des Schadstoffausstoßes in Ballungsräumen. Zu diesem Zweck wurden von der EU Grenzwerte festgelegt. Seit dem Sommer 2008 bekommen wir diese Richtlinie durch die zunehmende Schaffung von städtischen Umweltzonen (momentan 33 in Deutschland) zu spüren. Diese dürfen nämlich nur mit entsprechender Plakette befahren werden.

EU-Biosiegel

Auch was öko ist, bestimmt die EU. Seit 1.7.2010 gibt es das EU-Bio-Logo. Lebensmittel, die damit gekennzeichnet sind, dürfen nicht gentechnisch verändert oder mit chemischen Pflanzenschutzmitteln behandelt worden sein. Tiere müssen artgerecht gehalten und mit ökologisch produziertem Futter gefüttert worden sein.

Lärm am Arbeitsplatz

Seit 2003 wird durch eine EU-Verordnung die maximale Lärmbelastung am Arbeitsplatz geregelt. Die darin enthaltenen Mindestvorschriften zum Schutz von Arbeitnehmern sind in Deutschland mittlerweile sogar im Bundesgesetz verankert. Das Ziel der EU ist, durch diese Verordnung den Arbeitnehmer vor übermäßig hohem Lärm bzw. Vibrationen zu schützen.

6

Die Europäische Union – ein Erfolgsmodell?

Europäische Politik bestimmt unser Leben mehr, als wir denken. Im europäischen „Haus“ befinden sich im Jahr 2012 27 Staaten und weitere wollen Mitglied der Europäischen Union werden. Die Union muss mit der Verschuldung ihre schwerste Krise bewältigen, zur gleichen Zeit wird sie mit dem Friedensnobelpreis ausgezeichnet. Was hat die Union erreicht und was sind ihre Herausforderungen?

Kompetenzen

Am Ende dieses Kapitels solltest du Folgendes können:

- Beispiele für Einflussnahmen der EU auf das Leben in den Mitgliedstaaten nennen
- Meilensteine in der Entwicklung der EU und Ziele der europäischen Integration kennen
- wichtige politische Organe der EU und den Entscheidungsprozess beschreiben
- Errungenschaften und Gefährdungen der europäischen Integration beurteilen

Was weißt du schon?

- Betrachte die Karte und erstelle eine Liste von Staaten der Europäischen Union.
- Europa bedeutet für mich … – Finde mithilfe der Beispiele möglichst viele Satzergänzungen, die zeigen, welche Bedeutung für dich die Europäische Union hat.

6.1 Europa im Alltag

6.1.1 Wo begegnet mir die EU im Alltag?

Link
Die EU führt in allen Mitgliedsländern regelmäßig Meinungsumfragen zu zentralen Europathemen durch. Ihr könnt die Meinung der Klasse anschließend mit der Haltung in der Gesamtbevölkerung vergleichen. *http://ec.europa.eu/public_opinion/index_en.htm*

M 1 Europa prägt unseren Alltag

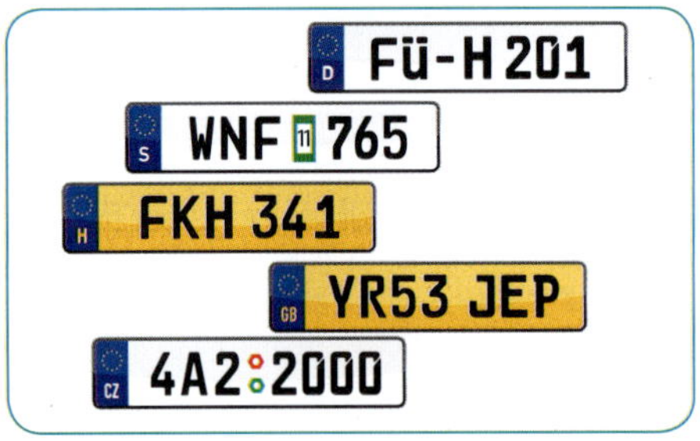

M 2 Was hat die EU mit unserem Leben zu tun? Beispiele

Unser Leben	Was hat die EU damit zu tun?	Das halte ich für ...
Deutschland ist „Exportmeister“, d. h. es exportiert mehr als jedes andere europäische Land. Weltweit ist Deutschland die Nummer zwei. Dadurch werden bei uns viele Arbeitsplätze gesichert.	63 Prozent der deutschen Exporte gehen in die anderen EU-Staaten, ohne durch Zollschranken behindert zu werden: ein Ergebnis des gemeinsamen Binnenmarktes.	■ sehr wichtig ■ wichtig ■ unwichtig
Telefonieren ist in den letzten Jahren deutlich billiger geworden.	Die EU hat den Telekommunikationsmarkt liberalisiert, d. h. die nationalen Monopole wurden aufgebrochen und Konkurrenz zugelassen. Wo die Konkurrenz nicht ausreichend funktioniert, greift die EU direkt ein. So sind Auslandstelefonate mit dem Handy auf Betreiben des Europäischen Parlaments und der EU-Kommission billiger geworden.	■ sehr wichtig ■ wichtig ■ unwichtig
Fliegen ist in den letzten Jahren sehr viel preisgünstiger geworden, sodass sich jetzt auch Jugendliche und Familien mit Kindern Flüge eher leisten können.	Die EU hat auch hier die nationalen Monopole abgeschafft und Konkurrenz zugelassen. Jetzt kann man auch von Deutschland aus mit einer britischen Airline nach Spanien fliegen. Außerdem wurden die Rechte der Passagiere gestärkt. Wer wegen Überbuchung stehen bleibt oder wegen großer Verspätung seinen Termin verpasst, wird entschädigt.	■ sehr wichtig ■ wichtig ■ unwichtig
Deutsche können in vielen Staaten Europas genauso arbeiten wie zu Hause. Jeder(r) kann sich überlegen, **wo es ihm oder ihr am besten gefällt oder wo er / sie Arbeit findet.**	Die EU hat innerhalb ihres Binnenmarktes die Freizügigkeit geschaffen. Arbeiten in Brüssel oder Rom, in London oder Warschau ist für einen Berliner genauso möglich wie eine Tätigkeit in München oder Köln.	■ sehr wichtig ■ wichtig ■ unwichtig

Sogenannte **Haustürgeschäfte**, bei denen einem eine Enzyklopädie oder ein Staubsauger aufgeschwatzt werden, können widerrufen werden, sodass dem Überrumpelten kein Schaden entsteht. Das gilt auch, wenn man auf der Straße ein Zeitschriftenabonnement oder einen anderen Vertrag unterschreibt.	Die EU hat diesen Geschäften durch eine Richtlinie europaweit einen Riegel vorgeschoben. Jetzt kann jeder nach einem solchen Geschäft noch einmal überlegen – auch wenn er unterschrieben hat.	■ sehr wichtig ■ wichtig ■ unwichtig
Die **Gewährleistungszeit** für Konsumgüter wie z. B. elektronische Geräte beträgt jetzt zwei Jahre. Also: Wenn das Handy nach einem Jahr kaputtgeht, wird es kostenlos repariert oder ausgetauscht.	Durch EU-Regelungen wurden einheitliche Fristen geschaffen. In Deutschland betrug die Garantiezeit vorher in der Regel nur ein halbes Jahr. Außerdem: Die Garantie gilt europaweit. Es ist also egal, ob der Kunde den Gegenstand in Deutschland, in Frankreich oder in Litauen gekauft hat.	■ sehr wichtig ■ wichtig ■ unwichtig
Umweltverschmutzung kennt keine Grenzen. Atmen müssen wir alle. Daher ist die Reinheit der Luft von besonderer Bedeutung. In den letzten Jahren ist unsere Atemluft besser geworden.	Die EU hat europaweit verbindliche Standards für die Qualität der Atemluft eingeführt, die die Mitgliedstaaten durch konkrete Maßnahmen umsetzen müssen.	■ sehr wichtig ■ wichtig ■ unwichtig
Wasser ist zum Waschen da. Aber nicht nur: Vor allem trinken wir es auch. Da ist die **Qualität** entscheidend. Wer in der EU lebt, kann den Wasserhahn bedenkenlos aufdrehen und sein Glas darunterhalten.	Seit zehn Jahren gibt es EU-Standards für Trinkwasser, an die sich alle Mitgliedstaaten halten müssen.	■ sehr wichtig ■ wichtig ■ unwichtig

Eckart D. Stratenschulte, in: Europa. Das Wissensmagazin für Jugendliche, herausgegeben von Aktion Europa, S. 6 f.

M 3 Ausbildung im EU-Ausland?

In der EU können sich alle, Arbeitskräfte, Touristen, Rentner ..., frei bewegen und niederlassen - genauso auch Auszubildende. Es gibt ein spezielles EU-Programm namens Leonardo da Vinci (im Rahmen des EU-Bildungsprogramms Lebenslanges Lernen), das die Ausbildung über europäische Grenzen hinweg mit Geld und organisatorischer Unterstützung fördert. Über 8.000 junge Leute aus Deutschland machen davon jedes Jahr Gebrauch und absolvieren einen Teil ihrer Lehre in einem anderen Land.

Das Programm arbeitet mit Unternehmen und Institutionen zusammen. So entstehen Projekte, für die sich junge Leute (Auszubildende, junge Arbeitnehmer, aber auch junge Arbeitslose) bewerben können. Das kostet vielleicht am Anfang etwas Überwindung, sich auf ein solches Projekt in einem anderen Land einzulassen. Aber die Erfahrungen, die die Jugendlichen machen, sind sehr positiv. Auch bei Studenten wird die Mobilität gefördert. Hierfür gibt es das Erasmus-Programm. Es bietet Studierenden die finanzielle und organisatorische Unterstützung eines Auslandsaufenthaltes an einer europäischen Partnerhochschule. Durch ein europäisches Punktesystem ist sichergestellt, dass die Leistungen im Ausland auch auf das Studium zu Hause angerechnet werden. Auslandssemester sind also auch in dieser Hinsicht nicht „verloren".

Eckart D. Stratenschulte, in: Europa. Das Wissensmagazin für Jugendliche, herausgegeben von Aktion Europa, S. 8

Argumente für einen Ausbildungsabschnitt im Ausland:	Argumente gegen einen Ausbildungsabschnitt im Ausland:
1.	1.
2.	2.
3.	3.

M 4 Ein Austauschjahr im Nachbarland

Jonas (rechts) mit seinem Gastbruder Jeroen

Der 16-jährige Jonas berichtet in einem Interview über seine Erfahrungen als Austauschschüler in den Niederlanden.

Als Austauschschüler bist du für einen längeren Zeitraum von Deutschland in die Niederlande umgezogen. Welche Vorteile hatte es dabei für dich, dass du innerhalb der Europäischen Union umgezogen bist?

Es war sehr praktisch, dass ich in der EU geblieben bin, so musste ich mir vorher kein Visum ausstellen lassen, denn ein einfacher Reisepass oder sogar ein Personalausweis reichen aus. So war die Anmeldung in der Gemeinde kein Problem. Außerdem gibt es innerhalb der EU weniger Probleme mit dem Bezahlen, da die meisten Länder den Euro haben, so auch die Niederlande. […]

Vor Ort hast du viele Kontakte in der Gastfamilie, der Schule und dem Sportverein. Fühlst du dich dabei als Deutscher, Niederländer „auf Zeit" oder als Europäer?

Eigentlich fühle ich mich ein bisschen als alles. Für mich selbst bin ich ein Niederländer auf Zeit, da ich hier lebe, fast nur Niederländisch spreche und mich echt gut in die niederländische Kultur eingelebt habe. In den Momenten, in denen ich durch Facebook oder Skype Kontakt nach Deutschland habe, fühle ich mich auch deutsch. […]

Als ich einen Tag mit meinem Gastbruder und seinen Cousins und Cousinen in Belgien war, habe ich mich sehr europäisch gefühlt.

Was heißt es für dich konkret, wenn du dich „europäisch" fühlst? Was macht für dich „Europa" aus?

Europäisch sein heißt für mich, dass ich fühle, dass ich überall in Europa willkommen bin und dass man auch sieht, wie Europa zusammenwächst. Das macht Europa für mich auch aus: offene Grenzen, ein bisschen Gastfreundschaft und einfach der Zusammenhalt, der zwischen vielen Ländern herrscht, aber auch noch vergrößert und ausgeweitet werden kann. Europäisch leben heißt, dass man sich nicht nur in seinem eigenen Land zu Hause fühlt, sondern überall in Europa, und dass es nicht nur um das Wohl des eigenen Landes geht, sondern um das Wohl in ganz Europa.

Das Interview führte Jan Weber, in: Die Europäische Union, Bamberg 2012, S. 9

M 5 Stimmen zu Europa

Nur wenn die Europäer mit einer Stimme sprechen, haben wir in der Welt etwas zu sagen.

Ich fühle mich in erster Linie als Deutscher und erst in zweiter Linie als Europäer.

Ein Europa mit 30 oder mehr Staaten ist nicht mehr handlungsfähig.

Der Euro bringt die europäische Integration voran, das finde ich gut.

Die Europäische Union sollte sich längerfristig zu einem gemeinsamen Bundesstaat weiterentwickeln.

Ich will nicht, dass in Brüssel über unsere Köpfe hinweg regiert wird.

Bruno Zandonella, in: Europa der 27 (Reihe: Themenblätter im Unterricht, Nr. 65), Bonn 2007 (bpb), S. 4

Aufgaben

1. Was bedeutet Europa für dich im Alltag?
   Ergänze den Satz „Europa ist für mich …“
2. a) Welche europäischen Errungenschaften sind dir persönlich wichtig (M 2)?
   b) Tauscht euch in der Klasse aus und begründet eure eigene Einschätzung.
3. Kannst du dir vorstellen, selbst einen Ausbildungsabschnitt im Ausland zu verbringen (M 3)?
   a) Fertige eine Liste mit Argumenten an.
   b) Vergleicht eure Ergebnisse in der Klasse und diskutiert über die Möglichkeiten.
4. Arbeite heraus, was für Jonas ein „gemeinsames Europa“ ausmacht (M 4).
5. Erstellt in eurer Klasse ein Meinungsbild zu den Aussagen in M 5 (zum Beispiel mit dem Ampelspiel).
6. a) Welche Themen und Fragen zu Europa werden aus den Aussagen deutlich (M 5)?
   b) Tragt zusammen, was ihr bereits über die Themen wisst.

6.1.3 Wer entscheidet in der EU?

M 7 Billig telefonieren im Ausland? Der Weg einer EU-Verordnung

Das Problem: Hohe Roamingkosten im Ausland

Einst ein teurer Urlaubsspaß – telefonieren mit dem Handy

Die Entwicklung und anschließende Verbreitung des Handys in der Bevölkerung versprach jedem unbegrenzte Mobilität beim Telefonieren. Sobald man sich (bis zum Jahr 2006) jedoch mit seinem Handy außer Landes bewegte, wurde es teuer. Der Grund hierfür lag in den sogenannten Roaminggebühren. Mit Roaming wird die Nutzung eines fremden Mobilfunknetzes bezeichnet.

Roamingkosten im Juli 2005

Gespräch von	nach	Kosten pro Minute
Österreich	Frankreich	1,- €
Italien	Lettland	0,51 €
Malta	Polen	5,00 €
Österreich	Deutschland	1,70 €
Deutschland	England	1,24 €

www.tariftip.de (Stand: Juli 2005)

Kommission legt Verordnungsvorschlag zum Auslandsroaming vor

Bereits 2007 erließ die EU eine erste Verordnung zur Senkung der Roaminggebühren. Im **September 2008** hat die EU-Kommission einen Bericht über die Durchführung der Roamingverordnung von 2007 sowie einen Vorschlag zur Änderung dieser Verordnung von 2007 im Ministerrat und im Parlament eingebracht. Dies ist nötig gewesen, da die Verordnung von 2007 vorgesehen hat, die Regelungen im Juni 2010 wieder außer Kraft zu setzen. Im Bericht stellt die Kommission fest, dass zu befürchten sei, dass mit Ablauf der Roamingverordnung Nr. 717/2007 die Preise wieder steigen werden. Die Kommission schlägt deshalb u. a. vor, die Roamingverordnung um weitere drei Jahre bis ins Jahr 2013 zu verlängern, wobei auch weiterhin die Obergrenzen für die Entgelte für das Auslandsroaming jedes Jahr weiter linear (um jeweils drei Cent) abgesenkt werden sollen. Darüber hinaus sieht die Kommission aber auch Handlungsbedarf im Bereich der Textnachrichten („Short Message Service", SMS), die bisher von der Verordnung nicht erfasst waren. Die Kommission schlägt daher vor, die Roamingverordnung Nr. 717/2007 auf SMS auszudehnen und zum 1. Juli 2009 Preisobergrenzen für das SMS-Roaming einzuführen. Die Vorschläge hat die Kommission bereits in einen ausformulierten **Verordnungsentwurf** gegossen.

Europäisches Parlament verabschiedet Roamingverordnung

Die Deckelung von Preisen für Mobilfunk-Textnachrichten (SMS) und Daten-Downloads im EU-Ausland (Roaming) ist unter Dach und Fach. Das Europäische Parlament hatte den entsprechenden Kommissionsvorschlägen nach einer politischen Einigung zwischen Parlament und Rat in seiner Plenartagung im **April 2009** mit überwältigender Mehrheit (646 Ja-Stimmen, 22 Nein-Stimmen und 9 Enthaltungen) zugestimmt.

Der Einfluss der Mitgliedstaaten – der Rat der Europäischen Union (Ministerrat)

Die Minister der 27 EU-Mitgliedstaaten verabschiedeten im **Juni 2009** einstimmig die neuen EU-Roamingvorschriften. Die neuen EU-Roamingvorschriften werden für die Verbraucher zu weiteren Preissenkungen um bis zu 60 % führen – und zwar ab 1. Juli 2009. Dadurch werden die Verbraucher für den SMS-Versand im EU-Ausland garantiert nicht mehr als 0,11 € (ohne MwSt.) bezahlen müssen. Nach den neuen Vorschriften müssen die Mobilfunkbetreiber Roaminganrufe nach den ersten 30 Sekunden nun sekundengenau abrechnen, anstatt pro Minute, was die Mobilfunkrechnungen um bis zu 24 % senken dürfte. Mit der Annahme im Rat ist der letzte Schritt des Gesetzgebungsverfahrens abgeschlossen, sodass der Präsident des Europäischen Parlaments und der Vorsitzende des Rates die Verordnung am 18.6.2009 förmlich unterzeichnen konnten. Einige Tage später wurde sie dann im Amtsblatt der EU veröffentlicht. Da die neuen Bestimmungen in einer EU-Verordnung enthalten sind, galten sie ab 1. Juli 2009 unmittelbar in allen 27 EU-Mitgliedstaaten.

Der EuGH – letzte Instanz in der EU: Roamingverordnung rechtskräftig

Nach dem positiven Urteil im **Juni 2010** des Europäischen Gerichtshofs zur Roamingverordnung bekräftigt die EU ihr Vorhaben, Roaminggebühren abzuschaffen. Als Reaktion auf das Urteil des Europäischen Gerichtshofs, dass die EU-Roamingverordnung gültig und angemessen sei, hat die Kommission angekündigt, Roaminggebühren im EU-Raum bis 2015 auf Null drücken zu wollen. Die Handybetreiber T-Mobile, Vodafone, O_2 und Orange hatten in Großbritannien Klage gegen die Verordnung eingelegt. Als Begründung nannten sie den ungerechtfertigten Eingriff in den freien Markt. Der EuGH sah einen solchen nicht gegeben und merkte an, dass die Anbieter vor der Verordnung zum Teil das Fünffache der tatsächlichen Kosten für Roaming verlangt hatten.

Wann wird die EU tätig?
Die EU soll sich nur um Dinge kümmern, die sie besser regeln kann als die Mitgliedsländer. In Artikel 5 des EG-Vertrages heißt es: „In den Bereichen, die nicht in ihre ausschließliche Zuständigkeit fallen, wird die Gemeinschaft nach dem **Subsidiaritätsprinzip** nur tätig, sofern und soweit die Ziele der in Betracht gezogenen Maßnahmen auf der Ebene der Mitgliedstaaten nicht ausreichend erreicht werden können und daher wegen ihres Umfangs oder ihrer Wirkungen besser auf Gemeinschaftsebene erreicht werden können.“

M 8 So funktioniert die Europäische Union

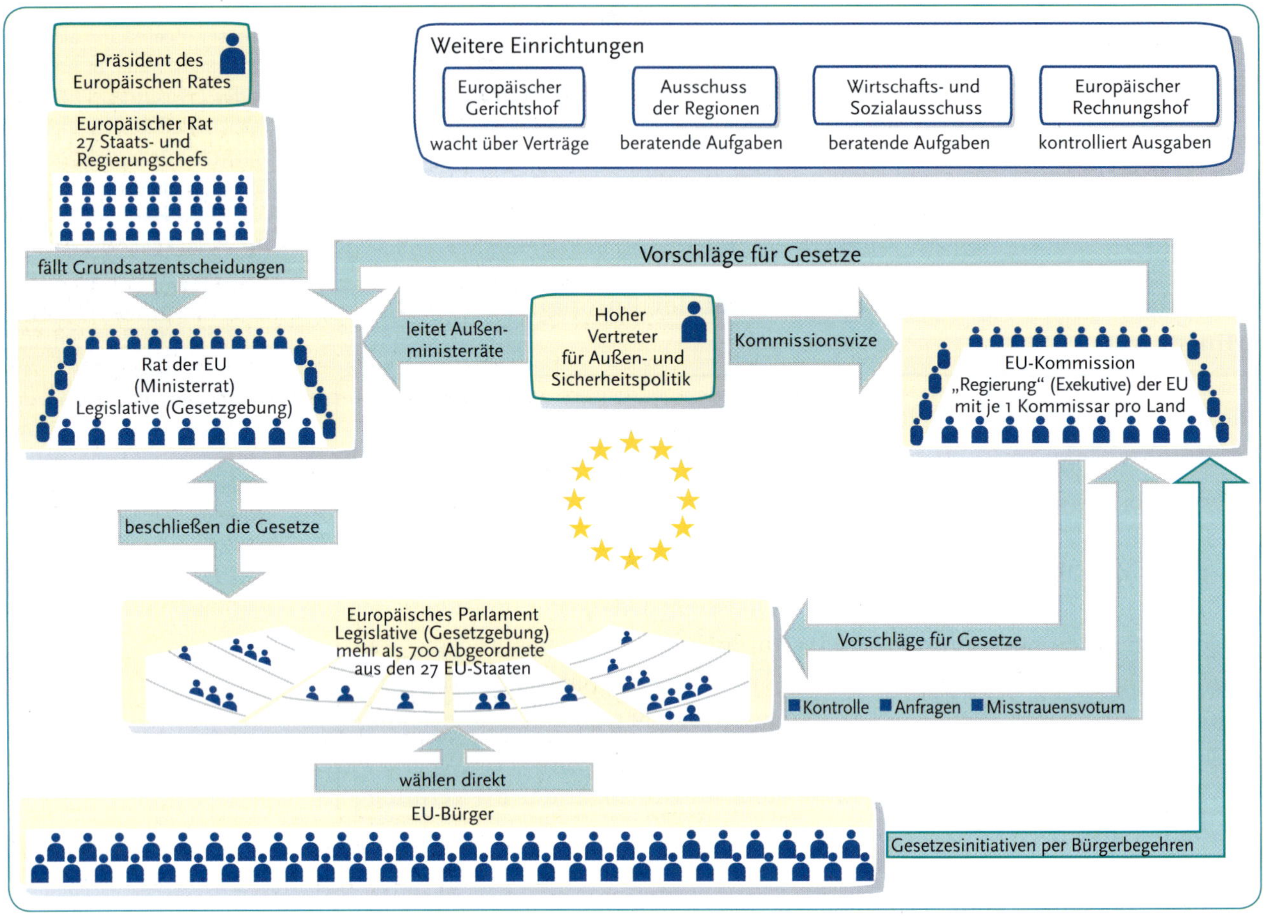

dpa-Grafik in: poliTICKER (Nr. 1/2010), S. 3

M 9 Wer macht was in Europa?

Der **Europäische Rat** bildet sich aus den EU-Staats- und Regierungschefs. Er legt auf den vierteljährlichen Gipfeltreffen die Richtung der EU-Politik fest. Der Ratspräsident der EU wird für 2,5 Jahre gewählt und hat den Vorsitz beim Europäischen Rat. Er soll dafür sorgen, dass die EU-Politik vorankommt.

Der **Hohe Vertreter** vertritt die EU nach außen, er leitet die Sitzungen der EU-Außenminister und ist Vizepräsident der Kommission.

Die **Kommission** ist eine sehr mächtige Institution der EU mit Sitz in Brüssel: Bei vielen Themen darf nur sie Gesetze vorschlagen. Auch sorgt sie dafür, dass der Haushalt und die Regeln der EU umgesetzt werden. Verstoßen Länder gegen Regeln der EU, kann die Kommission bzw. ihr mächtiger Präsident diese verklagen. Jedes Mitgliedsland schickt je einen Vertreter in die Kommission, die Zahl soll mittelfristig reduziert werden.

Im **Rat der EU** – früher „**Ministerrat**" genannt – treffen sich die jeweiligen Fachminister der Staaten. Dieses EU-Organ verabschiedet zusammen mit dem Parlament die Gesetze. Alle 6 Monate übernimmt ein anderes Land den Vorsitz.

Das **Parlament** in Straßburg hat erheblichen Einfluss auf die Gesetzgebung und auf den EU-Haushalt und muss der Besetzung wichtiger Spitzenpositionen zustimmen.

Die EU-Bürger wählen das Parlament und neuerdings können sie mit 1 Million Unterschriften die Kommission auffordern, ein Gesetz vorzuschlagen.

nach: Susan Schädlich, in: poliTICKER (Nr. 1/2010), S. 3

M 10 Das Gesetzgebungsverfahren in der EU

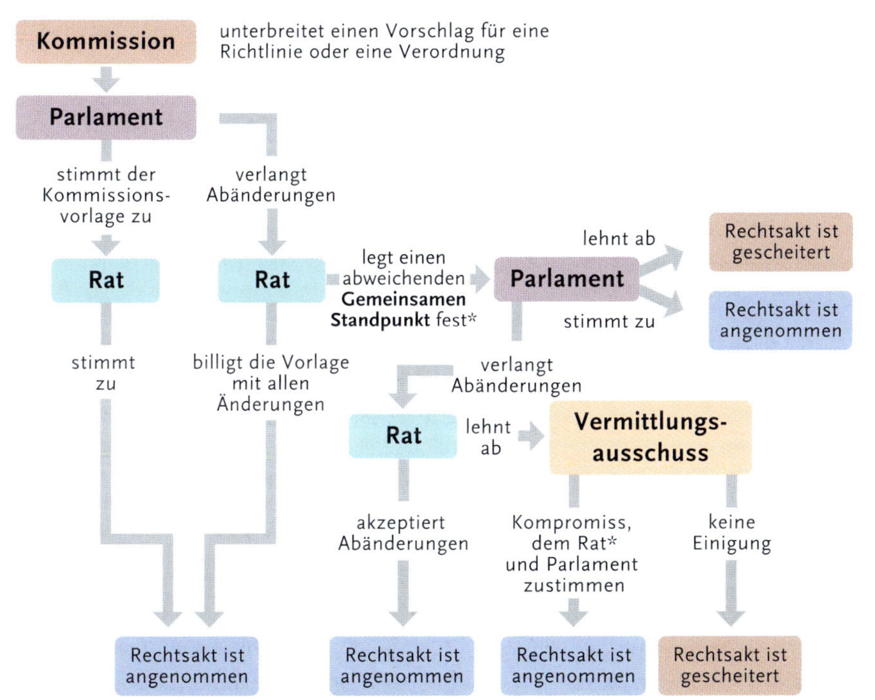

* Der Rat beschließt mit qualifizierter Mehrheit; will er sich über das Votum der Kommission hinwegsetzen, ist Einstimmigkeit erforderlich.

Bergmoser + Höller Verlag AG, Zahlenbilder 715420

Gemeinschaftliche Rechtsakte

Verordnungen sind ab dem Zeitpunkt ihrer Verabschiedung auf Gemeinschaftsebene für jedermann verbindlich; sie gelten unmittelbar in jedem Mitgliedstaat.

Richtlinien geben den Mitgliedstaaten Ergebnisse verbindlich vor, stellen ihnen jedoch frei, wie sie diese erreichen.

Beschlüsse beziehen sich auf ganz bestimmte Themen; sie sind in allen ihren Teilen für diejenigen verbindlich, an die sie gerichtet sind. Eine Entscheidung kann an alle Mitgliedstaaten, einen Mitgliedstaat, ein Unternehmen oder eine Einzelperson gerichtet sein.

Empfehlungen und **Stellungnahmen** geben lediglich den Standpunkt der Organe zu einer bestimmten Frage wieder.

Aufgaben

1. Beschreibe den Weg der Roamingverordnung von 2009 (M 7) anhand der Grafik M 8. Welche Institutionen sind wie an der Entscheidung beteiligt?
2. Erarbeitet in einem Gruppenpuzzle, wie die EU funktioniert.
3. Entwickelt Bezeichnungen, die das Wesen der europäischen Institutionen beschreiben, z. B. Steuermann oder Schiedsrichter (M 7 - M 10).

Vergleiche die Funktionen der EU-Organe (Legislative, Exekutive, Judikative) mit den entsprechenden Organen in Deutschland. Welche Gemeinsamkeiten, welche Unterschiede gibt es?

Was wir wissen

Von der Idee eines geeinten Europas
M 6

Die politische und wirtschaftliche Einigung Europas wurde nach dem Zweiten Weltkrieg als Weg zu einem dauerhaften Frieden angesehen. Die „Europäische Gemeinschaft für Kohle und Stahl" (EGKS) zwischen Belgien, Deutschland, Frankreich, Italien, Luxemburg und den Niederlanden bildete den Grundstein; 1958 wurde in Rom der Vertrag über die „Europäische Wirtschaftsgemeinschaft" geschlossen, der den freien Ein- und Verkauf innerhalb der EWG ermöglichte.
Immer mehr Politikbereiche wurden im Laufe der Zeit an die EU übertragen, sodass heute viele Entscheidungen in „Brüssel" fallen.

Direkte Auswirkungen auf unseren Alltag
M 2

Das, was in Brüssel entschieden wird, hat Einfluss auf das Leben von jedem von uns, da unser nationales Recht immer stärker von sogenannten „EU-Gesetzen", also Richtlinien, Verordnungen, Entscheidungen, Empfehlungen und Stellungnahmen aus Europa, beeinflusst wird.
Die Europäische Kommission tritt dabei vor allem für die Rechte der Bürger ein, zum Beispiel wenn sie gegen zu hohe Handygebühren beim Telefonieren im Ausland oder die Gesundheit gefährdende Abgase vorgeht.

Institutionen und Zuständigkeiten in der EU
M 8, M 9

Die wahrscheinlich wichtigste Gemeinschaftsorganisation in der EU ist die Kommission: Jedes Land entsendet einen Kommissar, der unabhängig von der Regierung seines Landes handelt. Die Kommission setzt sich zum Wohl der europäischen Gemeinschaft ein und entwickelt Vorschläge für neue Europagesetze.
Doch die Staats- und Regierungschefs der Mitgliedsländer bilden das oberste Entscheidungsgremium: den Europäischen Rat. Bei den Gipfeltreffen werden die Leitlinien und allgemeinen Ziele der Gemeinschaft festgelegt.
Die Nationalstaaten üben auch über den Rat der EU („Ministerrat"), also die regelmäßige Zusammenkunft der Fachminister, Einfluss aus. Der Rat ist Hauptgesetzgeber der EU, er ist dabei jedoch auf die Zustimmung des Parlaments angewiesen. Die Gesetzgebung ist also ein Zusammenspiel aus Kommission, Rat und Parlament. Die Abgeordneten des Parlaments werden von den EU-Bürgern für fünf Jahre gewählt, die Anzahl der Parlamentarier richtet sich nach der Bevölkerungszahl in den Mitgliedstaaten.

Simulation „Roamingtarife 2013“

Die Übertragung von großen Datenmengen über das Handy, z. B. das Versenden von Urlaubsbildern oder Fernsehen, wird immer stärker genutzt. Die Preise der Mobilfunkanbieter dafür sind noch immer sehr hoch und für jedes Land unterschiedlich. Die EU möchte eine 3. Roamingverordnung zur Vereinheitlichung und Verbilligung dieser Dienste für den Verbraucher durchsetzen.

Aufgabe

Bildet fünf Gruppen (Kommission, Rat, Parlament, Mobilfunkkonzerne, Moderatoren) und arbeitet eure Argumentation ausgehend von den Rollenkarten weiter aus. Simuliert dann den genauen Ablauf des Gesetzgebungsverfahrens. Überlegt für eure Institution Strategien der Verhandlungsführung für die einzelnen Phasen des Verfahrens. Bei Uneinigkeit bildet sich der Vermittlungsausschuss.

Rollenkarten

Mobilfunkanbieter

Wehren sich gegen erneute Eingriffe in ihre Tarife. Fürchten um ihre Konzerngewinne. Wenden sich mit ihren Protesten an alle beteiligten Institutionen in allen Phasen des Gesetzgebungsprozesses.

Europäisches Parlament

Will für die Verbraucher eine Verbilligung und Vereinheitlichung der Kosten für Datentransfers im Ausland, nicht aber im Inland durchsetzen.

Vermittlungsausschuss

Der Vermittlungsausschuss greift ein, wenn Rat und Parlament nach der zweiten Lesung eines Vorschlags nicht zu einer Einigung gelangen.
Der Ausschuss, der sich je zur Hälfte aus Mitgliedern des Rates oder ihren Stellvertretern und aus Vertretern des Parlaments zusammensetzt, steht unter dem gemeinsamen Vorsitz des Präsidenten des Parlaments und des Präsidenten des Rates. Ziel des Vermittlungsausschusses ist es, sich auf einen für beide Parteien annehmbaren Text zu einigen.
Die Kommission nimmt ebenfalls an den Verhandlungen des Vermittlungsausschusses teil.

Kommission

Will eine starke Verbilligung des Datentransfers im Inland und im Ausland für die Verbraucher erreichen. Vor allem eine Angleichung der Tarife im Inland und anderen Mitgliedstaaten.

Ministerrat

Eine deutliche Mehrheit der Mitgliedstaaten (vor allem Großbritannien) lehnt den Vorstoß der Kommission ab. Die weitere Senkung der Gebühren gefährde die Existenz und Investitionskraft der Mobilfunkanbieter. Im Übrigen seien die Tarife nicht überhöht.

Moderation

Zeigt den Ablauf des Gesetzgebungsverfahrens auf. Beruft Sitzungen ein. Protokolliert Ergebnisse. Setzt Zeitlimits. Am Schluss: Rückblick auf die Vorgehensweise.

6.2 Zwischen Integration, Erweiterung und Krisen

6.2.1 Wozu dient ein gemeinsamer Markt?

M 1 Lohnt sich der europäische Binnenmarkt?

(Verkaufspreis für das Rad jeweils inklusive Importzoll 14 %)

Zum Geburtstag wünschst du dir ein neues Fahrrad, du darfst es dir selbst aussuchen. Der Händler bietet dir gleichwertige Räder aus China zu einem Preis von 513 € und aus Mazedonien zu einem Preis von 570 € an. Dieser Preis enthält jeweils 14 Prozent Importzoll. Das Rad aus Mazedonien gefällt dir besser, ist dir aber zu teuer. Wäre Mazedonien bereits ein Mitglied der EU, wäre es automatisch in der Zollunion – und damit entfiele der Importzoll.

Idee nach: Bruno Zandonella, Europa für Einsteiger (Reihe: Thema im Unterricht/Extra Arbeitsmappe), Bonn 2009 (bpb), S. 16

M 2 Die vier Freiheiten des europäischen Binnenmarktes

Freier Personenverkehr

- Wegfall von Grenzkontrollen
- Harmonisierung der Einreise-, Asyl-, Waffen- und Drogengesetze
- Niederlassungs- und Beschäftigungsfreiheit für EG-Bürger
- Generelles Niederlassungsrecht für Unternehmen
- Verstärkte Außenkontrolle

Freier Warenverkehr

- Wegfall von Grenzkontrollen
- Keine Zölle; keine mengenmäßigen Begrenzungen (Ausnahmen aus Gründen der Sicherheit oder der Gesundheit)
- Harmonisierung von Normen und Vorschriften
- Geplante Harmonisierung der indirekten Steuern

Freier Dienstleistungsverkehr

- Liberalisierung der Finanzdienste
- Harmonisierung der Banken- und Versicherungsaufsicht
- Öffnung der Transport- und Telekommunikationsmärkte
- Grenzüberschreitende Tätigkeiten von Dienstleistungsunternehmen begrenzt möglich (EU-Dienstleistungsrichtlinie)[1]

Freier Kapitalverkehr

- Größere Freizügigkeit für Geld- und Kapitalbewegungen (Kredite und Investitionen unbegrenzt möglich, doch Beachtung des nationalen Steuerrechts)
- Schritte zu einem gemeinsamen Markt für Finanzleistungen
- Liberalisierung des Wertpapierverkehrs

1 Die Freiheiten können in bestimmten Bereichen bzw. für einzelne EU-Länder unter Bedingungen eingeschränkt werden. Im Dienstleistungsverkehr z. B. findet sich insbesondere für die Sektoren Baugewerbe und Transport eine Übergangsfrist, d. h. Rumänien und Bulgarien, die 2007 der EU beigetreten sind, dürfen erst zum 31.12.2013 uneingeschränkt die Freiheiten im Dienstleistungsbereich in Anspruch nehmen.

M 3 Der Euro – unsere gemeinsame Währung

Wer schon mal nach Polen oder Ungarn gefahren ist, hat sich vielleicht gewundert, dass die Reisenden dort erst einmal auf die Bank mussten, um ihr Geld in Zloty oder Forint umzutauschen. Schließlich sind wir es mittlerweile gewöhnt, in Urlaubsländern wie Spanien oder Frankreich mit der gemeinsamen Währung zu bezahlen: dem Euro. Der Euro ist eine der wichtigsten Währungen der Welt.

Titelseite des Spiegel vom Dezember 2011

Unsere Gemeinschaftswährung hat einige Vorteile. Unternehmen haben es leichter, Waren im Ausland zu kaufen oder zu verkaufen. Und wenn man in Portugal im Supermarkt steht, weiß man sofort, ob das Eis am Stiel teurer ist als zu Hause oder nicht. Auch entfallen die Umtauschgebühren für andere Währungen.

Die Einführung der gemeinsamen Währung war für die Europäische Union ein gewaltiger Schritt; der Euro sollte zu einem Symbol der europäischen Integration werden und so ein gemeinsames europäisches Wir-Gefühl (Identität) stiften.

An der Währungsunion können nur Staaten teilnehmen, die einander in ihrer wirtschaftlichen Entwicklung ähnlich sind. Um dies zu gewährleisten, hat der Vertrag von Maastricht für die Aufnahme von Ländern in die Währungsunion Kriterien definiert, die sogenannten Konvergenzkriterien.

Konvergenz bezeichnet dabei die allmähliche Annäherung der Teilnehmerländer in wichtigen wirtschaftlichen Grunddaten (Staatsverschuldung, Inflation, Zinsen). Dies ist notwendig, da Spannungen zwischen Ländern entstehen können, wenn sie sich wirtschaftlich unterschiedlich entwickeln. Um dies zu verhindern, wurde auch der Stabilitäts- und Wachstumspakt (kurz: Euro-Stabilitätspakt) im Vertrag von Amsterdam 1997 verankert. Dieser fordert von den Euroländern in wirtschaftlich normalen Zeiten einen annähernd ausgeglichenen Staatshaushalt, damit in wirtschaftlich ungünstigen Zeiten Spielraum besteht, durch eine Erhöhung der Staatsausgaben die Wirtschaft zu stabilisieren (Neuverschuldung maximal drei Prozent des Bruttoinlandsprodukts, Schuldenstand maximal 60 Prozent des Bruttoinlandsprodukts). Bei Verstößen gegen diese Regeln drohen dem Mitgliedsland Geldstrafen.

M 4 Mitglieder der europäischen Währungsunion

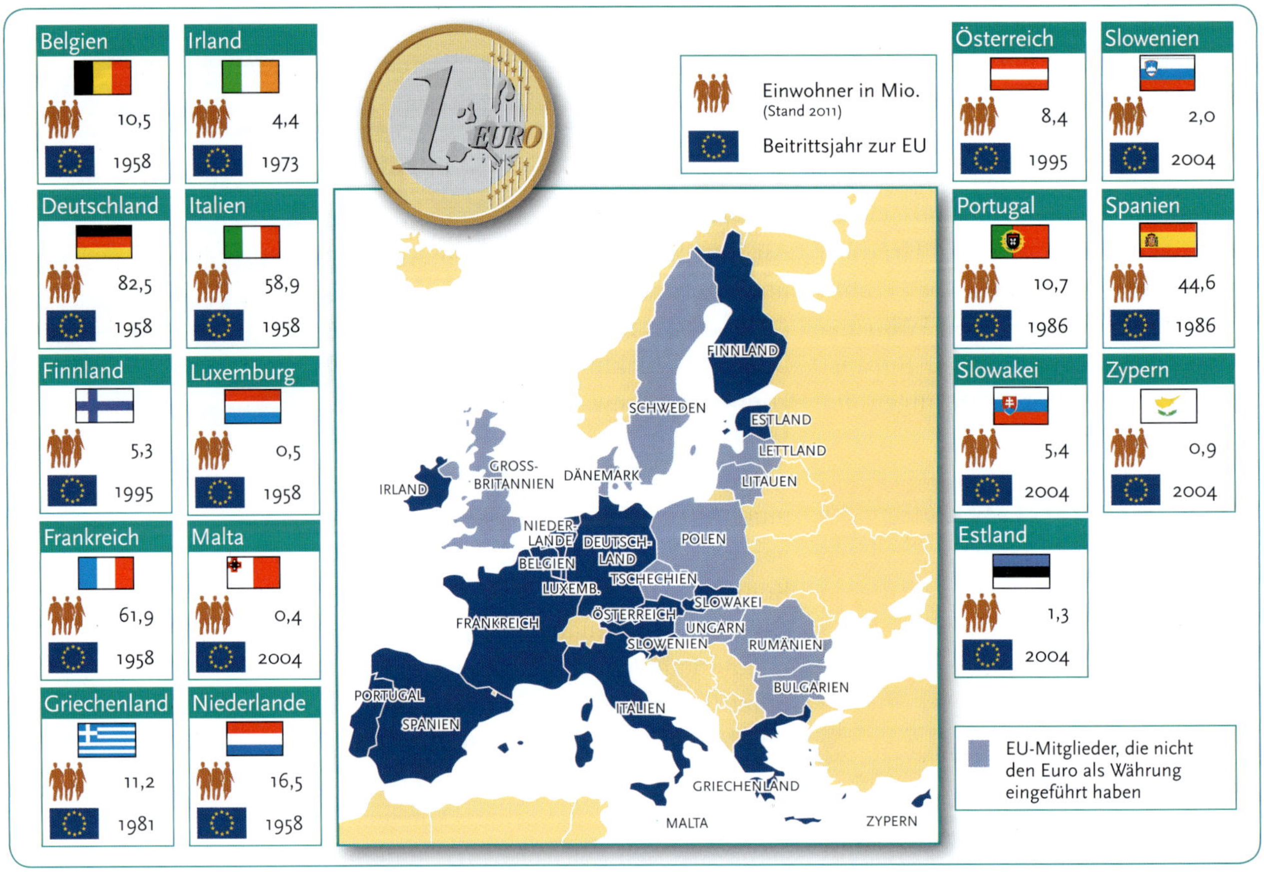

dpa-Infografik 3538

Aufgaben

1. a) Ermittle den Preis der Fahrräder für den Fall, dass Mazedonien Mitglied der EU ist (M 1).
   b) Erläutere, welche Folgen dies für deine Kaufentscheidung und die Handelsbeziehungen der Länder hat.
   c) Was würde geschehen, wenn auch für China der Zoll wegfiele? Erläutere die Konsequenzen für die Fahrradhersteller und die Beschäftigten in China und Mazedonien sowie für die Konsumenten in Deutschland.
2. Deutschland exportiert sehr viel. Erläutere, welche Auswirkungen ein großer gemeinsamer Markt auf die deutsche Wirtschaft hat (M 1, M 2).
3. Arbeitet heraus, welche Kriterien erfüllt sein müssen, damit ein Land an der Währungsunion teilnehmen kann (M 3, M 4).
4. a) Erläutere, welche Vorteile die Mitgliedschaft in der Währungsunion hat (M 3).
   b) Tauscht euch in der Klasse mit Blick auf die Konvergenzkriterien darüber aus, welche Risiken die Währungsunion mit sich bringt (M 3, M 4).

6.2.2 Wohin steuert die Währungsunion?

M 5 Sorgenkinder der Euro-Zone

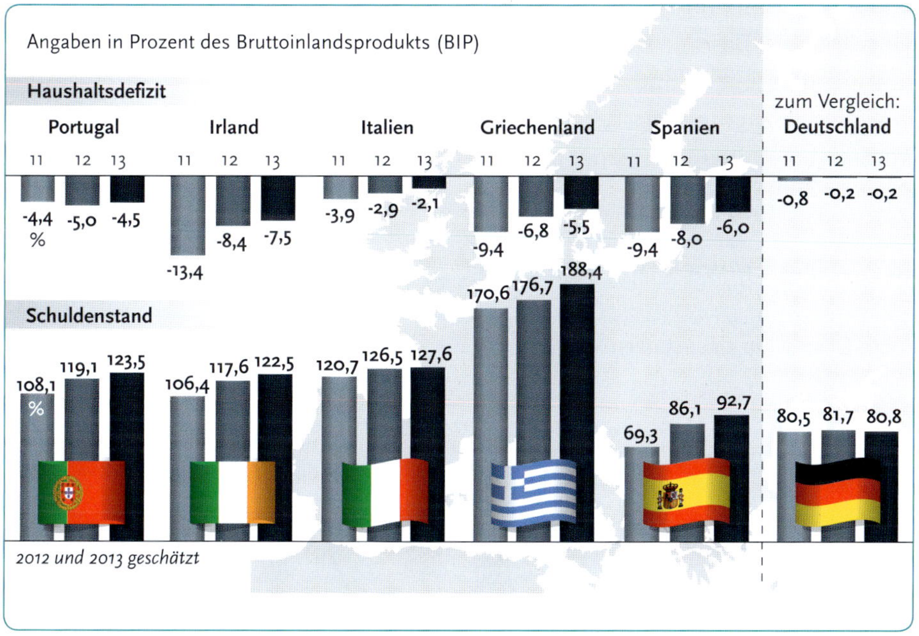

Globus-Grafik 5405; Quelle: Eurostat, EU-Kommission

Stabilitätspakt
Im Stabilitäts- und Wachstumspakt haben sich die Euro-Teilnehmer verpflichtet, ihr jährliches Haushaltsdefizit auf 3 % ihres Bruttoinlandsprodukts (BIP) und den Stand ihrer öffentlichen Verschuldung auf 60 % ihres BIP zu begrenzen.

Haushaltsdefizit
Ein Haushaltsdefizit (auch Budgetdefizit) entsteht, wenn die Summe der Ausgaben in einem Haushaltsjahr die Summe der Einnahmen überschreitet. Die Differenz (Defizit) muss durch die Aufnahme von Schulden beglichen werden.

M 6 Unsicherheit über die Zukunft des Euro

Vor allem die hohen Staatsverschuldungen von Griechenland oder Irland haben dazu beigetragen, dass innerhalb der internationalen Finanzkrise auch der Euro ins Straucheln geriet.

Zwar legten die Euro-Gründer fest, unter welchen Bedingungen ein Land die Währung einführen darf und auf was geachtet werden muss […]. Verstöße blieben jedoch ungeahndet; auch Deutschland überschritt die Drei-Prozent-Grenze. De facto hat jedes Land weiterhin seine eigene Finanz- und Wirtschaftspolitik betrieben. […]

Während die einen an den Euro glauben, prophezeien die anderen seinen Untergang. Wenn durch straucheln-de Banken und ausweglose Verschuldungen mehrere Staaten pleitegingen und die Hilfsmechanismen dies nicht abfedern könnten, würde die Euro-Zone auseinanderbrechen. Darin sind sich zumindest viele Wirtschaftsexperten einig. Im schlimmsten Fall wäre der Euro dann am Ende und Staaten müssten zu ihren alten Währungen zurückkehren.

Für Deutschland wäre das Zurück zur Ex, der D-Mark, eine Katastrophe: Die alte Währung dürfte im Gegensatz zum Euro deutlich aufgewertet werden. Heißt: Was deutsche Firmen ins Ausland verkaufen wollen, würde dauerhaft teurer.

Gleichzeitig würde der europäische Binnenmarkt zusammenbrechen, die Arbeitslosigkeit steigen. [...] Michael-Burkhard Piorkowsky, Professor für Konsumökonomik an der Universität Bonn, hofft „weiterhin auf den Euro" und sieht in ihm eine Voraussetzung für die Idee der Vereinigten Staaten von Europa. Dazu müssten die starken Länder die schwächeren kurzfristig stützen, Haushaltsdefizite müssten konsequent, aber sozialverträglich zurückgefahren werden.

Imke Emmerich, Wer ist eigentlich dieser Euro? Über die Geschichte und Zukunft des Euro, in: Fluter, hrsg. v. Bundeszentrale für politische Bildung, 3.1.2012

M 7 Die Entwicklung des Euro

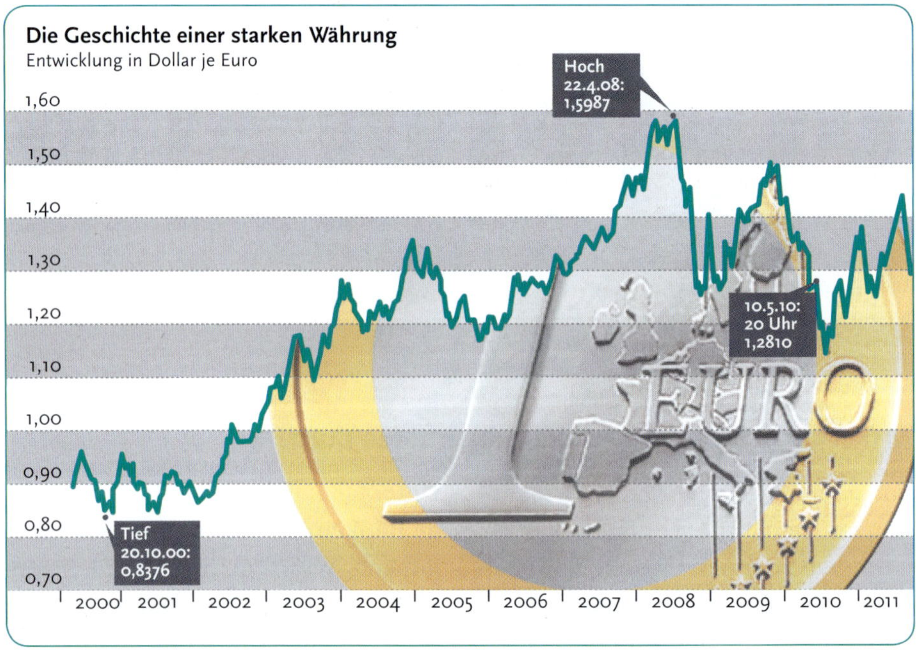

Zahlen: Europäische Zentralbank

Wechselkurs und seine Auswirkungen

Was heißt es genau, wenn eine Währung „schwach" ist? Welche Auswirkungen hat dies auf die Wirtschaft des Landes bzw. der Währungszone?
Unter dem Wechselkurs versteht man den Preis einer Währungseinheit. Steigt der Wechselkurs an, so erhält man z. B. für 1 Euro mehr US-Dollar, d. h. es erfolgt eine Aufwertung des Euro. Im umgekehrten Fall spricht man von einer Abwertung. Sinkt der Wechselkurs des Euro gegenüber dem US-Dollar (der Euro verliert gegenüber dem US-Dollar an Wert), dann werden Waren aus Euro-Land in den USA billiger (der Export wird steigen) und Waren aus den USA in Euro-Land teurer (der Import wird sinken).

Aufgaben

1. Nenne die Ursachen der Euro-Krise (M 5, M 6).
2. Erkläre, warum die Rückkehr zur D-Mark für die deutsche Wirtschaft große Nachteile hätte (M 6, Randspalte).
3. Ein Unternehmen benötigt für den Einkauf von Rohstoffen 10.000 US-\$. Berechne, was der Einkauf im Jahr 2001 (1 € = 0,95 US-\$), 2004 (1 € = 1,20 US-\$), 2011 (1 € = 1,42 US-\$) und aktuell kostete (M 7).
4. Beziehe die Fachbegriffe und deine Methodenkenntnisse zur Analyse von Schaubildern ein und beschreibe die Entwicklung des Euro.

M 8 Die EU-Mitgliedsländer reagieren auf die Krise

Mit zwei Mechanismen reagieren die EU-Mitgliedstaaten auf die Finanzkrise und erweitern ihre Verträge.

Der **Fiskalpakt** betrifft vor allem die 17 Staaten der Euro-Zone. Er wurde im März 2012 von den EU-Staaten mit Ausnahme von Großbritannien und Tschechien beschlossen und trat am 1. Januar 2013 in Kraft. Kern des Paktes für mehr Haushaltsdisziplin sind nationale Schuldenbremsen, um ausgeglichene Haushalte zu erreichen. [...] Mitgliedstaaten, die ihre Schuldenbremse nicht strikt genug umsetzen, drohen eine Klage vor dem Europäischen Gerichtshof und eine Geldbuße von bis zu 0,1 Prozent ihres BIP. Das Sanktionsverfahren soll automatisch starten und nur mit einer qualifizierten Mehrheit der EU-Finanzminister gestoppt werden können.

Der **Euro-Rettungsschirm ESM** soll überschuldeten Euro-Ländern finanzielle Unterstützung in Form von Darlehen bieten (maximal 700 Milliarden Euro). Der deutsche Anteil an den Garantien liegt bei etwa 27 Prozent, was einer Summe von etwa 190 Milliarden Euro entspricht.

ESM und Fiskalpakt sind indirekt miteinander verknüpft: Ab dem 1. März 2013 sollen nur noch jene Staaten Anspruch auf Finanzhilfen des ESM haben, die den Fiskalpakt ratifiziert haben.

nach: www.bpb.de, Hintergrund aktuell, 29.6.2012 (aktualisiert)

M 9 Die Europäische Zentralbank – Hüterin des Euro

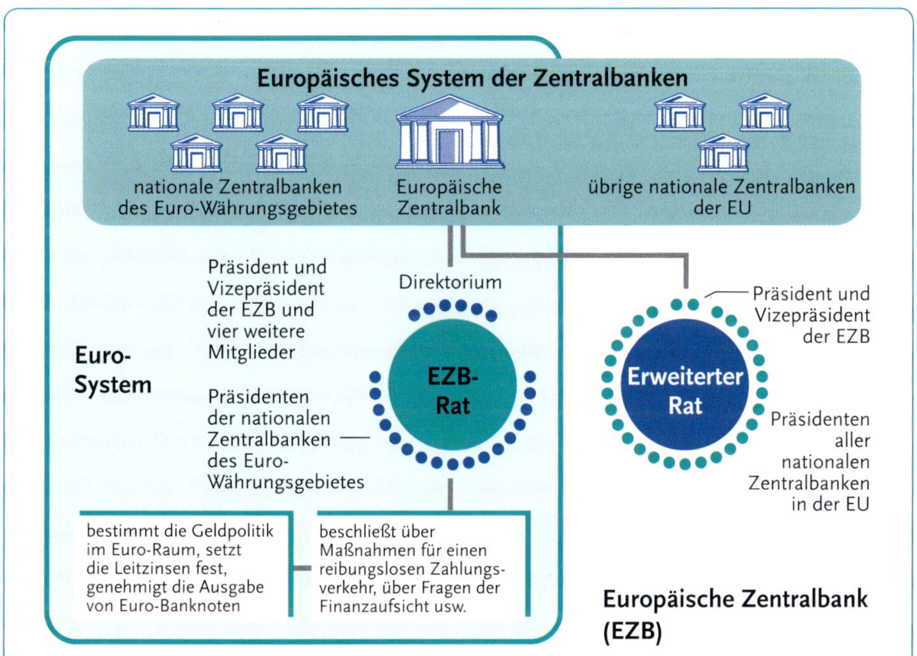

Bergmoser + Höller Verlag AG, Zahlenbilder 715560

Preisstabilität, auch Geldwertstabilität
Der Wert des Geldes ist stabil, wenn es keine Inflation gibt. Inflation bedeutet, dass die Geldmenge schneller zunimmt als die Gütermenge, dann steigen die Preise und das führt zu Geldentwertung. Preisstabilität ist oberstes Ziel der EZB in Bezug auf den Euro.

Staatsanleihen
Der Zweck der Ausgabe von Staatsanleihen ist, dass der Staat von Bürgern (oder Banken) Kapital sammeln kann, um dieses zur Tilgung von Schulden oder auch für neue Investitionen nutzen zu können. Bislang gibt jeder Staat eigene Anleihen aus – und zahlt die auf dem Markt geforderten Zinsen. Bei kriselnden Euro-Ländern sind die sehr hoch. Gemeinsame Anleihen der Euro-Staaten mit einem einheitlichen Zinssatz könnten nach Ansicht der EU-Kommission die Schuldenkrise entschärfen und das Bankensystem stabilisieren.

M 10 Welche Möglichkeiten hat die EZB?

Erstes Mittel zur Steuerung der Märkte sind im Fall der EZB die Zinsen. Monat für Monat bewerten die Währungshüter neu, wie billig oder teuer Geld im Euro-Raum sein soll. Zwischen 2011 und 2012 hat die EZB den Leitzins von 1,5 auf 0,75 Prozent gesenkt, was die Konjunktur ankurbeln kann.

Die EZB kann auch die Notenpresse anwerfen, um gezielt mehr Geld in den Markt zu pumpen. Das tat sie in der Bankenkrise der Jahre 2008/2009, damit das Finanzsystem nicht kollabierte.

Seit Mai 2010 kauft die EZB Anleihen von Schuldenstaaten wie Griechenland und zuletzt auch Italien, damit diese für ihre Schulden keine utopischen Zinsen bezahlen müssen. Schon der Kauf der Staatsanleihen gilt als Tabubruch und ist heftig umstritten, weil die EZB damit faktisch die Schulden der Euro-Staaten in ihre Bücher nimmt – ungewiss, ob sie jemals getilgt werden. [...]

Über allem steht die Sorge vor mehr Inflation. Je weiter die EZB ihre Geldschleusen öffnet, umso größer ist die Gefahr der Geldentwertung.

Jörn Bender, Abendblatt, 11.11.2011 (aktualisiert)

M 11 Argumente für und gegen den Euro

Der Euro fördert die Vertiefung der europäischen Integration, auch weil weiterer Koordinierungsbedarf in anderen Politikfeldern wie Arbeitsmarkt-, Sozialpolitik etc. entsteht.

Das wirtschaftliche Gefälle der Mitgliedstaaten führt dazu, dass die ärmeren Staaten durch die wohlhabenden gestützt werden müssen.

Eine gemeinsame Währungspolitik funktioniert nur dann, wenn auch eine gemeinsame Wirtschaftspolitik vorhanden ist.

Durch den einheitlichen Zinssatz der EZB gelten z. B. auch in Staaten niedrige Zinssätze, die aufgrund ihrer wirtschaftlichen Entwicklung eigentlich hohe Zinssätze bräuchten. So werden wirtschaftliche Risiken verstärkt.

Der Euro fördert eine gemeinsame europäische Identität und ist ein entscheidender Schritt hin zu einer politischen Union.

Der Euro fördert den Wettbewerb. Dies führt zu sinkenden Preisen für die Verbraucher.

Der Euro schafft ein Gegengewicht zur weltweiten Dominanz des US-Dollar.

Durch die Übertragung der Geldpolitik auf die Europäische Zentralbank gibt es keine nationale Kontrolle über die Geldpolitik mehr, obwohl dies angesichts unterschiedlicher wirtschaftlicher Entwicklungen in den Euro-Ländern notwendig wäre.

Durch die gemeinsame Währung entfallen Umtauschkosten und Währungsrisiken.

Viele der Krisenmaßnahmen waren umstritten. Wähle eine aus und erläutere die Gefahren, die damit verbunden sind (M 8 - M 11).

Aufgaben

1. Beschreibe, welche Maßnahmen gegen die Krise des Euro unternommen wurden. Unterscheide dabei nach den Akteuren (M 8 - M 11).
2. a) Sortiere die Argumente für und gegen den Euro zu einer Pro- und einer Kontra-Position (M 11).
   b) Führt eine Pro-Kontra-Diskussion zur Zukunft des Euro durch.

M 12 Ein Zukunftsszenario entwerfen

Wie sich die europäische Wirtschafts- und Währungsunion (EWWU) in den kommenden 15-20 Jahren entwickeln wird, wird auch schwerwiegende Auswirkungen auf unser Leben in Deutschland haben. Um Probleme dieser Größenordnung im Unterricht bearbeiten zu können, bedarf es besonderer Methoden. Eine dieser Methoden, um langfristige Zukunftsbilder und Entwicklungsprognosen zu formulieren, ist die Szenariotechnik.

Der Szenariotrichter

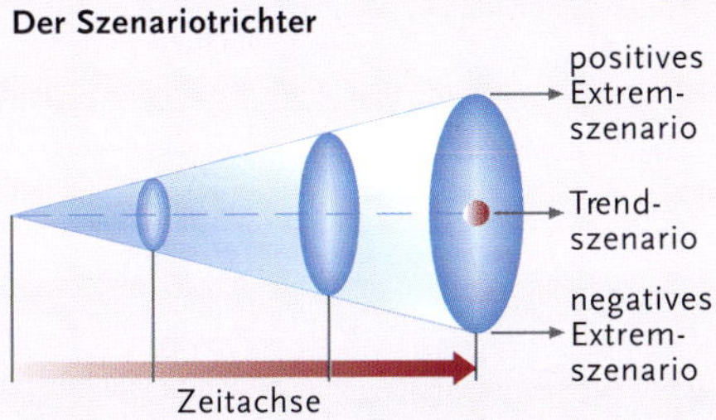

Am engsten Punkt des Trichters befindet sich die Gegenwart. Die Öffnung des Trichters markiert den größten gedachten Zeithorizont (z. B. die Zukunft in 20 Jahren). An den Rändern der Öffnung sind zwei gegenüberliegende Punkte markiert. Sie symbolisieren jeweils ein positives und ein negatives Extremszenario. In der Mitte der Trichteröffnung befindet sich das Trendszenario. Zwischen Anfang und Ende des Trichters (engste und weiteste Stelle) können weitere Zeitpunkte markiert werden, die z. B. die Zukunft in 5, 10 und 15 Jahren symbolisieren.

Ablauf:

1. Die Gegenwart untersuchen: Problemanalyse

Untersucht die jetzige Situation der Währungsunion. Bearbeitet dazu dieses Kapitel und recherchiert im Internet.

Überlegt euch Leitfragen, die ihr in eurer Recherche untersuchen wollt (mögliche Leitfragen: Welche Bedeutung hat die EWWU für den europäischen Integrationsprozess? Welche Probleme sind mit der EWWU verbunden? Welche Chancen bietet die EWWU? ...).

2. Die Zukunft voraussagen: Entwicklung der Szenarios

Entwerft drei denkbare Szenarien. Ein positives Extremszenario, d. h. wie könnte die Zukunft im besten Fall aussehen, ein negatives Extremszenario, d. h. wie könnte die Zukunft im schlimmsten Fall aussehen und ein Trendszenario, d. h. wie könnte die Zukunft aussehen, wenn sich die jetzige Situation fortschreibt.

3. Die Zukunft darstellen: Szenarien präsentieren

- Präsentiert eure Ergebnisse. Versucht dabei die Vielschichtigkeit des Problems deutlich zu machen.
- Gestaltet eure Präsentation abwechslungsreich: Entwerft Wandzeitungen, schreibt Reiseberichte aus der Zukunft, dreht Nachrichtensendungen aus dem Jahr 2035, studiert Rollenspiele ein. Macht deutlich, wie die Menschen nach eurer Prognose in 20 Jahren in Europa leben werden.

4. Die Zukunft gestalten: Strategien für eine bessere Zukunft entwerfen

- Entwickelt Maßnahmen, um die Probleme, die die Szenarien deutlich gemacht haben, zu bearbeiten.
- Achtet dabei auf die verschiedenen Ebenen von Politik und Gesellschaft:
  Was kann die Bundesregierung tun, um das negative Szenario zu verhindern?
  Wie können Unternehmen und Banken eingreifen, um zur positiven Entwicklung beizutragen?
  Was könnt ihr selbst tun, damit das negative Szenario nicht eintritt?

Aufgabe:

Entwerft ein Zukunftsszenario (M 12) zur Zukunft der europäischen Währungsunion.

6.2.3 Wie groß soll das europäische Haus werden?

M 13 Der Stand der Erweiterungsrunden

*Globus-Grafik 3216; * Beitrittsverhandlungen mit Kroatien sind abgeschlossen, Aufnahme für Juli 2013 geplant; ** Beitrittsverhandlungen laufen; *** Beitrittskandidaten noch ohne Verhandlungen*

Als weitere potenzielle Kandidatenländer gelten Albanien, Bosnien und Herzegowina, Serbien und Kosovo.

M 14 Erweiterung – wozu?

Im Verlaufe der vergangenen 50 Jahre hat die Europäische Union ihre Integration kontinuierlich vertieft und gleichzeitig neue Mitglieder aufgenommen. Meistens liefen diese beiden Prozesse parallel zueinander. Dadurch ist die heutige EU, die 27 Mitgliedstaaten und eine Bevölkerung von knapp 500 Millionen Menschen zählt, sicherer, wohlhabender und einflussreicher geworden als die ursprüngliche Europäische Wirtschaftsgemeinschaft mit ihren sechs Mitgliedern und einer Bevölkerung von weniger als 200 Millionen Menschen. Eine wachsende Mitgliedschaft war von Anfang an ein Wesenselement der europäischen Integration. [...]

Die Aufnahme von Ländern Mittel- und Osteuropas und des Mittelmeerraums in den Jahren 2004 und 2007 hat sich für die EU als großer Erfolg erwiesen, auch wenn sie von manchen zum Sündenbock für allerlei soziale und wirtschaftliche Probleme in der EU gemacht wird. Die letzte Erweiterungsrunde hat den Raum des Friedens, der Stabilität und der Demokratie in Europa ausgedehnt und durch die Vergrößerung von Märkten, die Schaffung neuer Geschäftsmöglichkeiten und die Integration schnell wachsender Volkswirtschaften in den Binnenmarkt die europäische Wirtschaft gestärkt. Die EU ist heute die größte Wirtschaftszone der Welt. Der größere Binnenmarkt und die neuen wirtschaftlichen Chancen haben den Wohlstand und die Wettbewerbsfähigkeit der Europäer gesteigert.

Olli Rehn, in: Die Erweiterung verstehen, Europäische Gemeinschaften, 2007, S. 1; © Europäische Union 1995 - 2012

M 15 Andere europäische Vereinigungen

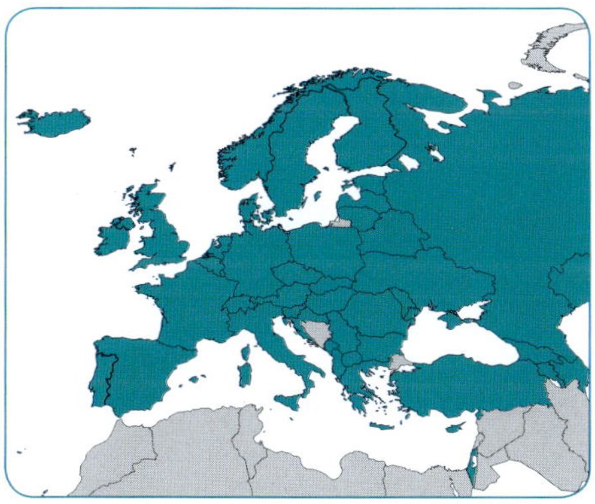

Die UEFA (Union of European Football Association) ist der europäische Fußballverband und umfasst heute 53 Staaten. Auch die Fußball-Nationalmannschaften aus Aserbaidschan, Kasachstan oder Israel könnten also Europameister werden.

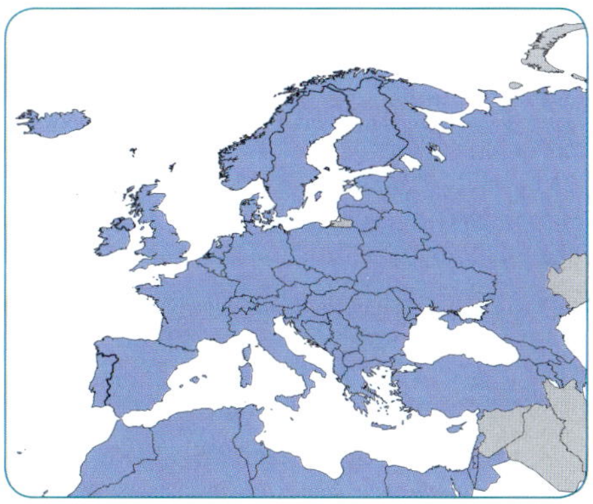

Die EBU (European Broadcasting Union) ist ein Zusammenschluss von 74 Rundfunk- und Fernsehanstalten aus 55 Ländern in Europa, Nordafrika und im Mittleren Osten. Sie veranstaltet den Eurovision Song Contest.

nach: Bruno Zandonella, in: Europa der 27 (Reihe: Themenblätter im Unterricht, Nr. 65), Bonn 2007 (bpb), S. 5

M 16 Wer kann Mitglied der EU werden?

Der Vertrag von Lissabon legt die Grundsätze für die Aufnahme neuer Mitgliedstaaten fest. In Art. 6 Abs. 1 heißt es: „Die Union beruht auf den Grundsätzen der Freiheit, der Demokratie, der Achtung der Menschenrechte und Grundfreiheiten sowie der Rechtsstaatlichkeit; diese Grundsätze sind allen Mitgliedstaaten gemeinsam." Jeder europäische Staat, der diese Grundsätze achtet, kann beantragen, Mitglied der Union zu werden. Im Jahr 1993 hat der Europäische Rat auf seiner Tagung in Kopenhagen außerdem Beitrittskriterien festgelegt, die 1995 vom Europäischen Rat in Madrid bestätigt wurden (**Kopenhagener Kriterien**):

- Politische Kriterien: stabile Institutionen, die die Rechtsstaatlichkeit, die Menschenrechte und die Achtung und den Schutz von Minderheiten garantieren.
- Wirtschaftliche Kriterien: eine funktionsfähige Marktwirtschaft und die Fähigkeit, dem Wettbewerb und den Marktkräften in der EU standzuhalten.
- Fähigkeit zur Erfüllung der Verpflichtungen aus der EU-Mitgliedschaft und zur Übernahme der Ziele der politischen Union sowie der Wirtschafts- und Währungsunion.
- Übernahme des gesamten europäischen Rechtsbestands und dessen wirksame Anwendung mittels geeigneter Verwaltungs- und Justizstrukturen.

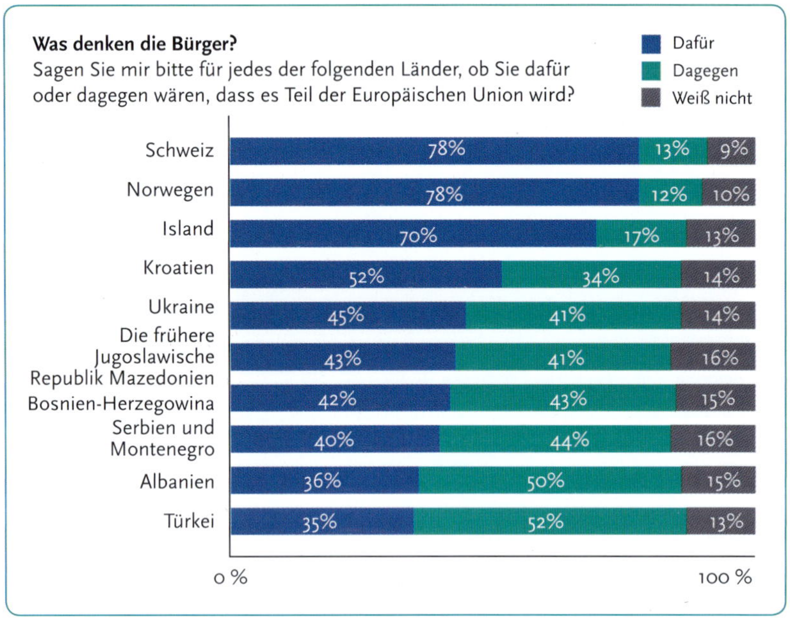

Eurobarometer 63, Juli 2005, S. 29

Aufgaben

1. Fasse die Begründungen für die Erweiterung der EU zusammen (M 14).
2. a) Wie groß soll die EU werden? Kopiere eine Europakarte und zeichne die von dir bevorzugte Außengrenze der EU sowie die geografische Grenze des europäischen Kontinents ein.
   b) Nach welchen Kriterien würdest du den Grenzverlauf ziehen? Begründe deine Kriterien.
3. Vergleicht die Einstellungen der Bürger zur Mitgliedschaft und diskutiert Erklärungen für die unterschiedlichen Einstellungen (M 16, Randspalte).
4. Diskutiert, wie groß das europäische Haus werden soll. Hat die EU bereits eine kritische Größe erreicht oder kann sie noch viele weitere Staaten aufnehmen (M 13 - M 16)?

Ist die Mitgliedschaft in der UEFA oder der EBU ein Bekenntnis zu Europa? Begründe deine Meinung (M 15).

6.2.4 Soll die Türkei Mitglied der EU werden?

M 17 Kurz vor der Zieleinfahrt?

Jean Veenenbos

Beitrittsverhandlungen
Am 11. Dezember 1999 wurde die Türkei offiziell zum Beitrittskandidaten ernannt. Seit dem Start der Beitrittsverhandlungen 2005 hat die Türkei in einigen Bereichen deutliche Fortschritte erzielt. Die Regierung modernisierte das türkische Justizsystem, schaffte die Todesstrafe ab, beschnitt den traditionell starken Einfluss des Militärs auf die Politik, erlaubte Rundfunksendungen, Fernsehkanäle und Schulunterricht in kurdischer Sprache und unternahm Schritte zur Versöhnung mit den Armeniern.
Diese Entwicklungen würdigte auch der EU-Fortschrittsbericht vom Oktober 2009. Zugleich forderte die EU, das Reformtempo zu beschleunigen.

M 18 EU – Deutschland – Türkei: Daten und Fakten

Globus-Grafik 9505

Türkei
Fläche: 780.580 qkm (doppelt so groß wie Deutschland)
Regierungsform: Republik
Währung: türkische Lira
Amtssprache: Türkisch
Religion: 99 % Muslime
Volksgruppen: 80 % Türken, 20 % Kurden
Export: Textilien, Nahrungsmittel, Metallwaren
Import: Maschinen, Chemikalien, Kraftstoffe

	D	EU-27	Türkei
Einwohner in Mio. (2010)	81,8	501,0	72,5
BIP in Mio. Euro (2010)	2.409	11.802	441
BIP pro Kopf in Euro (2010)	28.698	24.945	11.648
Wirtschaftswachstum in % (2005-2010)	0,6	1,8	4,6
Arbeitslosenquote in % (2005-2010)	8,6	8,3	11,7
Inflationsraten in % (2005-2010)	1,7	2,2	8,8
Bevölkerungswachstum in % (1990-2010)	+2,7	+20,8	+30,3

M 19 In der Diskussion: Soll die Türkei in die EU?

Die Türkei ist heute etwa so wohlhabend wie Portugal zum Zeitpunkt der EU-Aufnahme.

In zehn Jahren hat die Türkei 80 Millionen Einwohner und damit mindestens so viele wie Deutschland. Oder wie derzeit die zehn neuen EU-Staaten zusammen. Die Türkei ist zu groß. Sie wäre mittelfristig das bevölkerungsreichste EU-Land und hätte damit auch die meisten Stimmen.

Die Türkei gehört nicht zu Europa. Die Türkei ist ein muslimisches Land, ihre Aufnahme würde die europäische Identität gefährden. Europa endet am Bosporus. Mit einer EU-Mitgliedschaft der Türkei wären der Iran und der Irak unsere direkten Nachbarn.

Ein Beitritt der Türkei würde das politische System, die Demokratie und die wirtschaftlichen Reformen in der Türkei stabilisieren.

Die Türkei ist wirtschaftlich zu unterentwickelt. Ihre Mitgliedschaft können wir uns nicht leisten. Mit einem Sechstel der deutschen Wirtschaftskraft ist die Türkei so arm, dass nach Berechnungen der EU-Kommission jedes Jahr zwischen 16,5 und 27,5 Milliarden Euro in die Türkei fließen müssten.

Ein rascher Beitritt der Türkei würde eine Brücke zwischen dem christlich geprägten Europa und dem islamischen Nahen Osten schlagen. Eine demokratische und rechtsstaatliche Türkei wird auch als Modell für die islamische Welt eine große Anziehungskraft gewinnen.

Wir haben der Türkei den Beitritt seit 1963 versprochen und müssen glaubwürdig bleiben.

Mit der Türkei als Regionalmacht im Nahen und Mittleren Osten würde Europa zum „Global Player" und könnte den Vereinigten Staaten in der islamischen Welt eine eigene Sicherheitspolitik entgegensetzen.

Aufgaben

1. Gehört die Türkei in die EU? Stimmt zunächst in der Klasse darüber ab.
2. Diejenigen, die die gleiche Position teilen, bilden eine Gruppe. Diese setzt sich mit der gegenteiligen Auffassung auseinander (M 17 - M 19). Stellt die Argumente anschließend übersichtlich auf einem Plakat dar.
3. Stimmt abschließend erneut über die Ausgangsfrage ab. Hat sich das Meinungsbild verändert?

M 20 Karikaturen-Rallye – Wie groß soll das europäische Haus werden?

Gerhard Mester, Baaske Cartoons

Gerhard Mester, Baaske Cartoons

Thomas Plaßmann, Baaske Cartoons

Eine Karikatur stellt zeichnerisch ein aktuelles Thema aus Politik, Gesellschaft oder Wirtschaft dar. Der Karikaturist interpretiert in überspitzter Weise einen Sachverhalt, sodass versteckt seine Sicht des Problems deutlich wird.

Vorgehen bei der Karikaturen-Rallye

Hängt die Karikaturen an den Wandseiten eures Klassenzimmers aus.

In kleinen Gruppen betrachtet ihr nun die einzelnen Darstellungen.

Nach 2 - 3 Minuten wechseln die Gruppen auf ein Signal des Lehrers im Uhrzeigersinn zur nächsten Karikatur. Diese wird unter der gleichen Fragestellung betrachtet. Wenn der Rundgang mit der Kurzbesprechung der übrigen Karikaturen abgeschlossen ist, werden die Bilder abgehängt. Der Lehrer lässt nun jede Gruppe verdeckt eine Karikatur ziehen. Mithilfe eines Frage-Leitfadens bespricht nun jede Gruppe ausführlich „ihre“ Karikatur.

Leitfragen

1. Beschreibung:

Was stellt der Zeichner oder die Zeichnerin dar?

→ Aussage oder Thema der Karikatur

Wie und mit welchen Mitteln (Figuren, Objekte, Symbole) wird das Thema dargestellt?

→ zeichnerische Elemente

2. Deutung:

Ist aus der Karikatur eine bestimmte Einstellung, Position oder Deutung des Zeichners oder der Zeichnerin erkennbar?

→ Tendenz der Karikatur

3. Beurteilung:

Wie beurteilt ihr die Aussage?

→ eigene Position

Welche Fragen ergeben sich für euch aus der Karikatur?

→ weitere Fragen

Einigt euch in der Klasse auf jeweils eine Kernaussage für jede Karikatur.

Was wir wissen

Was ist der gemeinsame Binnenmarkt?
M 2

Die Schaffung eines gemeinsamen Binnenmarktes, in dem alle Personen, Wirtschaftsgüter und Kapital sich frei und ohne Beschränkung durch nationale Grenzen bewegen können, gehörte zu den wichtigsten Zielen seit der Gründung der EG. Durch den Abbau von Handelsschranken und den zunehmenden Handel konnten die Wirtschaft und der Wohlstand in der EU deutlich gesteigert werden.

Eine gemeinsame Währung: der Euro
M 3, M 4

Ein weiterer Schritt zur wirtschaftlichen Integration war die gemeinsame Währung. Erst seit 2002 kann man in den meisten europäischen Ländern mit einer Währung bezahlen – dem Euro, der in Deutschland die Deutsche Mark (DM) abgelöst hat. Bisher gehören 17 Staaten zur Euro-Zone bzw. sind Mitglieder der WWU, der Wirtschafts- und Währungsunion (Stand: 1.1.2013). Der Handel zwischen den Mitgliedstaaten der WWU wurde weiter vereinfacht, da der Geldumtausch und die schwankenden Wechselkurse entfallen.

Um den Euro einführen zu dürfen, müssen die Staaten über zwei Jahre einen stabilen Wechselkurs gegenüber dem Euro aufweisen. Zudem müssen sie Bedingungen (die sogenannten „Konvergenzkriterien“) erfüllen, die sich auf die Inflationsrate (Teuerung), die langfristigen Zinsen, das jährliche Haushaltsdefizit bzw. die jährliche Neuverschuldung des Staates sowie die öffentlichen Schulden beziehen.

Maßnahmen in der Euro-Krise
M 8, M 10

Vor allem als Folge der Finanz- und Wirtschaftskrise (ab 2007), aber auch wegen mangelnder Disziplin bei den Staatsausgaben, waren seit 2010 eine ganze Reihe von Euro-Staaten in Zahlungsnöte geraten: Die Zinsen, die sie am Markt zahlen müssen, um sich Geld leihen zu können, stiegen immer mehr an. Um die gemeinsame Währung zu sichern, unterstützen die anderen EU-Staaten die in Schwierigkeiten geratenen Länder. Der Europäische Stabilitätsmechanismus (ESM) soll in die EU-Verträge integriert werden und besagt, dass den Euro-Mitgliedstaaten, die übermäßig verschuldet sind, finanzieller Beistand in Form vergünstigter Kredite gewährt werden kann.

Außerdem haben 25 EU-Länder – ohne Großbritannien und Tschechien – auf einem EU-Gipfel im Januar 2012 zugesagt, sich an dem Pakt für strenge Haushaltsdisziplin zu beteiligen, der u. a. Schuldenbremsen und automatische Strafen vorsieht, wenn ein Staat zu viel Geld ausgibt.

Denn eine Schwierigkeit wurde deutlich: Die Euro-Länder führen zwar eine gemeinsame Währung und eine Geldpolitik. In der Wirtschaftspolitik und der Frage über Schulden im Haushalt kann jedoch jedes Land selbst entscheiden.

Was wir wissen

Bedingungen für die Mitgliedschaft in der EU
M 13, M 16

Die Staats- und Regierungschefs der EU haben 1993 in Kopenhagen festgelegt, welche Bedingungen ein Land erfüllen muss, um Mitglied werden zu können. Nach diesen „Kopenhagener Kriterien" muss das zukünftige EU-Land die Menschenrechte achten, eine stabile Demokratie sein, in der z. B. freie und geheime Wahlen stattfinden. Auch eine funktionierende und konkurrenzfähige Marktwirtschaft müssen die Staaten nachweisen. Schließlich muss das Land in der Lage und willens sein, das bisher geschaffene Gemeinschaftsrecht zu übernehmen und die eigenen Gesetze daraufhin anzupassen.

Wer gehört noch in die EU?
M 19

Nach der großen „Osterweiterung" in den Jahren 2004 und 2007 war die Stimmung in vielen Staaten und Institutionen der EU von Zurückhaltung gegenüber einer schnellen Erweiterung geprägt: Die Gemeinschaft müsse sich in dieser Ausprägung erst finden und festigen. Vor allem über den Beitritt der Türkei wird immer wieder intensiv diskutiert.
Kritiker eines Beitritts der Türkei argumentieren, sie würde nicht die kulturellen Wertvorstellungen der christlich geprägten EU teilen. Zudem wäre es für die EU teuer, die türkische Wirtschaft und besonders Landwirtschaft auf europäisches Niveau zu bringen. Nicht zuletzt verweisen Skeptiker auf die rund 72 Millionen Einwohner des Landes: Die Türkei wäre dann eines der größten Mitgliedsländer der EU.
Die Befürworter eines türkischen EU-Beitritts unterstreichen dagegen, dass Europa durch die kulturelle und ethnische Vielfalt der Türkei nur profitieren könne. Schon jetzt leben in der EU viele Muslime. Sie betonen ihre geostrategische Rolle als Vermittlerin im Nahen Osten und im Südkaukasus.
Zwischen der EU und der Türkei besteht bereits eine „privilegierte Partnerschaft", wodurch die Türkei z. B. die Vorteile der Zollunion genießt.

Was wir können

Der Europäische Binnenmarkt im Alltag

Luigi: Danke Thomas, dass du die Woche über beim Restaurant nach dem Rechten gesehen hast. Es wird viel eingebrochen in letzter Zeit.
Thomas: Nichts zu danken. Hast du alles erledigen können?
Luigi: Ja, ich war zwei Tage in Italien und habe viele frische Waren eingekauft, Kräuter, Käse, Pasta und natürlich ganz besonderen Wein für gute Gäste. Hier habe ich übrigens eine Kleinigkeit für dich.
Thomas: Ist das dieser köstliche italienische Mokka, den es bei dir immer nach dem Essen gibt?
Luigi: Genau der. Ich habe gleich 20 Päckchen davon mitgebracht, weil er dort gut und billig ist. Früher durftest du, glaube ich, höchstens ein oder zwei Pfund pro Person einführen. Darüber hinaus musstest du Zoll zahlen.
Thomas: Erzähl: Wie hast du die restlichen Tage verbracht?
Luigi: Ich habe meinen Sohn in Paris besucht und ihm dort eine kleine Wohnung gekauft. Demnächst beendet er sein Studium, aber er möchte nicht nach Italien zurück, sondern in Paris bleiben. Außerdem haben wir gleich nach einer günstigeren Krankenversicherung für ihn gesucht. Wo glaubst du, haben wir sie gefunden? In Porto, in Portugal!
Thomas: Das klingt, als hättest du tatsächlich viel erledigen können in der einen Woche.
Luigi: Ja, aber ich habe insgesamt auch fast einen ganzen Tag lang nur in Staus gestanden. So viele Lkw wie in diesem Jahr habe ich noch nie auf den Autobahnen erlebt. Teresa sagt das gleiche.
Thomas: Aber dafür musst du immerhin nicht mehr stundenlang an den Grenzhäuschen anstehen, bis einer deinen Pass kontrolliert hat.
Luigi: Da hast du Recht. Aber sag, wie ist es dir in der Zwischenzeit ergangen?
Thomas: Es geht so. Im Augenblick mache ich mir doch Sorgen um meinen Betrieb. Die Fliesenleger aus Polen und Tschechien arbeiten hier für die Hälfte unseres Stundenlohns. Ich fürchte, dass wir langfristig weniger Aufträge bekommen werden.
Luigi: Weißt du, was meine Mama immer sagt? Sorge dich nicht ums Feuerholz, so lange es noch grüne Berge gibt. Komm, wir stellen zwei Stühle raus und dann mache ich uns einen Latte macchiato.

Nalan Kilic, Europa „normal". Brüssel zwischen Regulierungswut und notwendiger Harmonisierung, in: Praxis Politik 5/2006, S. 19

Aufgaben

1. a) Nenne alle Aspekte, die im Zusammenhang mit dem europäischen Binnenmarkt stehen.
   b) Ordne jedem dieser Aspekte zu, auf welcher der vier Freiheiten er basiert.
2. Arbeite die Vor- und Nachteile heraus, die sich durch die vier Freiheiten für (a) Unternehmen / Händler, (b) Konsumenten, (c) Mitgliedstaaten der EU sowie (d) Nicht-Mitglieder der EU ergeben. Trage die Vor- und Nachteile innerhalb einer Pro- und Kontra-Liste zusammen.
3. Erörtere, ob die Verwirklichung des EU-Binnenmarktes als Erfolg gelten kann.

Was wir können

Der fiktive EU-Staatsbürgerschaftstest

Staatsbürger eines europäischen Staates zu werden, ist nicht immer einfach, wenn man aus einem Nicht-EU-Staat kommt. Oft muss man hierfür einen Test absolvieren und Fragen über den Staat beantworten, in dem man Staatsbürger werden möchte.
Mit dem folgenden Fragebogen kannst du dich als EU-Staatsbürger testen. Achtung: Zum Teil sind mehrere Antworten möglich.

1. **Europa ist ...**
   a) ein Kulturraum.
   b) eine Wertegemeinschaft.
   c) eine politische Union von Staaten.

2. **In der EU leben ca. ... Bürger**
   a) 501 Millionen
   b) 120 Millionen
   c) 75 Millionen

3. **Folgender Staat gehört nicht zur EU**
   a) Luxemburg
   b) Finnland
   c) Norwegen

4. **Die EU besteht derzeit aus ... Staaten**
   a) 27
   b) 25
   c) 16

5. **In der EU dürfen Gesetzesvorschläge eingereicht werden von ...**
   a) nur der EU-Kommision.
   b) jedem Bürger.
   c) nur den nationalen Regierungen.

6. **Folgende Rechtsakte der EU gelten sofort und direkt in den Mitgliedstaaten**
   a) Richtlinien
   b) Beschlüsse
   c) Verordnungen

7. **Motive der europäischen Einigung sind**
   a) Frieden in Europa
   b) Wohlstand
   c) ein gemeinsamer Binnenmarkt

8. **Welches Ereignis fand 2002 statt?**
   a) Die EU Verfassung tritt in Kraft.
   b) Der Euro wird eingeführt.
   c) Betritt Deutschlands zur EU

9. **Durch den Binnenmarkt und die Freizügigkeit dürfen ... in einem anderen EU-Land tätig sein**
   a) Auszubildende
   b) Unternehmer
   c) Studenten

10. **Der Stabilitäts- und Wachstumspakt von 1997 macht Vorgaben über**
    a) die Verteilung der Staatsausgaben.
    b) die Höhe der Neuverschuldung.
    c) den Wechselkurs des Euro.

Lösungen am Ende des Buches.

Horst Haitzinger

Gerhard Mester, Baaske Cartoons

7

Umweltschutz – Herausforderung für Politik und Wirtschaft

Die Erde ist bedroht. Bevölkerungswachstum, Industrialisierung und Verstädterung haben zu einer Zerstörung natürlicher Lebensräume geführt – mit weitreichenden Konsequenzen für Mensch und Umwelt. Doch sind Politik und Wirtschaft diesem Prozess nicht machtlos ausgeliefert.

Kompetenzen

Am Ende dieses Kapitels solltest du Folgendes können:

- Ursachen für umweltschädliches Verhalten kennen
- zwischen qualitativem und quantitativem Wachstum unterscheiden
- angemessene Kritik am Begriff des Wachstums formulieren und Alternativen aufzeigen
- das Konzept der nachhaltigen Entwicklung erläutern
- umweltpolitische Instrumente kennen

Was weißt du schon?

- Erstellt eine Mindmap zum Thema „Klimawandel“. Die Karikaturen können euch dabei Anregungen geben.
- Was wisst ihr bereits über den Zusammenhang von Klimawandel und Wachstum? Tragt Stichworte in der Klasse zusammen.

7.1 Unsere Erde in Gefahr

7.1.1 Wie sieht der Klimawandel aus?

M 1 Bilder der Klimaerwärmung

a *Folgen des Hurrikan Katrina, USA 2005*

b *Eisbär im arktischen Eis*

c *Zwei Aufnahmen von Grönland aus den Jahren 1992 und 2005. Die rot markierten Gebiete zeigen die Abschmelzfläche des Festlandeises.*

d *Hochwasser in Deutschland*

e *Wassermangel in Libyen*

M 2 Welche Folgen hat der Klimawandel für Umwelt, Tiere und Menschen?

Forscher gehen davon aus, dass die Durchschnittstemperatur auf der Erde in den nächsten hundert Jahren zwischen zwei und 4,5 Grad Celsius ansteigt. Das klingt im ersten Moment vielleicht gar nicht nach sehr viel. Die Veränderungen, die dieser Temperaturanstieg mit sich bringt, sind in Ansätzen heute schon zu spüren.

Am deutlichsten zeigen sich die Folgen des Klimawandels am Nord- und Südpol. Dort gibt es immer weniger Eis. Wenn weiterhin so viel Kohlendioxid in die Atmosphäre entlassen wird wie bisher, könnte der Nordpol schon 2040 eisfrei sein. Mit dem Packeis würden auch die Eisbären und viele andere Tierarten verschwinden.

Auch die Gletscher schmelzen. Die Alpen könnten noch vor Ende dieses Jahrhunderts eisfrei sein. Die höher gelegenen Gletscher des tibetischen Hochgebirges werden bis dahin um die Hälfte geschrumpft sein. Schon heute brechen riesige Felsen ab und geraten ins Rutschen, weil das Eis die Hänge rings um den Gletscher nicht mehr stützen kann.

Schon jetzt zwingt der Klimawandel viele Tiere zum Umsiedeln. Die Orkas, die sogenannten Killerwale, ziehen in Folge der Eisschmelze viel höher in den Norden. Vor der englischen Küste wurden in diesem Sommer Mondfische beobachtet, die eigentlich in der Nähe des Äquators zu Hause sind. Weißspitzenriffhaie sind aus dem Südpazifik ins Mittelmeer gewandert, und der Löffler, eine Ibisart aus dem Mittelmeerraum, bevorzugt mittlerweile das deutsche Wattenmeer zum Nisten.

Viele Tier- und Pflanzenarten werden durch den Klimawandel ihren Lebensraum verlieren. Feuchtgebiete werden verschwinden und Wüsten Platz machen. Bereits jetzt geraten empfindlich aufeinander abgestimmte Ökosysteme aus dem Gleichgewicht. Raupen, die zu spät schlüpfen, finden nur Blätter vor, die viel zu zäh für sie sind. Laicht der Kabeljau zu früh, gibt es noch kein Plankton und seine Jungen müssen verhungern.

Auch der Mensch muss sich auf schlimme Veränderungen gefasst machen. Durch die warmen Wassertemperaturen und durch das Abschmelzen der Pole wird der Meeresspiegel ansteigen. Einige Inseln und manche Küstenregionen könnten langsam im Meer versinken. Forscher gehen außerdem davon aus, dass es in Zukunft immer häufiger zu extremen Wetterereignissen wie Stürmen, Überschwemmungen und extremer Dürre kommen wird. Auch vor Wassermangel und vor der Ausbreitung von Infektionskrankheiten warnen sie. Der Welt könnte durch die Folgen des Klimawandels eine der größten Wirtschaftskrisen der neueren Geschichte drohen.

Stefanie Wilhelm auf www.geo.de, 21.1.2007

Lernkarte I

Um wie viel Grad Celsius verändert sich nach Meinung vieler Wissenschaftler die Temperatur der Erde in den nächsten hundert Jahren?

a) Sie fällt um 4,5 Grad.
b) Sie steigt um 2 Grad.
c) Sie steigt um 4,5 Grad.
d) Sie steigt um 45 Grad.

Lernkarte II

Wieviele Menschen werden bis zum Jahr 2100 in Lateinamerika unter Wassermangel zu leiden haben?

a) 1 – 10 Mio.
b) 3 – 30 Mio.
c) 7 – 77 Mio.
d) 9 – 99 Mio.

M3 Wo hat die globale Erwärmung welche Folgen?

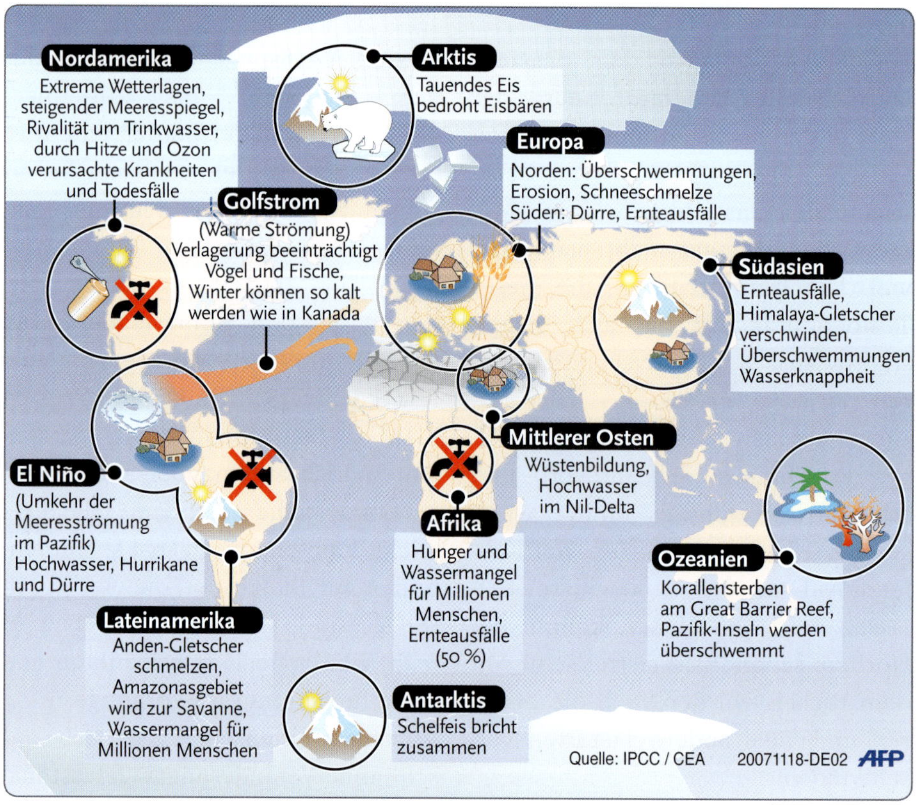

M4 In Alaska ist die Lebensgrundlage bedroht

„Für andere ist die globale Erwärmung eine Theorie, für uns nicht", sagt Enoch Adams. „Wir haben Angst." Der 48-Jährige lebt in einer der unwirtlichsten Regionen der Erde, in Alaska. Sein Dorf Kivalina zählt nur 400 Einwohner und liegt 200 Kilometer nördlich des Polarkreises. […] In Kivalina liegt neun Monate im Jahr Schnee, von November bis Juni ist das Meer vereist. Im Winter fallen die Temperaturen auf bis zu 50 Grad minus. Normalerweise. Hinter dem Haus zerlegen Enochs Mutter, seine Schwester und seine Nichte eine drei Zentner schwere Bartrobbe. Mit scharfen Messern trennen die Frauen das Fell vom Fett und das Fett vom Fleisch. Eine blutige Arbeit. Fast alles wird verwertet.

[…] Fünf Robben haben sie in den letzten Tagen zerlegt, für die Wintervorräte brauchen sie aber zehn bis zwölf. Auch Walfleisch sollte auf ihrem Speiseplan stehen. Doch den letzten Grönlandwal haben die Männer von Kivalina vor 15 Jahren „geerntet", wie sie sagen. Die Wanderrouten der Tiere sind nur im Frühjahr über das Packeis zu erreichen. Das aber war in den letzten Jahren zu dünn, als dass es die Schneemobile mit den Booten im Schlepptau tragen könnte.

Die Frauen ahnen, dass die vielen Jahre mit zu dünnem Eis kein Zufall sind. „Das Klima hat sich geändert", sagt Colleen. „Die Sommer sind länger, die Winter wärmer. Alles ist durcheinander." [...] Auf die Probleme angesprochen, zuckt Lucy junior mit den Schultern. Sie habe noch nicht so viel darüber nachgedacht. Macht sie sich Sorgen? [...] „Vor ein paar Jahren lag unser Haus noch 70 Meter vom Ozean entfernt. Jetzt sind es 20." Ingenieure der US-Armee haben erklärt, dass Kivalina von einer Überflutung bedroht ist. [...] Das Dorf will komplett auf das sichere Festland ziehen. Doch trotz jahrelanger Diskussionen mit den Behörden gibt es keine Einigung über den neuen Siedlungsplatz und die Finanzierung. [...]

Enoch schlurft zum Strand, an seiner Schulter hängen zwei große Gewehre. Es ist die letzte Robbenjagd in diesem Jahr. Bleibt sie erfolglos, weiß Enoch schon jetzt: Für den langen Winter, der kommt, wird er für sich und seine Familie zu wenig Vorräte haben.

Jörn Klare, in: Die Zeit, 3.12.2009

Das Dorf Kivalina in Alaska ist vom Klimawandel bedroht.

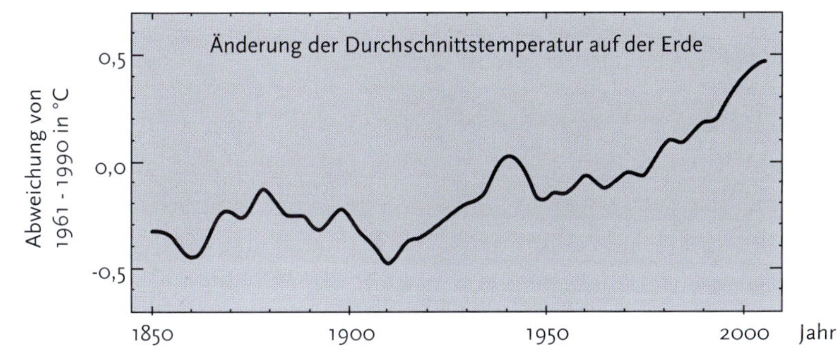

Beobachtete Änderung der durchschnittlichen Erdoberflächentemperatur. Climate Change 2007

Aufgaben

1. Sieh dir die Bilder (M 1) an. Lies dann M 2 und erläutere, um welche Folgen des Klimawandels es sich handelt und wie es dazu gekommen ist.
2. a) Fertigt in kleinen Gruppen ein Lernquiz über die Folgen der Erderwärmung für Menschen, Tiere und Pflanzen an. Formuliert jeweils eine Frage zu einer Aussage aus dem Text und gebt vier Antworten vor, wovon natürlich nur eine richtig ist (M 2, M 3).
   b) Tragt euch gegenseitig die Fragen und Antworten vor. Die Gruppe, die die meisten richtigen Antworten geben kann, hat das Quiz gewonnen.
3. Du machst mit deinen Eltern eine Arktis-Kreuzfahrt und begegnest Enoch Adams. Er konfrontiert dich mit seinem Schicksal. Was sagst du ihm? Schreibe einen kurzen Aufsatz (M 4).

7.1.2 Was sind die Ursachen des Klimawandels?

M 5 Gase verändern das Klima

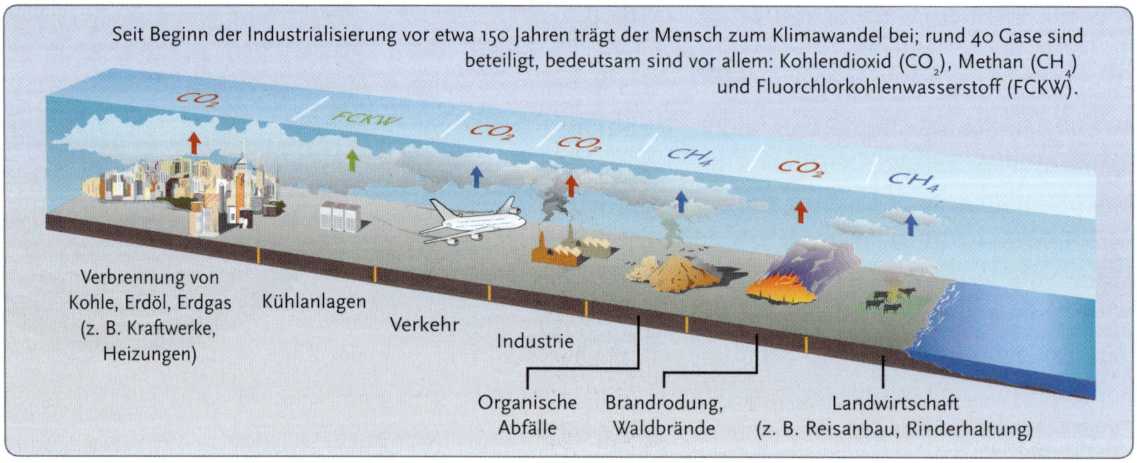

dpa-Infografik 11756

M 6 Wodurch wird die Umwelt gefährdet?

Für viele Flüsse, Seen und Meere sieht es nicht gut aus. Vor allem in den ärmeren Ländern dieser Welt ist Wasser oft so stark verschmutzt, dass sein Genuss lebensbedrohlich ist. Fehlendes Umweltbewusstsein, Bestechung, aber auch die Notwendigkeit, so billig wie möglich zu produzieren, um auf dem Weltmarkt mithalten zu können, sind buchstäblich Gift für die Flüsse.

Dabei ist Wasser die Existenzgrundlage für alles Leben auf diesem Planeten. Mehr als zwei Drittel seiner Oberfläche sind mit Wasser bedeckt, doch nur einen verschwindend geringen Teil davon kann der Mensch verwerten. Brauchbares, sauberes Wasser wird immer knapper. Laut Weltgesundheitsorganisation (WHO) hatten im Jahr 2002 rund 1,1 Milliarden Menschen nicht ausreichend Zugang zu sauberem Trinkwasser. Nachhaltig kann der Umgang mit Wasser jedenfalls nicht genannt werden. Die Begradigung von Flüssen schadet dem Ökosystem enorm. Auch die Möglichkeit, Wasser durch künstliche Leitungssysteme zu pumpen und dadurch trockene Böden als Ackerland zu nutzen, hat der Natur ausgiebig geschadet. Die Folge ist, dass große Seen nach und nach austrocknen können. Auch von sauberer Luft kann keine Rede sein, denn sowohl die alltägliche Verbrennung des Hausmülls als auch Industrie und Verkehr verpesten nach wie vor die Umwelt.

Während früher die qualmenden Schornsteine und die Gasemissionen zu den größten Problemverursachern gehörten, ist es heute unter anderem der zunehmende Verkehr. Wer ständig den Ausstößen von Straßenverkehr ausgesetzt ist, hat ein erhöhtes

Risiko, Atemwegserkrankungen oder gar Krebs zu bekommen.

Überdüngung und das Ablagern giftiger Altlasten und Schwermetalle belasten die Böden der Welt erheblich und verseuchen zudem das Grundwasser. Ein Problem, das lange unterschätzt wurde, ist die zunehmende sogenannte Versiegelung des Bodens. Immer mehr Straßen werden gebaut, immer mehr Landschaft wird in Bauland umgewandelt. Der Boden wird abgedichtet, was bedeutet, dass Niederschläge nicht mehr versickern können. Die Folge: Der Grundwasserspiegel sinkt. Mit sinkendem Grundwasserspiegel aber trocknen nicht nur Brunnen und Gewässer aus. Auch der Vegetation (= Pflanzenwelt) schadet die Versiegelung, denn Baum- und Pflanzenwurzeln erreichen die Wasservorräte nicht mehr. Die Landschaft verödet.

Melanie Wieland auf www.planet-wissen.de, 23.1.2008

M 7 Zukunftsbilder im Film

Ein preisgekrönter Film von Al Gore, der für seinen Einsatz im Kampf gegen die globale Erwärmung den Friedensnobelpreis erhielt.

Der deutsche Regisseur Roland Emmerich behandelt in seinem Katastrophenfilm „The Day After Tomorrow" (2004) die Gefahren und Folgen der globalen Erwärmung und setzt eine Eiszeit in Szene.

Aufgaben

1. Sieh dir die Abbildungen an und erkläre mithilfe des Textes, welche Art von Umweltbelastung jeweils gezeigt wird und welche Gefahren damit verbunden sind (M 5, M 6).
2. Entwerft ein Zukunftsszenario für die Entwicklung des Klimas der Erde (M 7).

Was wir wissen

Weltweite Folgen des Klimawandels
M 2, M 3

Der Klimawandel hat nach Ansicht vieler Wissenschaftler schwerwiegende Folgen für Menschen, Tiere und Pflanzen. Die Temperaturen auf der Erde könnten sich bis 2100 um über 4,5 Grad Celsius erhöhen, was zahlreiche Konsequenzen mit sich bringt: Teile der Erde werden zu Wüsten, die Gletscher schmelzen ab, die Gefahr von Hurrikans und Sturmfluten steigt. Das Trinkwasser könnte knapp werden und das Risiko von Krankheiten sich erheblich vergrößern.

Was bedeutet der Temperaturanstieg für Deutschland?

Wenn die Temperaturen auch bei uns, wie vorhergesagt, wirklich stark ansteigen, wird das spürbare Folgen haben: Die Sommer werden deutlich heißer, gleichzeitig fällt weniger Regen. Die Pflanzenwelt – einschließlich der jährlichen Ernte – hätte zu leiden. Im Winter gäbe es kaum noch Schnee, dafür viel Regen. Vor allem in den ersten Monaten des Jahres gäbe es Überschwemmungen.

Umweltbelastung bedroht die Erde
M 6

Der Mensch ist für viele Ursachen des Klimawandels selbst verantwortlich. Dazu gehören die Verschwendung von Trinkwasser, die Vergiftung und Versiegelung des Bodens, die Vernichtung des Regenwalds und die Verschmutzung der Gewässer und der Luft. Die größte Gefahr allerdings droht den Menschen durch den sogenannten Treibhauseffekt. Verursacht wird der Treibhauseffekt vor allem durch die Verbrennung von Öl, Kohle und Erdgas, z. B. beim Heizen. Auch der Ausstoß von Verkehrsmitteln (Auto, Flugzeug) ist sehr schädlich.

Wie wird die Welt in der Zukunft aussehen?

Natürlich kann heute niemand mit Gewissheit sagen, wie die Welt in einigen Jahrzehnten oder Jahrhunderten wirklich aussehen wird. Einige Wissenschaftler sagen Katastrophen voraus, die meisten warnen vor einem grundlegenden Wandel der Lebensumstände für alle Lebensformen.

Ursache-Wirkung-Schema

Aufgabe

1. Bringe die Ereignisse in die richtige Reihenfolge und zeichne ein beschriftetes Ursache-Wirkung-Schema. Verwende passende Symbole.

- Die Erde erwärmt sich.
- Der Treibhauseffekt wird verstärkt.
- Naturkatastrophen und steigende Meeresspiegel bedrohen die Erde.
- Der Menschen produziert zu viel CO_2.

Karikatur

Thomas Plaßmann, Baaske Cartoons

Aufgaben

1. Formuliere einen Text für die Sprechblase der Karikatur.
2. Präsentiere deine Sprechblase in der Klasse und begründe deine Formulierung.

Lösung am Ende des Buches.

7.2 Wachstum – aber wie?

7.2.1 Brauchen wir Wachstum?

M 1 Aussagen zu Wachstum

„Die EU will die Krise und vor allem die Jugendarbeitslosigkeit mit einem ‚Pakt für mehr Beschäftigung und Wirtschaftswachstum' bekämpfen."

„Was wir brauchen, ist positives Wachstum – sonst können die sozialen Sicherungssysteme in ihrer jetzigen Form nicht überleben."

„Gewerkschaften fordern Lohnerhöhungen nach Jahren des Wirtschaftswachstums."

M 2 Wie wird das Wirtschaftswachstum gemessen?

BIP pro Kopf
Um den (durchschnittlichen) Wohlstand der Bürger zu berechnen, verwendet man das BIP pro Kopf. Damit lässt sich auch der Wohlstand einzelner Nationen besser vergleichen. Das BIP pro Kopf ist das BIP einer Nation geteilt durch die Zahl der Einwohner der jeweiligen Nation.

Das Bruttoinlandsprodukt (BIP) gibt den Gesamtwert aller Güter (Waren und Dienstleistungen) an, die innerhalb eines Jahres innerhalb der Landesgrenzen einer Volkswirtschaft hergestellt wurden und dem Endverbrauch dienen. Wachstum ist gleichbedeutend mit einer Steigerung des BIP. Würde ein Land nur Karotten herstellen und die Menge der produzierten Karotten würde im ersten Jahr zehn Stück betragen, und würde im zweiten Jahr dieses Land elf Karotten herstellen, dann hätte dieses Land ein Wachstum des BIP von zehn Prozent. [...] Nun ist das BIP keine Größe, die in Karotten gemessen wird, sondern für Deutschland selbstverständlich in Euro. Konsequenterweise muss bei der Messung des BIP die Teuerungsrate der jeweiligen Währung berücksichtigt werden. Das heißt, die Inflation beziehungsweise Deflation eines Landes muss bei der Ermittlung des BIP berücksichtigt werden. Denn würde in Deutschland eine Karotte einen Euro kosten, würde bei obigem Beispiel das BIP von Deutschland zehn Euro betragen. Würde im nächsten Jahr nicht die Anzahl der geernteten Karotten steigen, sondern der Preis pro Karotte um zehn Prozent, hätte Deutschland bei konstanter Produktion eine Steigerung des BIP von zehn Prozent auf elf Euro, ohne dass mehr produziert worden wäre. Um diesen Umstand zu berücksichtigen, wird beim sogenannten realen BIP die Teuerungsrate (= Inflation) herausgerechnet.

nach: Wolfram Bernhardt, Agora42, 01/2010, S. 33-35

Deflation = allgemeiner Rückgang des Preisniveaus von Waren und Dienstleistungen

M 3 Die Leistung unserer Wirtschaft

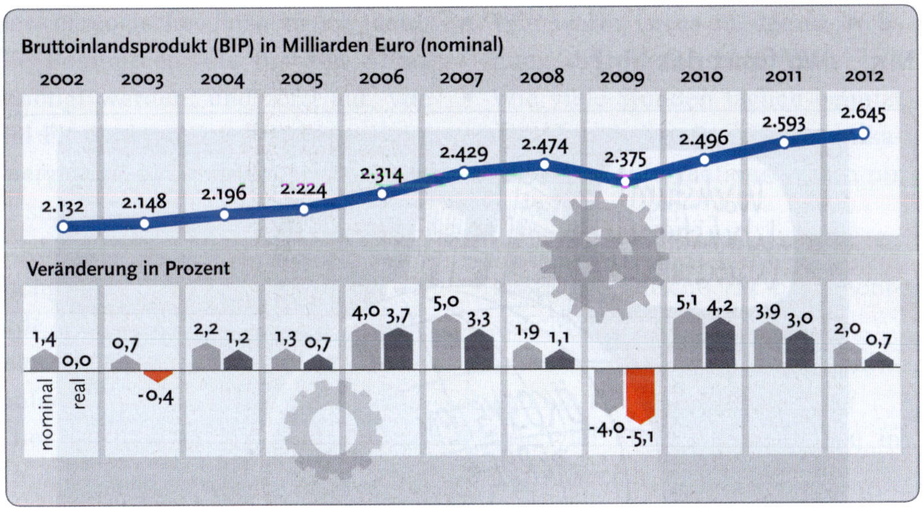

Quelle: Statistisches Bundesamt; Globus-Grafik 5457

BIP nominal / real
Das nominale BIP gibt den Gesamtwert aller produzierten Güter an, beim realen BIP wurde die Teuerungsrate herausgerechnet.

M 4 Warum brauchen wir Wirtschaftswachstum?

Es gibt eine Reihe von guten Gründen, die sich als Antworten auf diese Frage formulieren lassen:

- *Wachstum erleichtert den Abbau der Arbeitslosigkeit:* Wirtschaftswachstum bedeutet, dass die Unternehmer wieder eine positive Zukunft für ihr Unternehmen erwarten. D. h. sie haben die Hoffnung, in Zukunft wieder mehr Produkte oder Dienstleistungen absetzen zu können. Das führt über kurz oder lang dazu, dass sie dann auch wieder Arbeitsplätze anbieten, denn diese Güter und Dienstleistungen müssen ja erst einmal hergestellt werden.
- *Umweltschutz erfordert Wachstum:* [...] Heute gibt es für Unternehmen viele Auflagen, z. B. für die Abwasserreinigung, Luftfilterung usw. Dies ist für die Unternehmen teuer. Sie können diese Auflagen gut erfüllen, wenn es genügend Wachstum gibt.
- *Wachstum bedeutet steigende Einkommen:* [...] Nur bei Wirtschaftswachstum geht es den Unternehmen so gut, dass sie bereit sind, für ihre Mitarbeiter höhere Löhne zu bezahlen.
- *Wachstum ist Grundlage der sozialen Sicherung:* Wenn die Erwerbsbevölkerung zurückgeht und die Ausgaben für Gesundheit und Rente ständig steigen, muss die Wirtschaft (und damit die Einkommen) wachsen, wenn keine Leistungskürzungen erfolgen sollen.

Statistisches Bundesamt, Wiesbaden, Sachverständigenrat zur Begutachtung der gesamtwirtschaftlichen Entwicklung: Jahresgutachten 1987/88, Ziffern 246 f., 255, 257

Aufgaben

1. Arbeite aus den Zitaten heraus, warum Wachstum wichtig ist.
2. Erkläre, wie Wirtschaftswachstum gemessen wird (M 2, M 3).
3. Erkläre mit M 4 die Zitate (M 1).

Was verbinden Sie persönlich mit der Globalisierung?

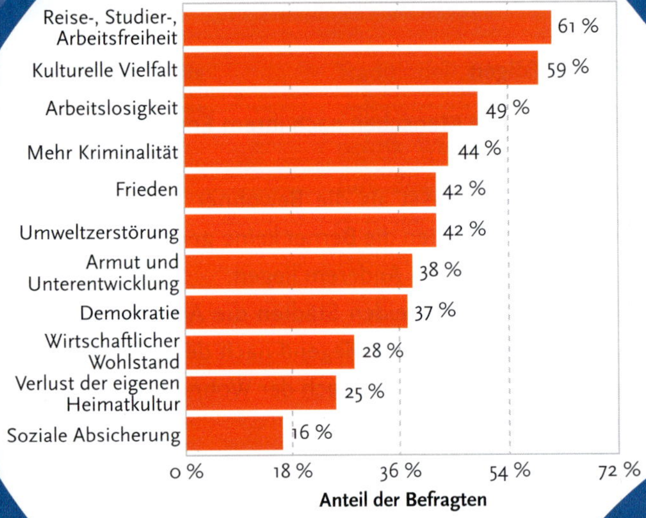

Deutschland; Jugendliche von 15 bis 25 Jahren, denen der Begriff Globalisierung geläufig ist; TNS Infratest

© Statista 2009, Quelle: Shell Jugendstudie

Was bringt uns die Globalisierung alles in allem?

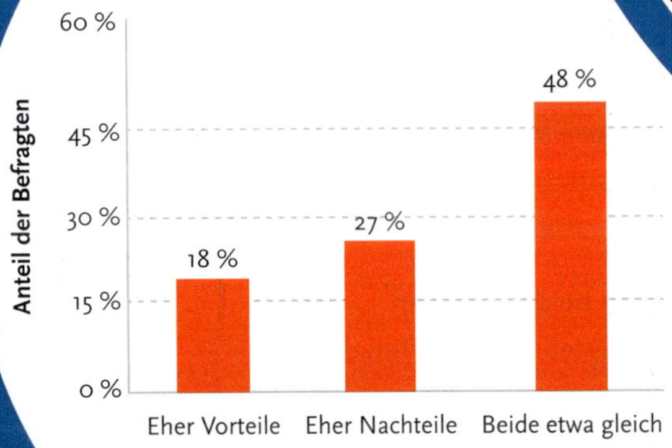

Deutschland; Jugendliche von 15 bis 25 Jahren, denen der Begriff Globalisierung geläufig ist; TNS Infratest

© Statista 2009, Quelle: Shell Jugendstudie

8

Globalisierung – Fluch oder Segen?

Marshall McLuhan, ein kanadischer Philosoph, bezeichnete 1962 die Welt als „global village". Er wollte damit ausdrücken, dass die Welt durch elektronische Vernetzungen zu einem „Dorf" zusammengeschrumpft ist. Durch das Internet kann man heute mit Menschen aus aller Welt zeitgleich in Kontakt treten. Was bedeutet Globalisierung, welche Ursachen hat sie und welche Folgen hat sie für Gesellschaft, Wirtschaft und Politik?

Kompetenzen

Am Ende dieses Kapitels solltest du Folgendes können:

- Ursachen und Folgen globaler Entwicklungen kennen, insbesondere die Bedeutung von Informationen und Kommunikation für die Globalisierung
- verschiedene Facetten der Globalisierung beschreiben
- Auswirkungen der wirtschaftlichen Globalisierung auf die Welt und auf Deutschland beurteilen

Was weißt du schon?
Was verbindet ihr mit dem Begriff Globalisierung? Entwerft dazu ein Cluster. Die Umfragen auf dieser Seite können euch dabei helfen.

Was wir wissen

Globalisierung – Dimensionen
M 1

Globalisierung hat zahlreiche Facetten – wirtschaftliche, politische, gesellschaftlich-soziale, kulturelle, ökologische und rechtliche. Im Alltag begegnet sie uns an den verschiedensten Stellen, sobald wir darauf achten: Wo kommt die Kleidung her, die wir tragen; wo wurden die Handys verarbeitet, mit denen wir telefonieren? Warum wird das Telefonieren immer günstiger und so weiter ...

Wirtschaftliche Globalisierung
M 3, M 5, M 7

Im wirtschaftlichen Bereich führt die Globalisierung zu einer immer engeren Verflechtung der Volkswirtschaften und der Entstehung eines weltweiten Marktes für Waren, Kapital und Dienstleistungen. Die entscheidende Triebkraft der Globalisierung ist der internationale Handel. Die Intensivierung der internationalen Arbeitsteilung wurde politisch ermöglicht durch den weltweiten Abbau der Handelsbeschränkungen. Durch gesunkene Kommunikations- und Transportkosten (technologische Faktoren) können Unternehmen den Produktionsprozess global organisieren. Damit treten die Produktionsstandorte und Unternehmen weltweit in Konkurrenz zueinander.

Wirtschaftsstandort Deutschland
M 9, M 11

Wenn die Arbeit international organisiert wird, stehen deutsche Firmen und Arbeitsplätze unter großer Konkurrenz – vor allem einfache Tätigkeiten, welche eher dort angesiedelt werden, wo die Arbeiter weniger verdienen. Dafür hat Deutschland andere Stärken, u. a. eine hervorragende Infrastruktur, stabile politische und soziale Verhältnisse, Rechtsstaatlichkeit, sehr gut qualifizierte und produktive Arbeitnehmer und eine insgesamt hohe Lebensqualität.
Zu den Schwächen des Standortes zählen die im internationalen Vergleich hohen Arbeitskosten sowie eine hohe Steuerbelastung der Unternehmen.

Globalisierung und Wohlstand
M 12, M 13

Wohlstand und Entwicklungschancen auf der Welt sind nach wie vor ungleich verteilt. Ob die Globalisierung zu einer Verstärkung dieser Ungleichheit führt oder den ärmeren Ländern Chancen eröffnet, am Wohlstand teilzuhaben, wird unterschiedlich beurteilt. Die einzelnen Regionen in der Welt entwickeln sich unterschiedlich.

Krabbenpulen in Marokko oder in Norddeutschland?

Greetsiel 2004

Werner Poppinga ist Kapitän des Krabbenkutters Gee 1. Seit er denken kann, riecht sein Leben nach Krabben. Der Vater Krabbenfischer, die Mutter die schnellste Krabbenpulerin des Ortes. [...]

Früher haben die Frauen der Fischer in ihren Küchen gepult. Zwischen Babywindeln und Frühstücksei. Irgendwann wurde die Hauspulerei zum Hygieneproblem, und sie kamen mit Auflagen, getrennte Zimmer wurden gefordert, Gesundheitszertifikate. Da sind viele abgesprungen. Irgendwann wurde es ganz verboten. [...]

In Deutschland will für den gebotenen Lohn keiner die Arbeit verrichten, die Frauen in Marokko stehen Schlange, um in der Fabrik arbeiten zu können. [...] Einen Euro bekommen sie hier pro Kilo Krabbenfleisch.

In der Fabrik arbeiten 2.000 marokkanische Frauen, in der Vorweihnachtszeit 2.500, dann schaffen sie hier 45 Tonnen. An gigantischen Tischen sitzen sie: weiße Kittel, Plastikschürzen, Mundschutz, Hauben, einen Schleier darunter. [...] Wer fertig ist, bringt sein Krabbenfleisch zur Kontrolle, wo sie mit Pinzetten Schalenreste ausklauben, dann zur Waage. Jede Frau hat eine Nummer an der Schulter. Ende der Woche wird abgerechnet. [...] Es ist gut, dass die Krabben aus dem Norden gekommen sind, sagen sie.

nach: Karin Steinberger, Am Anfang ist das Meer, in: Süddeutsche Zeitung vom 20./21.3.2004, S. 3

Cuxhaven 2008

Die Fabrikarbeiter in Marokko und Polen lernten schnell, die Krabben für die deutschen Großhändler zu pulen. Der Fang der Nordseefischer wurde per Lkw tausende Kilometer hin und wieder zurück in die Supermärkte Westeuropas gekarrt. [...] Trotz der langen Transportwege war dieses Geschäft rentabel [= hat sich gelohnt].

Doch nun verlangen die Arbeiter in den Billiglohnländern höhere Bezahlung, und der Spritpreis scheint immer weiter zu steigen.

Ihre immer unterschiedlichen Größen und Formen haben die Krabben bislang davor bewahrt, dass Automaten ihnen zu Leibe rücken konnten. Doch im September wird die erste Schälfabrik Europas in Betrieb gehen, im Neuen Fischereihafen von Cuxhaven. [...] Hier werden bald 24 Maschinen aus niederländischer Herstellung aufgebaut. Die erste europäische Krabbenschälfabrik soll täglich bis zu 7,2 Tonnen Nordseegarnelen von deutschen, belgischen und niederländischen Fischern verarbeiten.

nach: Markus Thierbach, Das Krabbenpulen kehrt zurück, auf: www.stern.de, 16.8.2008

Aufgaben

1. Erläutere, warum das Krabbenbeispiel für die wirtschaftliche Globalisierung steht. Verwende dabei folgende Begriffe: Transportkosten, freier Handel, komparativer Vorteil, Arbeitskosten, Arbeitsplätze, Standortfaktoren.
2. Die Krabbenpulerinnen in Marokko kommen häufig aus traditionellen Familien, in denen Frauen normalerweise zu Hause bleiben. Heute sind die Männer häufig arbeitslos und die Frauen verdienen das Geld. Simuliert in Zweiergruppen ein Gespräch in einer marokkanischen Familie, aus dem die sozialen Auswirkungen der Globalisierung deutlich werden.

Methode

M 8 Eine Talkshow durchführen

1. Talkshow vorbereiten

Bildet nach der Anzahl der Rollenkarten (einschließlich der Moderationskarte) gleich große Gruppen und verteilt euch auf die Rollen.

Anschließend liest jeder einzeln seine Rollenkarte. Jeder arbeitet Argumente für die Talkshow heraus und notiert diese in Stichworten. Tauscht euch in eurer Gruppe über die Argumente aus und füllt eure Rolle kreativ mit Details und „Leben“.

Formuliert schließlich ein Eingangsstatement, mit dem ihr eure Position in der Talkshow präsentiert. Überlegt euch auch die Reaktionen der anderen Teilnehmer und mögliche Antworten eurerseits. Wählt einen aus eurer Gruppe aus, der eure Rolle bei der Talkshow vertritt. Alle anderen Gruppenmitglieder bilden das Publikum.

2. Sitzordnung für die Talkshow aufbauen

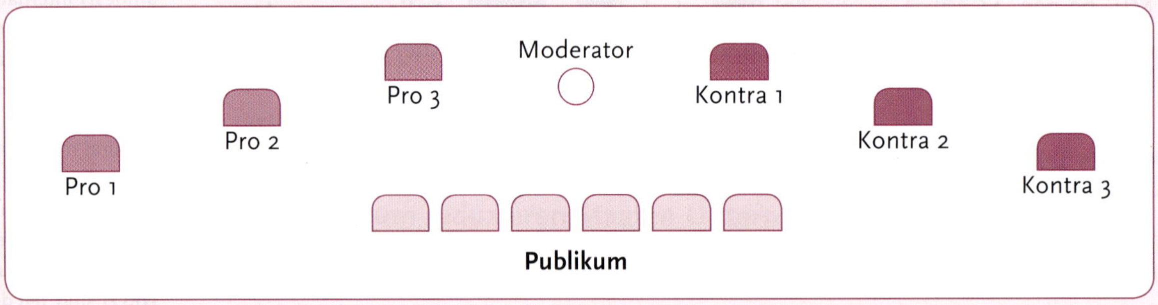

3. Durchführung der Talkshow

Der Moderator führt in die Talkshow ein, indem er Talkgäste und Publikum begrüßt, das Thema nennt und die verschiedenen Diskussionsteilnehmer vorstellt. Dann bekommt jeder Diskussionsteilnehmer die Möglichkeit, sein Statement vorzutragen. Danach leitet der Moderator die Gesprächsrunde und sorgt für einen angemessenen Austausch der Argumente der verschiedenen Talkshow-Gäste.

Am Ende der Diskussionsrunde bekommt jeder Talkgast die Möglichkeit, ein Abschlussstatement abzugeben. Der Moderator fasst das Ergebnis der Talkrunde abschließend zusammen.

Jeder Zuschauer beobachtet den Rollenvertreter seiner Gruppe und notiert in Stichworten dessen Gesprächsverhalten. Der Moderator kann und sollte auch Wortmeldungen der Zuschauer in die Diskussion einbeziehen.

4. Auswertung der Talkshow

Zuerst bekommt jeder Teilnehmer der Diskussionsrunde die Möglichkeit, seine Eindrücke zu seiner Rolle zu äußern: Wie habe ich mich in dieser Rolle gefühlt?

Danach geben die Zuschauer den Rollenvertretern mithilfe ihrer Notizen konstruktives Feedback.

Nützliche Formulierungen hierbei sind: „Mir hat besonders gut gefallen, ... “, „Als Tipp für das nächste Mal ...“

Im Anschluss daran sprechen die Beobachter darüber, welche Argumente sie überzeugend fanden und welche nicht.

Globalisierung – Fluch oder Segen?

1. Moderator/in
Als Moderator/in kommt dir eine zentrale Rolle zu. Du bist Leiter/in der Diskussion und solltest unparteiisch sein. Zur Vorbereitung lies alle Rollenkarten und erarbeite eine Begrüßung, in der du das Thema und die Gäste vorstellst. Am Ende der Talkshow fasst du die Ergebnisse der Gesprächsrunde zusammen und beendest sie mit einem Schlusswort.
Moderationstipps:

- Sei höflich zu allen Gesprächsteilnehmern.
- Achte darauf, dass alle zu Wort kommen und jeder ausreden kann.
- Wenn das Gespräch ins Stocken gerät, solltest du vorbereitete Fragen stellen.
- Fordere auch das Publikum auf, sich an der Diskussion zu beteiligen.

kontra

2. Herr Maier: mittelständischer deutscher Unternehmer
Du stehst der Globalisierung sehr kritisch gegenüber und siehst in ihr mehr Gefahren für die deutsche Wirtschaft als Nutzen. Dein Unternehmen ist auf die Herstellung von hochwertigen Hüten spezialisiert, du hast 80 Mitarbeiter, die meisten in der Fertigung. Momentan muss das Unternehmen mit dem Überleben kämpfen. Die Konkurrenz auf dem Weltmarkt ist sehr groß und du hoffst, dass die Politik sich für die deutsche Wirtschaft einsetzt.

pro

3. Prof. Globulus, Uni Köln, Wirtschaftswissenschaften
Als Wissenschaftler bist du der Überzeugung, dass letztlich die gesamte Menschheit von der Globalisierung profitieren wird. Die Vorteile des freien Handels sind offensichtlich. Du erkennst zwar auch einige Nachteile dieses Prozesses, meinst aber, dass die positiven Folgen für die Welt deutlich überwiegen. Denke bei deinen Argumenten an die verschiedenen Dimensionen der Globalisierung.

pro

4. Herr Nygen: Chef eines chinesischen Textilunternehmens
Als erfolgreicher Unternehmer in der Textilbranche, der von der Globalisierung profitiert hat, stehst du diesem Prozess eindeutig positiv gegenüber. Dein Unternehmen wächst jährlich um über 10 %. Deine Auftragsbücher sind so voll, dass du sogar laufend neue Arbeitskräfte einstellst. Nachdem eine Nichtregierungsorganisation vor kurzem die Arbeitsbedingungen in deinen Fabriken bemängelt hat, hast du sogar die Arbeitszeiten verkürzt.

kontra

5. Herr Amari Khalengua: Regierungschef eines afrikanischen Landes
Dein Land ist besonders stark betroffen von den negativen Auswirkungen der Globalisierung. Hunger und Armut bedrohen die Bevölkerung. Große internationale Unternehmen sind kaum an Investitionen interessiert, da die Infrastruktur und die Qualifikation der Arbeitskräfte nicht ausreichen. Auch die Auswirkungen des Klimawandels werden in deinem Land immer katastrophaler.
Denke bei deinen Argumenten an die verschiedenen Dimensionen der Globalisierung.

pro

6. Mike Smith: Leitender Manager eines Global Players
Natürlich bist du auf der Befürworterseite. Am Beispiel deines Unternehmens kannst du aufzeigen, wie gut sich Unternehmen durch den Globalisierungsprozess entwickeln können: Früher war deine Firma ein mittelständisches solides Unternehmen; nach leichten Umsatzschwächen hat dein alter Chef die Firma an einen amerikanischen (Mutter-)Konzern verkauft und seither geht es stetig bergauf. Das Unternehmen expandiert weltweit, der Standort Deutschland wird ebenfalls ausgebaut und die Arbeitsplätze sind gesichert.

kontra

7. Christopher Hinz: Vertreter der Globalisierungskritiker „Attac"
Du vertrittst die Ansicht, dass die Globalisierung bisher viele Verlierer hervorgebracht hat: Einige Regionen der Welt sind von den Wachstumschancen abgeschnitten, der Abstand zwischen Industrie- und Entwicklungsländern wird immer größer. Die negativen Umwelt- und Klimafolgen werden ignoriert bzw. die Verursacher nicht ausreichend in die Pflicht genommen.
Denke bei deinen Argumenten an die verschiedenen Dimensionen der Globalisierung.

Aufgabe
Bereitet mithilfe der Rollenkarten eine Talkshow zum Thema: „Globalisierung – Fluch oder Segen?" vor und führt sie durch.

Was wir wissen

Globalisierte Kultur
M 1

Globalisierung meint nicht nur die weltweite Verflechtung der Wirtschaft. Auch die Kultur ist „globalisiert". Der Austausch mit Menschen in anderen Weltregionen und aus anderen Kulturkreisen bleibt nicht ohne Auswirkungen: Werte werden übernommen oder angepasst, kulturelle Produkte gleichen sich an – zum Beispiel im Bereich der Essenskultur, der Fernsehformate, der Sprache usw. Als Beispiel dienen häufig die Filialen der Fastfood-Kette McDonald`s in aller Welt. Häufig wird bedauert, dass dadurch die kulturelle Vielfalt abnehmen könnte.
Teilweise ruft dies auch Gegenreaktionen hervor. In Frankreich gibt es zum Beispiel eigene französische Begriffe für englische Fachwörter und eine Regelung, dass ein bestimmter Anteil der Radiomusik französisch sein muss.

Politik in Zeiten der Globalisierung
M 4, M 6

Die Grenzen von Staaten haben für wirtschaftliche Aktivitäten, für den Verkehr von Geldern und z. T. auch von Personen ihre Bedeutung verloren. Gleichzeitig gelten die Gesetze, die ein Staat erlässt, nur innerhalb seiner eigenen Grenzen. Man kann sagen, dass der Einfluss der Politik dadurch kleiner geworden ist.
Als Anzeichen dafür werden oft die Steuern auf Unternehmen genannt: Der Staat benötigt Geld, um seine Aufgaben zu erfüllen, und erhebt Steuern. Große Unternehmen haben jedoch häufig die Möglichkeit, ihre Geschäfte in einem anderen Land zu tätigen – wo z. B. die Steuern niedriger sind. Ein Staat würde dadurch Steuereinnahmen und Arbeitsplätze verlieren. Viele Staaten weltweit haben in den 1990er Jahren und danach die Steuern auf Unternehmen gesenkt. Dadurch verzichten sie auf Einnahmen und Handlungsspielräume.

Neue Akteure

Gleichzeitig hat die Globalisierung andere Akteure gestärkt, die (neben den Staaten) auf internationale Entwicklungen Einfluss nehmen. Dazu gehören z. B. Nichtregierungsorganisationen, die sich weltweit für bestimmte Themen einsetzen. Dazu gehören aber auch internationale Organisationen aus Staaten, zum Beispiel die Weltbank oder die Vereinten Nationen.

Fluch oder Segen?

Ob die Globalisierung mehr Vorteile oder mehr Nachteile, mehr Chancen oder mehr Risiken mit sich gebracht hat, lässt sich nicht einfach beantworten. Viele Menschen in der Welt haben Vorteile durch die wirtschaftliche Entwicklung. Viele andere konnten ihren Wohlstand und ihre Lebensqualität nicht verbessern. Gerade für die Ärmsten ist es häufig unmöglich, ihre Interessen durchzusetzen.

Dimensionen der Globalisierung

„Herrensocken, schwarze Baumwolle, fünf Paar zu fünf Euro. Damit beginnt eigentlich die ganze Geschichte über die Globalisierung. Man steht vor dem Wühltisch eines Kaufhauses und spielt Zeitreise im Kopf. Wie war das vor 20 Jahren? Jeder setzte sich hin, holte Nadel und Faden hervor und versuchte mit wenig Geschick, die Löcher in den alten Socken zu flicken. Heute stopft kaum noch jemand seine Strümpfe. Neue zu kaufen, ist sehr billig geworden.
Nicht nur Socken, übrigens. Auch DVD-Recorder, Schnitzel, Plastikspielzeug. Vieles ist erstaunlich preiswert, und genau damit beginnt das Problem. Die Deutschen selbst sind nämlich teuer. Krankenversicherung, Rentenanspruch, sechs Wochen tariflicher Urlaub – die Stunde eines Industriearbeitnehmers kostet 25,50 Euro. Der Tscheche hingegen nimmt 3,03 Euro und der Indonesier 33 Cent. Weil keiner viel Geld ausgeben will und Geiz geil ist, zerlegen Tschechen die Schweine zu Schnitzeln, schrauben Chinesen die DVD-Recorder zusammen.
Und die Deutschen? Sie rennen zu Discountern und bangen um ihre Jobs, weil Unternehmer in Billiglohnländer ziehen. Willkommen in der Globalisierung."

Andreas Hoffmann, in: Das Parlament Nr. 47/21.11.2005

Aufgaben

1. a) Erkläre, warum man auch vom „Doppelgesicht" oder „Januskopf" der Globalisierung spricht.
   b) Nenne für die verschiedenen Dimensionen der Globalisierung je zwei Chancen und zwei Risiken.
2. Siehst du in der Globalisierung für dich mehr Chancen oder mehr Risiken? Formuliere eine persönliche Stellungnahme.

Gruppenanalyse

„Meines Erachtens lässt sich Globalisierung am besten beschreiben als ..."

Aufgabe

Bildet Vierergruppen.

1. Schritt: Jeder schreibt den Satz auf ein leeres Blatt und formuliert dazu seinen persönlichen Standpunkt.
2. Schritt: Jeder reicht sein Blatt anschließend an einen Partner weiter, der die Stellungnahme kommentiert und ggf. mit eigenen Gedanken ergänzt.
3. Schritt: Jeder reicht das Blatt ein weiteres Mal weiter, kommentiert die Stellungnahmen 1 und 2 und ergänzt ggf. eigene Gedanken.
4. Schritt: Das Blatt wird noch einmal weitergereicht und jeder kommentiert die Stellungnahmen 1, 2 und 3 und ergänze ggf. eigene Gedanken.
5. Schritt: Nun hat jeder wieder sein eigenes Blatt. Lies die Stellungnahmen/Kommentare aufmerksam und nimm dann abschließend noch einmal Stellung. Setze dich dabei zustimmend oder ablehnend mit den Gedanken der anderen auseinander.

9

Frieden durch Krieg? Sicherheitspolitik im 21. Jahrhundert

Die zahlreichen Kriege und Konflikte auf der Welt zeigen, dass bis heute Frieden und Sicherheit alles andere als selbstverständlich sind. Durch die Globalisierung wirken sich Krisen irgendwo auf der Welt auf die gesamte Weltgemeinschaft aus.

Kompetenzen

Am Ende dieses Kapitels solltest du Folgendes können:

- Unterschiede zwischen Krieg und Frieden erklären
- eine Wandzeitung gestalten
- die Aufgaben der Bundeswehr erläutern und Probleme beurteilen
- einen aktuellen Konflikt analysieren
- die Ziele der UNO beschreiben und deren Möglichkeit im Einsatz für den Frieden überprüfen und bewerten

Was weißt du schon?

- Was ist die größte Bedrohung für den Frieden auf der Welt?
  - a) Notiere eigene Stichpunkte und nimm eine Wertung vor.
  - b) Tragt eure Antworten zusammen und diskutiert.
  - c) Erstellt abschließend gemeinsam eine Hierarchie der Bedrohungen für den Weltfrieden.
- Diskutiert, was „Brot für die Welt" wahrscheinlich für eine Vorstellung von Frieden hat.

9.1 Kann die Bundeswehr Frieden schaffen? Fallbeispiel Afghanistan

9.1.1 Was sind die Aufgaben der Bundeswehr?

M 1 Als Hauptziel in Afghanistan gilt der Wiederaufbau

Klaus Stuttmann, 2006

M 2 Der Auftrag der Bundeswehr nach dem Grundgesetz

Die Hauptaufgabe der Bundeswehr wird in Artikel 87a GG festgelegt: Verteidigung des Landes. Es werden aber auch bewaffnete Auslandseinsätze in Artikel 24 GG geregelt. Bewaffnete Einsätze der Bundeswehr mit Ausnahme von Evakuierungs- und Rettungsoperationen werden nur gemeinsam mit Verbündeten und Partnern im Rahmen der Vereinten Nationen, NATO und EU durchgeführt.

Auftrag der Bundeswehr ist es, zusammen mit den Verbündeten einen bewaffneten Angriff auf die Bundesrepublik Deutschland abzuwehren. Für einen Auslandseinsatz wird der Beschluss der UNO und eine Entscheidung im Deutschen Bundestag benötigt. Dasselbe gilt auch im Falle der Verteidigung eines Bündnispartners im Rahmen der NATO oder der EU.

Die Bundeswehr darf auch im Innern des Landes eingesetzt werden, allerdings nur zur Amtshilfe. Naturkatastrophen zählen dazu ebenso wie die Unterstützung der Polizei, sollte diese nicht mehr in der Lage sein, die Sicherheit Deutschlands zu gewährleisten (Art. 91). Die Bundeswehr sichert demnach die außenpolitische Handlungsfähigkeit, sorgt für die nationale Sicherheit und Verteidigung, trägt zur Verteidigung der Verbündeten bei und fördert multinationale Zusammenarbeit.

M 3 Briefe und Bilder von der Front

Meine Sprechstunden in den Dörfern gehören eigentlich nicht zum Auftrag, werden allerdings im Sinne von Vertrauensbildung, aus humanitären Aspekten und auch als eine Art Lebensversicherung für uns durchgeführt. Ich erlebe Krankheitsbilder in einer Ausprägung, wie man sie in Europa gar nicht mehr findet. [...]

Stabsarzt Christian Werner, 38, Kabul 2005

Letztlich stellt man sich die Frage: „Haben wir diesem Land geholfen???" Wir Fernmelder hier unten sind zu folgender abschließender Aussage gekommen: „Geholfen vielleicht nicht, aber wir haben dafür gesorgt, dass die Leute, die geholfen haben, telefonieren und funken konnten!" Deshalb kann man wohl sagen: MISSION ERFÜLLT – auf geht's nach Hause!

Oberfeldwebel Frank Carsten, 28, Kabul 2007

Insgesamt hat der ISAF-Einsatz in Kundus nur noch wenig von einem Hilfseinsatz, sondern mehr von einem (asymmetrischen) Krieg. Wenigstens alle drei Tage passiert etwas. Anfangs kamen in schöner Regelmäßigkeit Raketen, das hat nachgelassen. Dafür häufen sich Anschläge und Hinterhalte. [...]

Oberstabsarzt Jens Weimer, 34, Kundus 2008

Plötzlich eine Detonation, der Boden unter den Füßen vibriert. Ich drehe mich um und sehe einen Staubpilz in der Luft, 50 Meter von uns. Keiner weiß, was passiert ist. Ein zweiter und ein dritter Knall. Jetzt ist klar: ein Mörser- oder Raketenangriff. Ein Offizier befiehlt, in die Flughalle einzurücken. Ich ziehe Weste und Helm an. Ein Zugführer schreit seine Soldaten an, nicht vor den Fenstern zu stehen. Ein anderer brüllt: „Gefechtsbereitschaft herstellen!" Ich lade mein Gewehr und spüre das Adrenalin. Ich bin perplex, dass ich weder Angst noch Panik verspüre. [...]

Oberstleutnant Boris Barschow, 42, Masar-i-Scharif 2009

In: SZ Magazin, Heft 52/2009

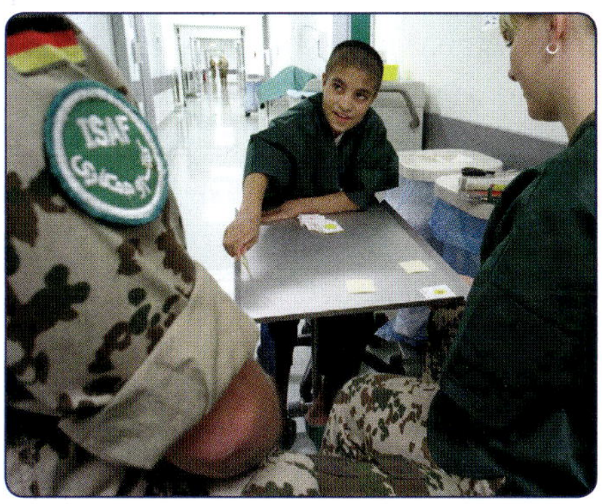

Bundeswehrärzte spielen mit einem afghanischen Jungen, den sie wegen einer Schussverletzung behandeln (Oktober 2008).

Unter deutschem Kommando bombardierten NATO-Truppen von den Taliban entführte Tanklaster, dabei sterben auch viele Zivilisten (September 2009).

M 4 Die neuen Aufgaben der Bundeswehr

Seit der Wiedervereinigung ist Deutschland nur noch von befreundeten oder verbündeten Staaten umgeben. Der Weltfrieden ist durch andere Kräfte bedroht: Terroristen verüben Anschläge und Staaten streben den Besitz von Massenvernichtungswaffen an. Andere Staaten sind so schwach, dass sie sich nicht um die Sicherheit und Grundversorgung ihrer Bevölkerung kümmern können. Zu Beginn des 21. Jahrhunderts mussten Auftrag und Aufgaben der Bundeswehr deshalb der veränderten sicherheitspolitischen Lage angepasst werden. Im Zusammenwirken mit den Verbündeten muss die Bundeswehr weltweit auf Krisen und Konflikte angemessen reagieren.

In den verteidigungspolitischen Richtlinien von 2011 wird als Auftrag der Bundeswehr formuliert:

- Schutz Deutschlands und seiner Bürgerinnen und Bürger,
- die außenpolitische Handlungsfähigkeit sichern,
- einen Beitrag zur Stabilität im europäischen und globalen Rahmen leisten,
- die nationale Sicherheit und Verteidigung gewährleisten,
- zur Verteidigung der Verbündeten beitragen und
- die multinationale Zusammenarbeit und europäische Integration fördern.

Vor einem Einsatz der Bundeswehr muss immer der Bundestag zustimmen!

Am 12. Juli 1994 entschied das Bundesverfassungsgericht, dass die verfassungsrechtliche Grundlage für eine Beteiligung deutscher Streitkräfte an humanitären [= wohltätigen] und militärischen Operationen der UNO gegeben sei. Jeder einzelne Einsatz der Bundeswehr bedürfe allerdings der Zustimmung der einfachen Mehrheit des Parlaments. Seit diesem sogenannten „out-of-area-Urteil" nimmt die Bundeswehr nun neue Aufgaben wahr. So standen 2011 eine nennenswerte Anzahl deutscher Soldaten in Bosnien-Herzegowina, im Kosovo, in Afghanistan und im Sudan, Schiffe der Bundeswehr kreuzen mit unterschiedlichen Aufträgen im Mittelmeer und vor der Küste von Somalia.

Aufgaben

1. Analysiere die Karikatur (M 1).
   a) Auf welches Problem macht der Karikaturist aufmerksam?
   b) Über welche Informationen musst du verfügen, um die Problemfrage beantworten zu können?
2. Lies die Feldpostbriefe (M 3).
   Bildet Vierergruppen und legt ein leeres Plakat auf den Tisch, das ihr in vier Teile einteilt. Führt ein Schreibgespräch durch, indem ihr nur schriftlich miteinander kommuniziert. Arbeitet heraus, wie der Alltag der Soldaten in Afghanistan aussieht.
3. Stelle die Aufgaben der Bundeswehr in einem Schaubild dar (M 2).
4. Stelle die Aufgaben der Bundeswehr bis 1990 denen nach der Wiedervereinigung gegenüber (M 4).
5. Vergleiche die neuen Aufgaben der Bundeswehr mit den Briefen von der Front (M 3, M 4).

9.1.2 Was haben Bundeswehr und NATO in Afghanistan gemacht?

M 5 Der Konflikt in Afghanistan

Nach Jahren des Bürgerkrieges ergriffen im Jahr 1996 die Taliban die Macht in Afghanistan. Das Land sollte zu einem Gottesstaat werden: Musik, Sport, Bilder und Fernseher wurden verboten. Die meisten Schulen und Universitäten wurden geschlossen. Frauen konnten sich fortan nur in Ganzkörperverschleierung und männlicher Begleitung auf die Straße wagen. Dem internationalen Terrorismus boten die Taliban einen Unterschlupf: Die Anschläge auf das World Trade Center 2001 wurden in Afghanistan geplant.

Als Reaktion griffen im Oktober 2001 die USA und Großbritannien das Land an und stürzten gemeinsam mit der Nordallianz das Taliban-Regime. [...]

Noch heute erschüttern Anschläge der Taliban das Land. Mit ihrer Terror-Strategie des „Mordens und Zerstörens" wollen sie die afghanische Bevölkerung einschüchtern, im Westen Zweifel am Sinn der Afghanistan-Mission schüren und die Macht im Land zurückerobern [Stand: 2011].

Bundeszentrale für politische Bildung, Spezial: Afghanistan, auf: www.bpb.de

Methode

M 6 Eine Konfliktanalyse durchführen

1. Wer sind die Beteiligten am Konflikt? 2. Worum wird gestritten?	Bei diesen Fragen geht es darum, den Konflikt näher zu bestimmen und herauszufinden, wer welche Partei ergreift. Hierbei kann es sich um Staaten, Gruppen oder einzelne Personen handeln.
3. Wie ist der Konflikt entstanden? 4. a) Welche Interessen stehen sich gegenüber? b) Mit welchen Argumenten werden diese jeweils vertreten?	Hier ist es wichtig, die Vorgeschichte des Konfliktes zu betrachten und die Positionen der Konfliktparteien zu erklären. Die Vorgeschichte hilft dabei, die Argumente der Konfliktparteien besser zu verstehen.
5. a) Mit welchen Mitteln wird versucht, die Interessen durchzusetzen? b) Welche Folgen entstehen daraus?	Die Leitfragen helfen, die Machtverhältnisse und deren Folgen einschätzen zu können. Hierbei kann zwischen politischen, ökonomischen und militärischen Mitteln unterschieden werden.
6. Welche Konfliktlösungen sind möglich? / Welches Ergebnis wurde erzielt? 7. Wie ist das Ergebnis zu beurteilen?	Dieser Schritt erfordert einerseits, Kompromisse zu suchen und zu beurteilen, andererseits, die Ergebnisse zu beschreiben und eine eigene Bewertung durchzuführen.

M 7 Im Einsatz in Afghanistan: das Verteidigungsbündnis NATO

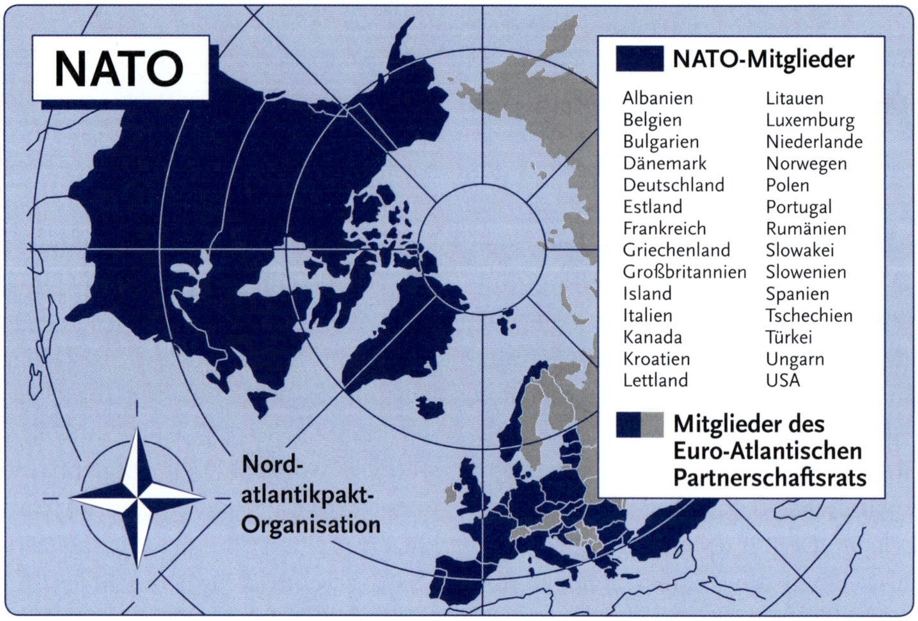

Bergmoser + Höller Verlag AG, Zahlenbilder 62110

Die „North Atlantic Treaty Organization", abgekürzt als NATO, ist ein Bündnis von Staaten, das 1949 durch die Unterzeichnung des Nordatlantikvertrages gegründet wurde. Die Unterzeichner vereinbarten, dass ein bewaffneter Angriff gegen eine oder mehrere von ihnen in Europa oder Nordamerika als ein Angriff gegen sie alle angesehen würde, und sie vereinbarten, dass jeder von ihnen Beistand leisten sollte.

Mit dem Zusammenbruch des kommunistischen Einflussbereiches 1989/1990 wurden einstige Teilstaaten der ehemaligen Sowjetunion sowie ehemals verbündete Staaten in die NATO aufgenommen. Die ursprüngliche Zielsetzung der NATO, nämlich die Abwehr der kommunistischen Sowjetunion und ihrer Verbündeten, wurde hinfällig.

Frieden und Freiheit sind das Hauptziel der NATO heute. Die NATO verabschiedete 1999 ein neues strategisches Konzept. Nun sollte sie bei Krisen und Sicherheitsrisiken aller Art aktiv werden. Hierzu zählen neben Terrorakten und organisiertem Verbrechen die Unterbrechung der Zufuhr lebenswichtiger Ressourcen und die unkontrollierte Bewegung einer großen Menschenmasse infolge von Kriegen.

Die Anschläge vom 11. September 2001 auf die USA zogen zum ersten Mal in der Geschichte der NATO die Feststellung des Bündnisfalles nach sich und die NATO engagierte sich in Afghanistan.

M 8 Einsatzgrundlagen für Afghanistan: OEF und ISAF

Die **Operation Enduring Freedom (OEF)** beruht auf dem Recht auf Selbstverteidigung gegen einen bewaffneten Angriff. Dieses Recht wird in Artikel 51 der Charta der Vereinten Nationen ausdrücklich bestätigt. Die OEF begann ihre Mission als direkte Folge der Terroranschläge vom 11. September 2001 in den USA mit dem Ziel, den Terrorismus zu bekämpfen. Der Auftrag der OEF ist es, Führungs- und Ausbildungseinrichtungen von Terroristen auszuschalten, Terroristen zu bekämpfen, gefangen zu nehmen und vor Gericht zu stellen sowie Dritte dauerhaft von der Unterstützung terroristischer Aktivitäten abzuhalten. Einsatzraum der OEF ist neben Afghanistan vornehmlich auch die Region um das Horn von Afrika. Die OEF wird durch die USA geführt. Deutsche Soldatinnen und Soldaten sind im Rahmen der OEF nur beim Marineeinsatz am Horn von Afrika eingesetzt.

Ende 2001 konnten die Kräfte der sogenannten „Nordallianz", unterstützt von den USA und Großbritannien im Rahmen der Operation Enduring Freedom, das Talibanregime in Kabul stürzen. Die größten ethnischen Gruppen in Afghanistan einigten sich im Dezember 2001 während einer Konferenz auf dem Petersberg bei Bonn auf eine Übergangsregelung bis zum Aufbau dauerhafter stabiler Regierungsinstitutionen in Afghanistan. Das Petersberger Abkommen wurde Grundlage für die Resolution 1623 des Sicherheitsrates der Vereinten Nationen, der noch im Dezember 2001 die Aufstellung der **International Security Assistance Force (ISAF)** beschloss. Diese Mission steht unter Führung der NATO und auch die Bundeswehr beteiligt sich seit 2002 an diesem Einsatz.

Ziel der ISAF ist die Unterstützung der afghanischen Regierung sowie die Herstellung und Wahrung der inneren Sicherheit in Afghanistan. Außerdem soll der Wiederaufbau des Landes und funktionierender demokratischer Regierungs- und Verwaltungsstrukturen (z. B. Polizei, Gerichte) begleitet werden. Die Resolution des Sicherheitsrates erlaubt dabei „friedenserzwingende Maßnahmen", also Maßnahmen zur Wiederherstellung des Friedens in Konfliktgebieten unter Anwendung militärischer Mittel. Über 130.000 Soldaten aus zahlreichen Ländern beteiligten sich zwischenzeitlich an der Mission. Nach anfänglichen Erfolgen beim Wiederaufbau und der Befriedung zumindest von Teilen des Landes, hat sich die Sicherheitslage in Afghanistan bis zum Jahr 2011 teilweise verschlechtert.

Die Bundeswehr in Afghanistan

Bundeswehr-Kontingent
Zahl der Soldaten

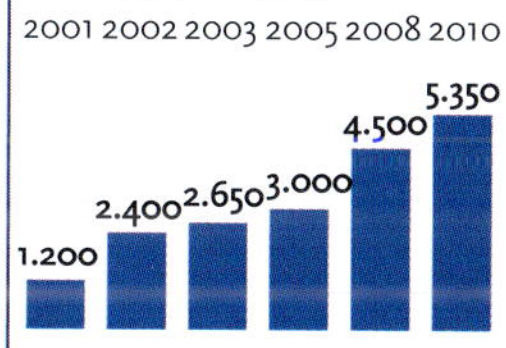

22.12.2001 Zustimmung des Bundestags zum ISAF-Einsatz

20.12.2002 Verdoppelung des Kontingents und Einsatzverlängerung

28.9.2005 Einsatzausweitung auch auf andere Gebiete neben Kabul und dem Norden

16.10.2008 Weitere Truppenaufstockung und Einsatzverlängerung

4.9.2009 Bundeswehr ordnet Luftangriff auf Tanklastzüge an

12.10.2009 Trauerfeier für den 36. getöteten deutschen Soldaten

9.2.2010 Bundeskabinett beschließt Kontingenterweiterung um 850 Soldaten auf 5.350

26.1.2012 Der Bundestag beschließt, die Truppenstärke der Bundeswehr schrittweise zu reduzieren. Ein endgültiger Abzug aus Afghanistan ist bis 2014 vorgesehen.

dpa-Grafik: 12113

Aufgabe

Auf der Internetseite der Bundeszentrale für politische Bildung (*www.bpb.de* → Themen → Internationale Politik → Afghanistan) findest du weitere Informationen zum Afghanistankonflikt.

a) Erstelle auf der Grundlage einer umfassenden Recherche für die Zeit ab 1996 eine Konfliktanalyse mithilfe des Leitfadens, der Materialien der Internetseite sowie M 5 bis M 10.

b) Gestalte ein Plakat und stelle deine Konfliktanalyse vor.

M 9 Erfolge der Entwicklungs- und Aufbauarbeit in Afghanistan

Entwicklungspolitisch sind in Afghanistan aus Sicht der Bundesregierung große Erfolge erzielt worden. Einige Beispiele:

Bildung:
Fast sieben Millionen Mädchen und Jungen wurden eingeschult. Mehr als 100.000 Lehrer wurden eingestellt – viele befinden sich noch in der Ausbildung. 200.000 Schüler lernen in neu gebauten Schulen. Die Provinzen Nordafghanistans – dem Schwerpunktgebiet der deutschen Entwicklungszusammenarbeit – weisen die höchsten Einschulungsraten im Land auf.

Gesundheit:
Die Kindersterblichkeit ist deutlich gesunken. Jedes Jahr überleben zusätzlich 100.000 Kinder mehr.

Strom- und Trinkwasserversorgung:
900.000 Menschen wurde – zum Teil zum ersten Mal überhaupt – Zugang zu Strom und sicherem Trinkwasser ermöglicht.

Wirtschaft:
Afghanistan beeindruckt durch zweistellige Raten wirtschaftlichen Wachstums; der grenzüberschreitende Handel nimmt kontinuierlich zu. 60.000 Mikrokredite wurden mit Förderung durch die deutsche Entwicklungszusammenarbeit an kleine und mittlere Unternehmen vergeben.

Verkehrsinfrastruktur:
Insbesondere im ländlichen Raum haben 1,3 Millionen Menschen durch den Bau von Infrastruktur Einkommens- und Beschäftigungsmöglichkeiten gefunden.

Einer aktuellen Umfrage zufolge glauben 70 Prozent der Afghanen, dass sich ihr Land in die richtige Richtung bewegt.

www.bmz.de/de/presse/pm/2010/januar/pm_20100128_15.html (10.10.2010)

M 10 Einsatzbilanz aus Afghanistan in Zahlen

a) Entwicklung der von NATO-Truppen ausgebildeten afghanischen Streitkräfte

2007	2009	2011
50.000	100.130	179.600

b) Anzahl der getöteten Zivilisten in Afghanistan

2007	2009	2011
1.523	2.412	3.021

c) Anzahl der getöteten NATO-Soldaten

2007	2009	2011
232	521	566

Zahlen: a) Brookings Afghanistan Index, Januar 2012; b) UNAMA, Afghanistan Annual Report 2011; c) www.icasualties.org

M 11 Soll die Bundeswehr in Afghanistan bleiben?

Pro: Dem Land beim Wiederaufbau helfen

Und es ist ja auch richtig – nach acht Jahren fällt die Bilanz [im Jahr 2009] äußerst mager aus: Korruption durchzieht das Land wie eh und je. Die radikalen Islamisten bedrohen Afghanen wie Alliierte, kriminelle Machenschaften ziehen sich bis hinauf in die oberen Regierungsämter. Und die Demokratie funktioniert, zumindest nach westlichem Verständnis, mehr schlecht als recht. Doch rechtfertigen diese Umstände einen schnellen Rückzug vom Hindukusch? – frei nach dem Motto: Wir haben es probiert, aber es hat nicht funktioniert. Die Antwort muss Nein lauten, denn Aufgeben wäre feige und verantwortungslos. Die Alliierten haben ihren Einmarsch 2001 auf zwei Versprechen gegründet. Eines war an sich selbst gerichtet: das Taliban-Regime zu verjagen und damit dem Terror, der mit deren Hilfe möglich wurde, den Boden zu entziehen. Das andere ging an die internationale Gemeinschaft, vor allem aber an Afghanistan: dem Land beim Wiederaufbau zu helfen, um ihm eine Perspektive jenseits von Armut und Gotteskriegern zu ermöglichen.

Niels Kruse, in: Stern, 22.9.2009

Nach vielen Jahren Krieg in Afghanistan werden die Zweifel am Erfolg größer, Titelseite des Spiegel vom Januar 2010.

Kontra: Mehr als genug tote Soldaten

Trotz ihres ehrlichen Engagements ist es der Bundeswehr weder gelungen, die Brutstätten des Terrors zu vernichten, noch schafften es die Soldaten, das Land mit Waffengewalt zu befrieden. Im Gegenteil: Experten schätzen die Zahl der Terror-Camps allein im afghanisch-pakistanischen Grenzgebiet auf bis zu 1.500. Dutzende Provinzen sind für ausländische Truppen zu „no go-areas" geworden, in denen die Taliban völlig ungeniert und ungehindert herrschen. Und mehr als 60 Prozent der Afghanen lehnten den Einsatz der ausländischen Truppen in ihrem Land ab. Die Ablehnung hat sich in den vergangenen zwei Jahren sogar noch verstärkt. Warum also sollten deutsche Soldaten in Afghanistan bleiben? Um wirtschaftliche Strukturen zu fördern, von denen bislang hauptsächlich die radikal-islamistischen Warlords oder irgendwelche kriminellen Provinzfürsten profitieren? Um die politische Macht eines eitlen und korrupten Präsidenten zu erhalten, der frei ist von jeglicher demokratischer Zukunftsvision und eigener Handlungsfähigkeit? Oder um sich für die sinnlose „Wir ziehen das jetzt durch"-Strategie mancher Bundespolitiker von den Taliban bei immer neuen Anschlägen abknallen zu lassen? 35 tote Soldaten, die der Afghanistan-Einsatz bislang forderte, sollten mehr als genug sein.

Manuela Pfohl, in: Stern, 22.9.2009

Warlord
engl. für Kriegsherr. Militärischer und politischer Führer für eine begrenzte Region.

⊕ Beschreibe die aktuelle Sicherheitslage in Afghanistan.

Aufgaben

1. Eine afghanische Schulklasse befragt dich, warum die Bundeswehr in ihrem Land ist. Entwirf einen Kurzvortrag, in dem du diese Frage beantwortest (M 5 - M 11).
2. Führt eine Diskussion (Podiumsdiskussion, amerikanische Debatte) zur Frage, ob die Bundeswehr in Afghanistan bleiben oder abziehen sollte (M 11).

9.1.3 Was ist Frieden, was ist Krieg?

M 12 Bilder von Krieg und Frieden

M 13 Positiver und negativer Friede

Es gibt viele Definitionen von Frieden. Der norwegische Wissenschaftler Johan Galtung unterscheidet zwischen positivem und negativem Frieden.

Negativer Frieden bedeutet, dass kein Krieg, kein gewaltsamer zwischenstaatlicher oder auch innerstaatlicher Konflikt herrscht.

Positiver Frieden meint die Abwesenheit von Krieg oder gewaltsamen Konflikten, und zwar in einer Situation, in der Gleichheit und Gerechtigkeit herrschen und Entwicklung stattfindet. Kennzeichnend für positiven Frieden ist somit die Verwirklichung von sozialer Gerechtigkeit auf hohem Niveau und ein Minimum an Gewalt.

Nach Galtungs Verständnis ist Frieden erst dann erreicht, wenn Häuser und Infrastruktur wieder aufgebaut und Strukturen entwickelt sind, die zu mehr sozialer Gerechtigkeit und Entwicklung für alle Menschen in den betroffenen Ländern führen.

M 14 Was ist Krieg?

Als Krieg bezeichnet man einen gewaltsamen Massenkonflikt, der in der Regel folgende Merkmale aufweist: An den Kämpfen sind zwei oder mehr bewaffnete Streitkräfte beteiligt, wobei es sich mindestens auf einer Seite um reguläre staatlich gelenkte Einheiten handeln muss; auf beiden Seiten muss

Terrorismus
Bisher gibt es keine weltweite Definition von „Terrorismus". Verschiedene Ansätze in Wissenschaft und Praxis verstehen darunter eine andauernde und geplante Gewaltanwendung mit politischer Zielsetzung, um mit terroristischen Methoden das Verhalten des Gegners zu beeinflussen.
Von „Internationalem Terrorismus" wird dann gesprochen, wenn die Ziele, Begründungen und Aktionsräume der Terroristen sich nicht nur auf eine Region bzw. ein Land beziehen.
Der Begriff bezeichnet ausschließlich eine illegale und menschenverachtende Handlungsmethode, trifft aber keinerlei Aussage über die Legitimität oder Verständlichkeit der angestrebten Ziele.
nach: Kai Hirschmann auf: www.bpb.de, 21.8.2006

die Kriegführung planmäßig und zentral gesteuert werden und die bewaffneten Operationen müssen sich mit einer gewissen Kontinuität ereignen (Definition nach Arbeitsgemeinschaft Kriegsursachenforschung AKUF). Andernfalls handelt es sich um bewaffnete Konflikte.

Krieg bedeutet immer, dass Interessenkonflikte gewaltsam ausgetragen werden. Kriegsursachen sind häufig die Bekämpfung einer staatlichen Ordnung, Grenzstreitigkeiten, Autonomiebestrebungen, Konflikte um Ressourcen oder unterschiedliche Ideologien (vgl. M 16).

Führen zwei Staaten gegeneinander Krieg, so spricht man von zwischenstaatlichem Krieg. Kämpfen verschiedene Bevölkerungsgruppen innerhalb eines Staates gegeneinander, so handelt es sich um einen Bürgerkrieg.

Ein neueres Phänomen ist der sogenannte asymmetrische Krieg. Bei dieser Form des Krieges tragen lokale Warlords und Rebellengruppen, „Befreiungsarmeen" oder internationale Terrornetzwerke Gewalt in die Mitte auch fremder Gesellschaften hinein, um die staatliche Ordnung, eine Besatzungsmacht oder eine Bevölkerungsgruppe zu bekämpfen. Ein fruchtbares Umfeld zur Planung ihrer Aktivitäten finden diese Organisationen in schwachen Staaten, die Recht und Ordnung nicht oder nicht mehr durchsetzen können. Gebiete, die nur mangelhaft unter staatlicher Kontrolle stehen, werden als Rückzugs- und Ruheräume, als Orte für Trainings- und Ausbildungscamps genutzt.

Die Staatengemeinschaft steht vor der schwierigen Frage, wie sie mit dieser Form der Gewalt, bei der die Grenzen zur Kriminalität fließend sind, umgehen sollen.

Anschlag mit Verkehrsflugzeugen auf das World Trade Center in New York am 11.9.2001. Fast 3.000 Menschen verloren dabei ihr Leben. Die Terrororganisation al-Qaida übernahm die Verantwortung dafür.

M 15 Konfliktkarte 2011

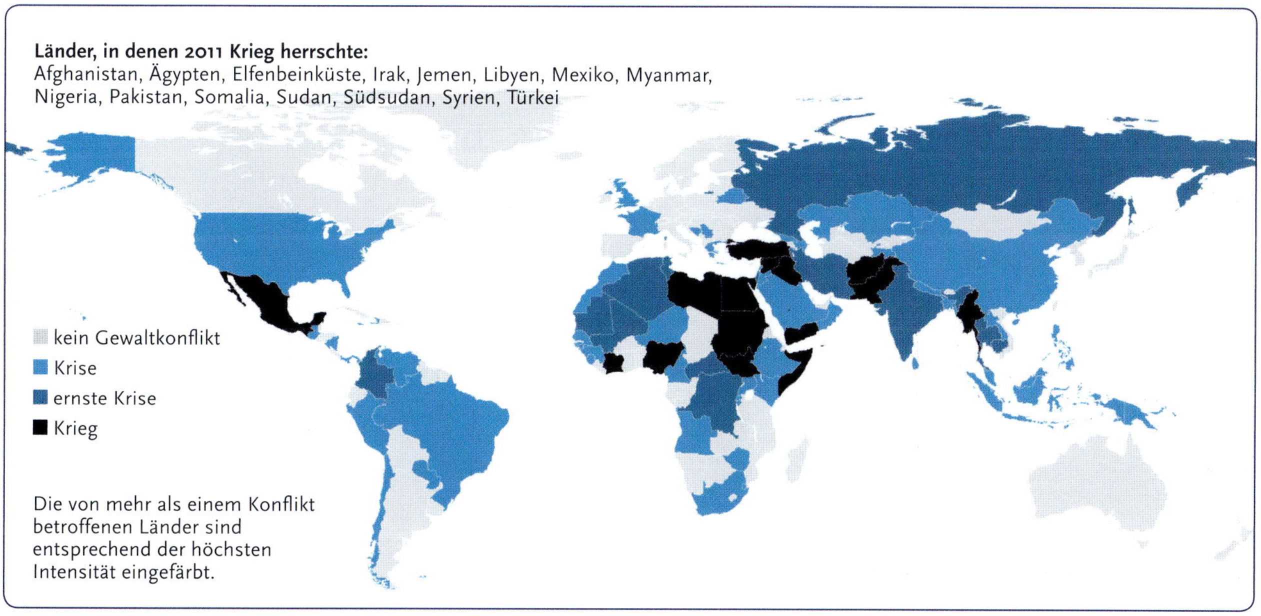

nach: HIIK, Konfliktbarometer 2011

M 16 Warum gibt es internationale Konflikte?

Streit um Bodenschätze

Kampf um die Vormachtstellung in einer Region der Erde

Wirtschaftliche Ausbeutung und Unterdrückung von Bevölkerungsgruppen und Regionen

Ablenkung von innerstaatlichen Konflikten

Religiöse Motive

Streit um Grenzen und Gebiete

Furcht vor einer Bedrohung von außen

Streit zwischen verschiedenen Bevölkerungsgruppen (Ethnien)

Durchsetzung wirtschaftlicher Interessen

Methode

M 17 Eine Wandzeitung erstellen

1. Vorbereitung
- Welches Thema / Gebiet, welcher Sachverhalt soll dargestellt werden?
- Welches Ziel soll die Wandzeitung verfolgen? Wer soll angesprochen werden?
- Wer übernimmt welche Aufgaben?

2. Materialsammlung und Materialauswahl
- Nachdem du ein Thema ausgesucht hast, beginnt das Sammeln und Sichten von Materialien. Hier legst du den Inhalt deiner Wandzeitung fest.
- Wähle nun die Materialien aus, die zu deinen Vorüberlegungen und zum Inhalt deiner Wandzeitung passen. Überlege dir, wie viel Platz dir zur Verfügung steht.

3. Material aufbereiten
- Du musst dir nun überlegen, ob es nicht sinnvoll ist, Texte zusammenzufassen oder Stichwörter zu formulieren.
- Eventuell bietet es sich auch an, eigene Zeichnungen zu erstellen oder vorhandenes Material zu kopieren und zu vergrößern.
- Vielleicht erscheint es dir auch sinnvoll, die gesammelten Informationen anders darzustellen, indem du zum Beispiel Zahlen als Diagramm, Sachverhalte als Schaubild darstellst.

4. Wandzeitung gestalten
- Überlege dir eine aussagekräftige Überschrift.
- Ordne deine Materialien übersichtlich auf der Wandzeitung an.
- Achte auf eine gute Mischung aus Bildern, Texten und Diagrammen. Betrachte deine Wandzeitung sowohl aus der Nähe als auch aus der Ferne.

5. Auswertung
- Wie reagieren die Betrachter?
- Was ist besonders gut gelungen?
- Was kann das nächste Mal besser gemacht werden?

Aufgaben

1. a) Ergänze folgenden Satz für dich allein „Frieden bedeutet für mich ...“ (M 12).
   b) Diskutiert über eure Vorstellungen von Frieden (M 12, M 13).
2. Beurteile, um welche Form des Krieges es sich in Afghanistan handelt (M 14).
3. Sortiere die Ursachen den Kategorien Herrschaft, Knappheit, Ideologie ... zu und ergänze Kategorien, wenn nötig (M 16).

⊕ Verfolge zu einem Konflikt über einen Zeitraum von ein bis zwei Wochen die Nachrichten einer Tageszeitung. Sammle wichtige Informationen, Berichte, Reportagen, Fotos und gestaltet in Gruppen eine Wandzeitung (M 14 - M 17).

M 18 Beispiel Somalia – Gefahr für die internationale Sicherheit?

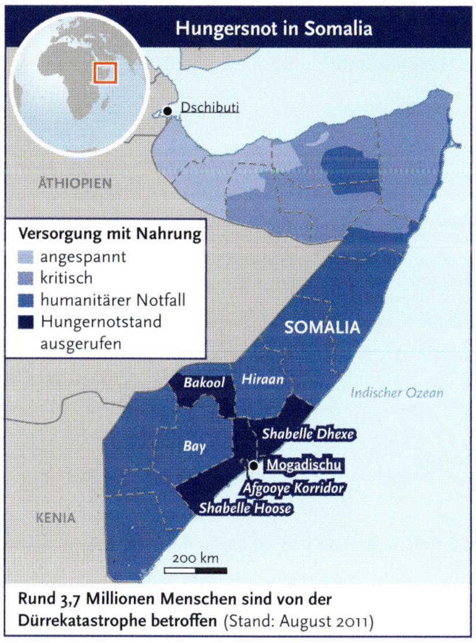

nach: dpa-Grafik 15135, Quelle: OCHA, World Food Programme

Pro-Kopf-Einkommen
Somalia 2002: $226 (Deutschland: ca. $36.000)

Human Development Index des UNDP
Die letzte Wertung stammt aus dem Jahr 2001: Von 163 gewerteten Ländern lag Somalia auf Platz 161 (Deutschland aktuell Platz 9). Der Index setzt sich zusammen aus: Lebenserwartung, Alphabetisierungsrate, reale Kaufkraft pro Kopf.

Migration
Die meisten Somalier sind Nomaden. In den wenigen fruchtbaren Gegenden leben auch Bauern. 1 Mio. Somalier sind aus ihrem Land geflüchtet.

Bildung
Schätzungsweise 13 % der Jungen und 7 % der Mädchen besuchen eine Schule. Unterricht findet heute hauptsächlich in Koranschulen und privaten Einrichtungen statt.

Privateigentum
Es gibt kein formelles Gewalt- und Rechtssystem. Der Schutz des privaten Eigentums hängt von der privaten Fähigkeit ab, dieses zu schützen.

Gescheiterter Staat
Staat mit zusammengebrochener Staatlichkeit, d. h. staatliches Gewaltmonopol, staatliche Dienstleistungen und politische Ordnung sind nicht mehr oder nur teilweise vorhanden.

Piraterie
Die Piraterie vor der Küste Somalias am Horn von Afrika bedroht wichtige internationale Schifffahrtsrouten sowie die Lieferung von Nahrungsmittelhilfe für Millionen Somalier. Rund tausend Piraten operieren von der Küste Somalias aus im Indischen Ozean und im Roten Meer. Sie kapern Schiffe und deren Besatzungen und erpressen Lösegeld für die Freigabe.

Islamistische Milizen
kontrollierten bis Ende 2010 den Großteil Süd- und Zentralsomalias. Ihre Kämpfer unterwarfen die Bevölkerung strikten Regeln, denen eine extreme Interpretation des Islam zugrunde lag. Jede Zuwiderhandlung konnte mit harten Strafen – von Auspeitschung bis zur Hinrichtung – geahndet werden.

M 19 Somalia – ein gescheiterter Staat?

Seit Jahrhunderten kommt es in Somalia zu kriegerischen Handlungen mit den Nachbarn. Die Grenzverläufe und die Machtverteilung im Land sind ungeklärt. Seit dem somalischen Bürgerkrieg 1991 sind Übergangsregierungen daran gescheitert, ihre Macht im ganzen Land durchzusetzen. Ganze Regionen bleiben sich selbst überlassen.

Im Februar 2011 unterstützte die internationale Gemeinschaft eine Offensive der Übergangsregierung gegen islamistische Milizen. Wenn dem Staat jedoch das Geld fehlte, seine Sicherheitskräfte zu entlohnen, liefen diese zu den Milizen über. Attentate und Gewalt gehören in Mogadischu zum Alltag.

Europäische Fischfangflotten nutzen seit dem Zusammenbruch der somalischen Zentralregierung das Fehlen einer Küstenwache und überfischen das Meer vor Somalia.

Die Kampfhandlungen zwischen den Clans verschärfen das Problem der Nahrungsmittelknappheit. Flüchtlinge und Vertriebene bilden den Nachschub an untätigen jungen Männern für gewaltsame Aktivitäten, zum Beispiel der Piraterie.

Aufgaben

1. Stelle jeweils dar, welche Ursachen und welche Folgen die Probleme für den somalischen Staat und gegebenenfalls andere Staaten haben (M 18, M 19).
2. Wie könnte Somalia geholfen werden? Sammelt gemeinsam Vorschläge und bewertet sie mithilfe einer Punktabfrage.

Was wir wissen

Was machen Bundeswehr und NATO in Afghanistan?
M 5, M 7, M 8

Im Dezember 2001 verabschiedete der Deutsche Bundestag erstmalig ein Mandat für die Entsendung von Bundeswehrsoldaten nach Afghanistan im Rahmen der „International Security Assistance Force“ (ISAF). Die ISAF-Truppen sollen nach dem Sturz des Taliban-Regimes zur Stabilisierung und zum Aufbau des Landes beitragen.
Der Einsatz wird von der NATO geführt. Dieses politisch-militärische Verteidigungsbündnis war 1949 von westlich-demokratischen Staaten gegründet worden. Die Mitgliedsländer gehen eine gegenseitige Beistandsverpflichtung bei einem bewaffneten Angriff auf ein Mitglied ein.
Im Jahr 2012 war die Anzahl der deutschen Soldaten, die maximal nach Afghanistan geschickt werden dürfen, auf 4.900 begrenzt. Der Abzug der deutschen Truppen ist für das Jahr 2014 geplant.

Aufgaben der Bundeswehr
M 2, M 4

Das Grundgesetz regelt die Aufgaben der Bundeswehr. In erster Linie soll sie zur Verteidigung der Bundesrepublik eingesetzt werden. Im Rahmen von den Bündnispartnern der EU, NATO und UNO darf sie sich aber auch an bewaffneten Auslandseinsätzen beteiligen. Im Innern der Bundesrepublik kann die Bundeswehr zur Amtshilfe bei Naturkatastrophen eingesetzt werden oder wenn die Polizei nicht mehr in der Lage ist, die Sicherheit zu gewährleisten.

Bedrohungen für den Frieden

Die Sicherheitslage Deutschlands hat sich nach dem Ende des Kalten Krieges stark verändert. Sie ist derzeit weniger von regulären Streitkräften eines anderen Landes, als vielmehr vom internationalen Terrorismus bedroht. Auch gescheiterte Staaten stellen ein Sicherheitsrisiko für die internationale Gemeinschaft dar.
Die Bundeswehr wird daher grundlegend reformiert. Im Frühjahr 2011 wurde die Wehrpflicht ausgesetzt.

Was ist Krieg?
M 14

Krieg ist, wenn Staaten oder Gruppen versuchen, einen Streit mit Gewalt zu lösen. Dabei werden Soldaten und Waffen eingesetzt, die von einer zentralen Stelle Befehle erhalten.
Ob Kriege entstehen, hängt immer davon ab, wie das Zusammenleben in einem Land funktioniert. Wo Menschen unterdrückt werden, arm sind oder hungern, ist es schwieriger, Frieden zu schaffen.

Konflikte und Kriege in der Welt

Es werden unterschiedliche Typen von Kriegen unterschieden. In jüngerer Zeit wurde vor allem über den sogenannten asymmetrischen Krieg diskutiert. Dort stehen hochgerüstete Armeen eines Staates Gruppierungen wie Milizen oder Terrorgruppen gegenüber. Dabei ist häufig nicht mehr klar zu erkennen, wer die gegnerischen Truppen sind und wer die Befehle gibt. Man spricht auch von einer „Chaotisierung“ des Krieges.

10 Jahre NATO und Bundeswehr in Afghanistan

Klaus Stuttmann, 2011

Aufgaben

1. Analysiere die Karikatur und erkläre dabei die Hintergründe des Einsatzes in Afghanistan mit deinem neuen Wissen.
2. Nimm dazu Stellung, ob du die Sicht des Zeichners teilst, oder eine andere Bilanz aus dem Einsatz ziehst.

Richtig oder falsch?

1. Der Bundeskanzler entscheidet, ob die Bundeswehr eingesetzt wird.
2. Die Bundeswehr kann nur im Rahmen der NATO eingesetzt werden.
3. Deutschland hat sich verpflichtet, jedes Mitgliedsland der NATO bei der Verteidigung zu unterstützen, wenn dieses angegriffen wurde (Bündnisfall).
4. Seit dem Ende des Kalten Krieges gibt es keine Bedrohungen mehr für die Sicherheit Deutschlands.
5. Die Bundeswehr war in Afghanistan nur zum friedlichen Wiederaufbau eingesetzt.
6. Der NATO-Bündnisfall wurde bisher das erste und einzige Mal nach dem Anschlag auf das World Trade Center am 11.9.2001 ausgerufen.
7. An einem Krieg sind immer Streitkräfte eines Staates beteiligt, mindestens auf einer Seite.

Aufgabe

Begründe zu jedem Satz, ob er falsch oder richtig ist. Formuliere die falschen Sätze zu richtigen um.

Lösungen am Ende des Buches.

M 4 Organisation der UNO

Sicherheitsrat

5 ständige Mitglieder:
VR China, Frankreich, Großbritannien, Russland, USA

10 nichtständige Mitglieder
(von der Generalversammlung gewählt)

- Ständiger Militärausschuss
- Ausschüsse für Sanktionen
- Anti-Terrorismus-Ausschuss
- Internationale Strafgerichte
- UN-Friedenstruppen
- Ausschuss für Friedensentwicklung (Peacebuilding)

Sekretariat

Generalsekretär

Politische Abteilungen
Fachabteilungen
Sekretariate der Programme, Fonds und Konferenzen
Allgemeine Dienste

Sitz: New York
Zweigstellen in Genf, Nairobi, Wien

Ausschuss für Programme und Koordinierung (CPC)

Wirtschafts- und Sozialrat (ECOSOC)

54 Mitglieder
(von der Generalversammlung gewählt)

(untersteht der Generalversammlung)

Fachkommissionen

u. a. für:
Menschenrechte
Nachhaltige Entwicklung
Drogen
Stellung der Frauen

Regionale Wirtschaftskommissionen

- Europa (ECE)
- Asien und Pazifik (ESCAP)
- Lateinamerika und Karibik (CEPAL)
- Afrika (ECA)
- Westasien (ESCWA)

Generalversammlung

jährlich eine Tagung, Sondertagungen

- Menschenrechtsrat
- Abrüstungskommission
- Abrüstungskonferenz
- Internationale Konferenzen

Hauptausschüsse

Lenkungsausschuss (zur Tagung der Generalversammlung)

Programme und Fonds der UN

UNICEF	Kinderhilfswerk
UNCTAD	Handel und Entwicklung
UNDP	Entwicklung
UNEP	Umwelt
HABITAT	Siedlungswesen
UNFPA	Bevölkerung
WFP	Ernährung
UNDCP	Drogenkontrolle
UNHCR	Hoher Kommissar für Flüchtlinge
UNRWA	Palästinaflüchtlinge
OHCHR	Hoher Kommissar für Menschenrechte
UNAIDS	AIDS-Programm
UNV	Freiwilligenprogramm
UNU	UN-Universität

Forschungsinstitute und sonstige Einrichtungen

Internationaler Gerichtshof

15 Richter
(von der Generalversammlung und vom Sicherheitsrat gewählt)

Sonderorganisationen

ILO	Arbeit
FAO	Ernährung
UNESCO	Bildung, Kultur
WHO	Gesundheit
IMF	Währung
IBRD	Weltbank
IDA	Entwicklung
IFC	Finanzierung
MIGA	Investitionsgarantien
ICAO	Zivilluftfahrt
UPU	Postwesen
ITU	Telekommunikation
WMO	Meteorologie
IMO	Schifffahrt
WIPO	Geistiges Eigentum
IFAD	Landw. Entwicklung
UNIDO	Industr. Entwicklung
UNWTO	Tourismus

IAEA	Atomenergie
WTO	Welthandel

Bergmoser + Höller Verlag AG, Zahlenbilder 615120

M 5 Wer ist zuständig in der UNO?

Fragen, die Schule und Erziehung auf der ganzen Welt betreffen, werden hier besprochen.

Es sollen Absprachen zu weltweiten Gesundheitsfragen getroffen werden.

Eine weltweite Reduzierung der Waffen soll beschlossen werden.

Durchführung eines Ideenaustausches zur industriellen Entwicklung

Die Anklage von Kriegsverbrechern soll angeregt werden.

Ein neuer Generalsekretär soll gewählt werden.

In einem Krisengebiet müssen Flüchtlinge versorgt werden.

Menschenrechtsfragen werden besprochen.

Friedenstruppen sollen entsandt werden.

Wichtige Umweltfragen sollen gelöst werden.

Das UN-Hauptquartier in New York

Aufgaben

1. a) Betrachte die Bilder in M 1 aufmerksam und beschreibe, um was für eine Organisation es sich bei der UNO handelt.
   b) Vergleiche die Bilder mit eurem Friedensbegriff (Auftaktseite Kapitel 9.1, M 1).
2. Arbeite aus der UN-Charta heraus, welche Ziele die 1949 gegründete UNO verfolgt und mit welchen Prinzipien sie zur Friedenswahrung beitragen möchte (M 2).
3. Erkläre, warum der Sicherheitsrat eine zentrale Rolle in den Vereinten Nationen spielt (M 3).
4. Ordnet die Zuständigkeiten für die Fragen in M 5 den Organen der UNO zu. Arbeitet dabei in Gruppen (M 4).

9.2.2 Welche Maßnahmen kann die UNO ergreifen?

M 6 Möglichkeiten der UNO im Einsatz für den Frieden

→ **Friedensschaffende Maßnahmen**
Diplomatische Maßnahmen zur friedlichen Lösung eines Konfliktes. Neben der Bereitstellung guter Dienste, Vermittlung und Schlichtung können sie auch diplomatische Isolationsmaßnahmen und Sanktionen umfassen (z.B. Kontosperrung, Reiseverbote ...).

→ **Friedenserzwingende Maßnahmen**
Maßnahmen zur Wiederherstellung des Friedens in Konfliktgebieten unter Einsatz militärischer Mittel, auch ohne Zustimmung der Konfliktparteien (z.B. Einmarsch von Truppen).

→ **Friedenserhaltende Maßnahmen**
Aktivitäten zur Eindämmung, Entschärfung und/oder Beendigung von Feindseligkeiten zwischen Staaten oder in Staaten durch Intervention einer neutralen dritten Partei unter internationaler Organisation und Leitung. Militärische Streitkräfte und zivile Organisationen können die politische Streitbeilegung ergänzen und für die Wiederherstellung und Wahrung des Friedens sorgen. Friedenserhaltende Maßnahmen beinhalten die Stationierung einer Friedenstruppe im Krisengebiet. Die Zustimmung der Konfliktparteien ist erforderlich (z.B. Stationierung einer Friedenstruppe).

→ **Friedenskonsolidierende Maßnahmen**
Maßnahmen zur Bestimmung und Förderung von Strukturen, die geeignet sind, den Frieden zu festigen, um das Wiederaufleben eines Konfliktes zu verhindern. Diese können sowohl militärisches als auch ziviles Eingreifen erfordern (z.B. Vorbereitung und Durchführung von Wahlen).

Nach: Arbeitsgemeinschaft Jugend und Bildung e.V. (Hg.), Frieden und Sicherheit, Wiesbaden 2011, S. 19

M 7 Wo sind die Blauhelme im Einsatz?

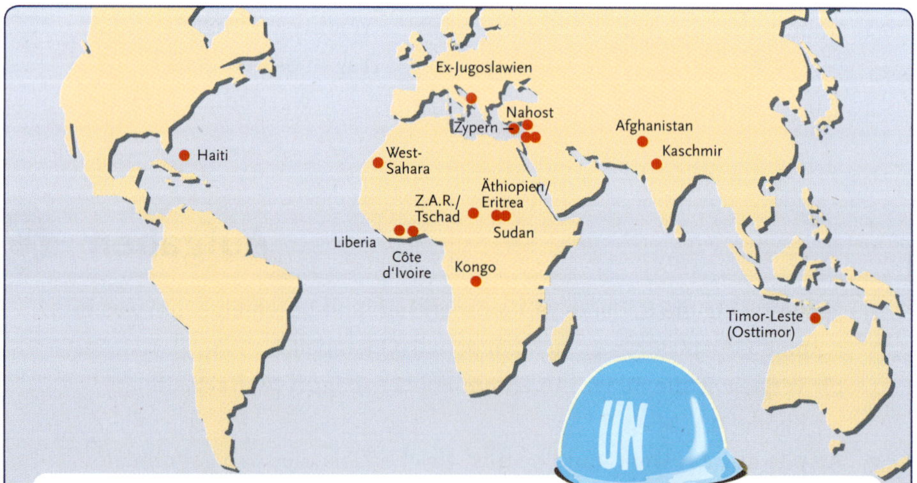

Laufende UN-Friedensmissionen

	seit			seit			seit	
UNTSO	1948	Nahost (Palästina)	UNIFIL	1978	Nahost (Libanon)	MINUSTAH	2004	Haiti
UNMOGIP	1949	Kaschmir (Indien/Pakistan)	MINURSO	1991	West-Sahara	UNMIS	2005	Sudan
			UNMIK	1999	Kosovo	UNMIT	2006	Timor-Leste
UNFICYP	1964	Zypern	UNAMA	2002	Afghanistan	UNAMID*	2007	Sudan
UNDOF	1974	Nahost (Golan-Höhen)	UNMIL	2003	Liberia	MINURCAT**	2007	Z.A.R./Tschad
			UNOCI	2004	Côte d'Ivoire	MONUSCO	2010	D.R. Kongo

*Gemeinsame Mission UN/Afrikanische Union
** bis Ende 2010
Stand: Mitte 2010

Bergmoser + Höller AG Verlag, Zahlenbilder 615510 (07/2010)

UN-Blauhelme übernehmen Aufgaben der Friedenssicherung (peace keeping). Seit der ersten Friedensoperation im Jahr 1948 hat der Sicherheitsrat der Vereinten Nationen immer wieder Blauhelme in alle Welt geschickt.

Damit Blauhelmsoldaten entsendet werden können, muss der Sicherheitsrat diesen Einsatz einstimmig beschließen.

Blauhelmsoldaten werden nach Beendigung eines Konfliktes in eine Krisenregion entsendet, um dort den oft noch sehr brüchigen Frieden zu sichern. Zurzeit gibt es 15 Friedensmissionen, sieben in Afrika, drei in Europa, drei im Nahen Osten, eine in Asien und eine in Mittelamerika. Dafür gaben die UN im Jahr 2009 ca. 6,5 Mrd. Euro aus.

M 8 Probleme der Friedenssicherung durch die Vereinten Nationen

Von den zur Verfügung stehenden Instrumentarien wurde in der Praxis kaum Gebrauch gemacht.

Den Vereinten Nationen stehen keine eigenen Truppen zur Verfügung. Es lässt sich die Tendenz beobachten, dass sich insbesondere die leistungsfähigen Industriestaaten verstärkt Friedensmissionen mandatieren [ein Mandat/Auftrag geben] lassen (oder auch nicht), um sie dann in eigener Verantwortung durchzuführen. Dies führt zu einer Konzentration ihrer Kräfte auf Länder und Regionen, die für die betroffenen Staaten von unmittelbarem Interesse oder von Bedeutung sind.

Den VN droht dabei nur noch eine „Restkompetenz" für vergessene Konflikte zuzufallen, für die sie dann – wie z. B. in Afrika zu beobachten – von den Industriestaaten zudem nur zögerlich unterstützt werden.

nach: Johannes Varwick, Aus Politik und Zeitgeschichte, B 43/2004

Thesen zur Rolle der UNO

Die Vereinten Nationen können auf viele erfolgreiche Blauhelm-Einsätze zurückblicken.

Wenn es den Weltsicherheitsrat nicht gäbe, müsste man ihn erfinden. Nur so kommen doch alle an einen Tisch.

Streng militärische Aufgaben überfordern die Vereinten Nationen.

Die Stärke der Vereinten Nationen ist der zivile Aufbau.

Der Sicherheitsrat kann keine Kriege verhindern.

Der Sicherheitsrat kann Waffenstillstand erzwingen und Verhandlungen in Gang setzen.

Der Weltsicherheitsrat blockiert sich doch oft durch das Vetorecht, das jedem der fünf ständigen Mitglieder zusteht.

Aufgaben

1. Vergleiche die vier Strategien „Friedensschaffung", „Friedenserzwingung", „Friedenssicherung" und „Friedenskonsolidierung". Worin unterscheiden sie sich (M 6)?
2. a) Teilt die Blauhelmmissionen untereinander auf und recherchiert im Internet zu je einer der Missionen nach folgenden Aspekten: Einsatzgebiet, Ziele und Mittel.
   b) Welche der vier Maßnahmen aus M 6 lässt sich der von dir ausgewählten Mission zuordnen? Begründe.
3. Arbeitet in Gruppen. Einigt euch auf eine der in der Randspalte gestellten Thesen und schreibt auf, warum ihr sie für zutreffend / nicht zutreffend haltet. Diskutiert anschließend Stärken und Schwächen der UNO (M 6 - M 8).

Was wir wissen

Aufbau der UNO
M 2, M 3

Die UNO wurde nach dem Zweiten Weltkrieg als weltweite Friedensorganisation gegründet. Man wollte verhindern, dass sich Weltkriege wiederholen. In der UN-Charta hat die UNO ihre Ziele festgelegt: Hauptsächlich sind dies die Wahrung des Weltfriedens und der internationalen Sicherheit. Unter dem Dach der UNO finden sich zahlreiche Institutionen, welche das Erreichen der Ziele unterstützen. Der Sicherheitsrat trägt die Hauptverantwortung, wenn es darum geht, Streitigkeiten zwischen Ländern oder verfeindeten Parteien beizulegen. Damit stellt er das wichtigste Organ der UNO dar. Seine Beschlüsse sind für alle Staaten bindend. Allerdings ist die Zustimmung aller fünf ständigen Mitglieder erforderlich.

Wie die UNO Frieden schafft
M 6

Die UNO kann verschiedene Maßnahmen ergreifen: Die friedensschaffenden Maßnahmen umfassen diplomatische Aktivitäten, Vermittlung, Schlichtung bis hin zur politischen Isolierung. Die friedenserzwingenden Maßnahmen reichen von wirtschaftlichen Sanktionen bis hin zum Einsatz von Waffengewalt. Das Stationieren von Friedenstruppen in Krisengebieten, beispielsweise zur Überwachung von Waffenstillstandsabkommen, stellt eine friedenserhaltende Maßnahme dar. Zur Förderung von Strukturen zur sogenannten Friedenskonsolidierung, also -festigung, gehören beispielsweise Wahl- und Menschenrechtsbeobachtungen.

Probleme der UNO
M 8

Eigentlich eröffnet die UN-Charta viele Möglichkeiten, bei Bedrohung oder Bruch des Friedens einzugreifen, in der Praxis jedoch steht die UNO vor Problemen. Die Mitgliedsländer stellen nicht die finanziellen und personellen Mittel zur Verfügung. So muss bei jedem Friedensmandat der UN-Generalsekretär bei den Mitgliedsländern vorstellig werden und um Personal, Ausrüstung und Gelder bitten.

Gleichzeitig drängt sich bei vielen Abstimmungen der Eindruck auf, dass die jeweiligen Eigeninteressen der Mitgliedstaaten im Vordergrund stehen. Die Organisation des Sicherheitsrates stellt die UNO vor große Probleme: Die ständigen Mitglieder des Sicherheitsrates können ein Veto gegen Resolutionen einlegen und damit Beschlüsse blockieren.

Konfliktfälle und ihre Regelung

Ihr seid Regierungsberater und sollt entscheiden, welche Maßnahmen zur Konfliktlösung in den folgenden Fällen ergriffen werden sollen. Es kann sich dabei auch um eine Abfolge von Maßnahmen handeln. Entscheidet gegebenenfalls auch, welche internationale Organisation zur Durchführung der Maßnahmen betraut werden soll – ihr habt in diesem Kapitel zwei große kennengelernt. Begründet eure Entscheidung ausführlich. Beachtet dabei auch mögliche Konsequenzen eurer Entscheidung.

Fall 1

Die ethnische Mehrheit eines Landes terrorisiert die Minderheiten, mehr als 100.000 Menschen wurden grausam getötet oder gezwungen, in die Nachbarländer zu fliehen. Wirtschaftssanktionen und diplomatische Bemühungen wurden von den Machthabern ignoriert.

Fall 2

Ein Land mit einem autoritären Regime wird verdächtigt, Atomwaffen zu produzieren. Es weigert sich immer wieder, internationale Inspektionen zuzulassen.

Fall 3

Nach einem verheerenden Bürgerkrieg haben sich die Bürgerkriegsparteien einigen können und einen Friedensvertrag geschlossen, doch ist der Friede noch brüchig. Immer wieder kommt es zu Verletzungen des Waffenstillstandes durch einzelne Gruppen.

Fall 4

Ein Land beherbergt Terroristen, die wiederholt internationale Attentate mit großen Opferzahlen ausgeführt haben. Es weigert sich, die Terroristen auszuliefern.

Fall 5

Das Militär eines Landes marschiert in einem Nachbarland ein und besetzt staatliche Einrichtungen. Die Rohstoffvorkommen werden ausgebeutet und die Bevölkerung schikaniert.

Kleines Politiklexikon

Arbeitslosengeld
Unterstützungsleistung für arbeitslose Arbeitssuchende. Zu unterscheiden ist zwischen Versicherungsleistungen aus der Arbeitslosenversicherung (das ist in Deutschland das Arbeitslosengeld I, das in der Regel für ein Jahr gezahlt wird) und Mindestsicherungssystemen (dazu gehört das Arbeitslosengeld II, Hartz IV), die aus Steuergeldern finanziert werden.

Armut
Von absoluter Armut spricht man, wenn einer Person weniger als 1,25 US-Dollar (ca. 1 Euro) pro Tag zur Verfügung steht. Von relativer Armut spricht man, wenn das Einkommen weniger als 50 % des Durchschnittseinkommens in einem Land (Staat) beträgt.

Beruf
Tätigkeit, die ein Mensch in der Regel gegen Entgelt erbringt bzw. für die er ausgebildet, erzogen oder berufen ist. Im Allgemeinen dient die Ausübung eines Berufes der Sicherung des Lebensunterhaltes.

Binnenmarkt
Ein Wirtschaftsraum, in dem einheitliche Bedingungen für den Verkehr von Waren, Dienstleistungen und Kapital herrschen. Bürger können ihren Wohn- und Arbeitsort frei wählen. Der Binnenmarkt in der EU wurde zum 1. Januar 1993 verwirklicht.

Bruttoinlandsprodukt (BIP)
Messgröße, mit der die wirtschaftliche Leistungskraft eines Landes dargestellt wird. Das BIP umfasst den Geldwert aller in einem Jahr innerhalb der Landesgrenzen produzierten Waren und Dienstleistungen (von Inländern und Ausländern). Um das BIP pro Kopf zu erhalten, teilt man das BIP eines Landes durch die Zahl der Einwohner.

Bürgerinitiative
Lockerer, zeitlich befristeter Zusammenschluss von Bürgerinnen und Bürgern, die wegen eines bestimmten Anliegens Einfluss auf die Politik nehmen möchten.

Bürgerliches Gesetzbuch (BGB)
In ihm stehen die wichtigsten rechtlichen Regelungen, die das Zusammenleben der Bürger betreffen, z. B. zu den Rechten und Pflichten beim Kaufvertrag.

Bund (Bundesstaat)
Der Zusammenschluss mehrerer Staaten zu einem Gesamtstaat, zum Beispiel die Bundesrepublik Deutschland mit allen Bundesländern.

Bundeskanzler
Der Chef der Bundesregierung. Er bestimmt die Richtlinien der Politik und trägt die Verantwortung dafür.

Bundespräsident
Das Staatsoberhaupt der Bundesrepublik. Er repräsentiert Deutschland nach außen. Außerdem gehören zu seinen Aufgaben die Ernennung und Entlassung der höchsten Staatsbeamten und die Unterzeichnung der vom Bundestag verabschiedeten Gesetze.

Bundesrat
Der Bundesrat ist ein Teil der Legislative. Über ihn wirken die Länder an der Gesetzgebung des Bundes mit. Der Bundesrat muss bei Gesetzen, die Länderinteressen berühren oder die Verfassung ändern, zustimmen, damit diese in Kraft treten können. Bei anderen Gesetzen kann er Einspruch erheben, der aber vom Bundestag überstimmt werden kann.

Bundestag
Name des deutschen Parlaments, s. dort!

Bundesverfassungsgericht
Höchstes deutsches Gericht mit Sitz in Karlsruhe. Das Bundesverfassungsgericht wacht darüber, dass Parlamente, Regierungen und Gerichte in Deutschland das Grundgesetz einhalten. Jeder Bürger kann eine Verfassungsbeschwerde beim Bundesverfassungsgericht einreichen.

Demografischer Wandel
So werden die Veränderungen in der Bevölkerungszusammensetzung hinsichtlich ihrer Größe und Struktur (z. B. Alterszusammensetzung) bezeichnet.

Einkommen
Allgemein meint man damit das Arbeitseinkommen für Erwerbstätigkeit (Lohn, Gehalt, Gewinn). Darüber hinaus gibt es auch Einkommen als Entgelt für die Bodennutzung (Miete, Pacht) oder als Entgelt für die Nutzung von Kapital (Sparzinsen, Kreditzinsen). Einkommen, die der Staat ohne Gegenleistung bezahlt, nennt man Transfereinkommen.

EU-Organe
Zu den wichtigsten Organen der Europäischen Union – vergleichbar mit den Verfassungsorganen in der Bundesrepublik Deutschland – gehören der Ministerrat, die Europäische Kommission, das Europäische Parlament, der Europäische Gerichtshof und der Europäische Rechnungshof. Der Europäische Rat hat eine große Bedeutung für die Entwicklung der Europäischen Union.

Europäische Union
Die Gemeinschaft von heute (2012) 27 europäischen Staaten wurde 1957 als Wirtschaftsbündnis gegründet. Neben der gemeinsamen Politik in allen wirtschaftlichen Bereichen wurde im Vertrag von Maastricht (1992) auch eine Zusammenarbeit in der Außen- und Sicherheitspolitik sowie der Justiz- und Innenpolitik beschlossen.

Europäische Zentralbank (EZB)
Die EZB wurde am 1.6.1998 gegründet und bildet zusammen mit den nationalen Notenbanken das Europäische System der Zentralbanken. Die EZB ist von politischen Weisungen unabhängig und seit der Einführung des Euro am 1.1.1999 für die Geldpolitik im Euro-Raum zuständig. Ihre Hauptaufgabe ist es, die Preisstabilität zu garantieren. Darüber hinaus unterstützt sie auch die allgemeine Wirtschaftspolitik.

Exekutive
Die ausführende Gewalt, d. h. Regierung und Verwaltung.

Föderalismus
Gliederung eines Staates in Gliedstaaten (in der Bundesrepublik Deutschland die Bundesländer) mit eigener Verfassung, Regierung und Parlament. Bezeichnet auch das Bestreben, die Rechte der Gliedstaaten zu wahren.

Generationenvertrag
Bezeichnung für das Grundprinzip der gesetzlichen Rentenversicherung, nach dem der heute arbeitende Teil der Gesellschaft für die Rentenzahlungen an den nicht mehr arbeitenden Teil aufkommt.

Gerechtigkeit
Einstellung, Prinzip, Zustand, bei dem jede Person das erhält, was ihr zusteht. Wie dieser Zustand zu erreichen ist, ist umstritten. So unterscheidet man Chancengerechtigkeit, Leistungsgerechtigkeit, Bedarfsgerechtigkeit und Teilhabegerechtigkeit.

Gesetz
Ein Gesetz ist eine verbindliche Vorschrift, die das Ziel hat, das Zusammenleben der Menschen zu regeln. Es muss in einem dafür vorgesehenen Verfahren rechtmäßig zustande kommen. Gesetze werden von den Parlamenten (Bundestag, Landtag, Gemeindevertretung) beschlossen.

Gewaltenteilung
Verteilung der drei Gewalten Gesetzgebung (Legislative), Verwaltung (Exekutive) und Gerichtsbarkeit (Judikative) auf verschiedene, voneinander unabhängige Staatsorgane. In der Regel sind dies Parlament, Regierung und Verwaltung und eine unabhängige Richterschaft. In der Bundesrepublik Deutschland ist die klassische Gewaltenteilung teilweise durchbrochen (Gewaltenverschränkung).

Gewerkschaft
Freiwilliger Zusammenschluss von Arbeitnehmern, um gemeinsame wirtschaftliche, soziale und berufliche Interessen besser durchsetzen zu können.

Globalisierung
Die wachsende Verflechtung der Weltwirtschaft, ermöglicht u. a. durch die Ausweitung der Kommunikationsmedien und enger Verkehrsverbindungen. Die Globalisierung bewirkt auch in einigen Bereichen eine Vereinheitlichung der Lebensstile.

Grundgesetz
Das Grundgesetz ist die Verfassung der Bundesrepublik Deutschland. Sie regelt den Aufbau, die Aufgaben und das Zusammenspiel der Staatsorgane. Im Grundgesetz werden auch die Grundrechte garantiert, die jedem Einzelnen gewährt werden, wie zum Beispiel die Meinungsfreiheit, die Versammlungsfreiheit und die Menschenwürde.

Grundrechte
In der Verfassung garantierte Rechte, die für jeden Einzelnen gewährleistet werden, wie zum Beispiel die Meinungsfreiheit, die Versammlungsfreiheit und die Menschenwürde.

Klimawandel
Mit dem Begriff bezeichnen wir heute meist die von natürlichen Schwankungen unabhängige Erderwärmung. Sie hat schwerwiegende Folgen für Menschen, Tiere und Pflanzen: Teile der Erde werden zu Wüsten, die Gefahr von Hurrikanen und Sturmfluten steigt, Tierarten werden aussterben.

Koalition
Zusammenschluss zweier oder mehrerer Parteien, die gemeinsam eine Regierung bilden und Gesetzentwürfe ausarbeiten.

Legislative
Die gesetzgebende Gewalt; sie wird in der Bundesrepublik Deutschland von Bundestag und Bundesrat ausgeübt (auf Landesebene von den Länderparlamenten).

Marktwirtschaft, freie
In der Marktwirtschaft steuern Angebot und Nachfrage, Wettbewerb und freie Preisbildung den Wirtschaftsprozess. Das Privateigentum an den Produktionsmitteln wird garantiert.

Nachhaltigkeit
Der Begriff bedeutet, dass man nicht mehr von einem Rohstoff (der Natur) verbrauchen soll, als nachwachsen kann. In Bezug auf die Umwelt heißt das, dass man den Ausgangszustand für die folgenden Generationen bewahren soll und die Umwelt nicht durch Abgase und Müll irreparabel schädigen darf.

NATO
(engl. North Atlantic Treaty Organization, Nordatlantikpakt) Das Verteidigungsbündnis zwischen den USA, Kanada und den westeuropäischen Staaten wurde am 4.4.1949 gegründet. Die Mitglieder verpflichten sich im Falle eines Angriffs auf einen Mitgliedstaat zum gegenseitigen Beistand.

Parlament
Die Versammlung der vom Volk gewählten Abgeordneten. Das Parlament regt Gesetze an, bewilligt sie und kontrolliert die Regierung. In einer parlamentarischen Demokratie nimmt vor allem die Opposition die Kontrollfunktion wahr, da die Mehrheit im Parlament die Regierung trägt.

Parteien
Politische Gruppen, die über einen längeren Zeitraum Einfluss auf die politische Willensbildung nehmen.

Sie sind bereit, in Parlamenten und Regierungen Verantwortung zu übernehmen.

Politikverdrossenheit
Negative Einstellung von Bürgern gegenüber Politik, die häufig eine mangelnde Beteiligung am politischen Prozess nach sich zieht (z. B. nicht wählen gehen). In Demokratien, die auf die Beteiligung der Bürger bauen, ein großes Problem.

Rechtsextremismus
Politische Einstellung, die sich gegen die demokratische Ordnung des Staates stellt und gesellschaftliche Vielfalt ablehnt. Rassismus basiert auf Intoleranz und Vorurteilen (z. B. gegen Ausländer und Minderheiten), fördert autoritäres Verhalten und verherrlicht Macht und Gewalt.

Soziale Marktwirtschaft
Die Soziale Marktwirtschaft ist eine Wirtschaftsordnung, die den Grundsatz der Freiheit auf dem Markt mit dem des sozialen Ausgleichs verbindet.

Sozialstaat
Bezeichnung für einen Staat, der seinen Bürgern ein Existenzminimum sichert, wenn sie in Not geraten sind, und für einen gerechten Ausgleich zwischen Reichen und Bedürftigen sorgt. In Deutschland geschieht dies z. B. durch die Sozialversicherungspflicht und durch staatliche Unterstützung, wie Sozialhilfe, Kindergeld oder Ausbildungs- und Arbeitsförderung.

Sozialversicherungssystem
Bezeichnung für die Gesamtheit gesetzlicher Pflichtversicherungen in Deutschland (Arbeitslosen-, Renten-, Kranken-, Pflege- und Unfallversicherung). Die Sozialversicherung versichert den Einzelnen gegen Risiken für seine Existenz. Sie ist organisiert nach dem Solidarprinzip. Sozialversicherungspflichtig sind alle abhängig Beschäftigten. Die Versicherungsbeiträge teilen sich Arbeitgeber und Arbeitnehmer.

Staat
Mit dem Begriff bezeichnet man eine Vereinigung vieler Menschen (Staatsvolk) innerhalb eines durch Grenzen bestimmten geografischen Raumes (Staatsgebiet) unter einer unabhängigen (souveränen) Staatsgewalt, die von den Staatsorganen (Regierung, Parlamente, Gerichte, Polizei) ausgeübt wird.

Standortwettbewerb
Unterschiedliche Standorte stehen im Wettbewerb um Investitionen von Unternehmen, weil damit Beschäftigung, Einkommen und Steuererträge verbunden sind. Daraus entsteht ein Druck auf die Verantwortlichen, die Standortbedingungen günstig für die Unternehmen zu gestalten.

Steuern
Steuern sind Zwangsabgaben, die der Staat von seinen Bürgern und Unternehmen ohne eine spezielle Gegenleistung erhebt. Sie sind die Haupteinnahmequelle des Staates.

Subsidiaritätsprinzip
Prinzip, nach dem ein Problem auf der Ebene gelöst werden soll, auf der es entsteht. „Was der Einzelne tun kann, sollen nicht andere für ihn tun." Erst wenn auf dieser Ebene keine Abhilfe möglich ist, soll die nächsthöhere Ebene sich des Problems annehmen (Familie, Gemeinde, Land, Bund, EU).

Tarifvertragsparteien
Dazu zählen Gewerkschaften (vertreten die Arbeitnehmer) und Arbeitgeberverbände (vertreten die Arbeitgeber). Im Rahmen der Tarifautonomie handeln diese beiden Interessengruppen in eigener Verantwortung Tarifverträge aus, die Löhne, Arbeitszeiten und sonstige Arbeitsbedingungen regeln sollen. Der Staat darf sich nicht einmischen.

Vereinte Nationen
(engl. United Nations Organization) Nach dem Zweiten Weltkrieg gegründete kollektive Sicherheitsorganisation zur Wahrung des Weltfriedens und der Menschenrechte. Fast alle Staaten sind Mitglieder der UNO.

Vorurteil
Vorstellung, die ohne Prüfung auf deren Richtigkeit übernommen wird.

Wahlen
Verfahren der Berufung von Personen in bestimmte Ämter durch Stimmabgabe einer Wählerschaft. In Demokratien werden die wichtigsten Staatsämter durch Wahlen besetzt. Demokratische Wahlen müssen die Bedingungen allgemein, frei, gleich und geheim erfüllen. Das genaue Wahlverfahren (Verhältniswahl, Mehrheitswahl) ist meist in Wahlgesetzen geregelt.

Währungsunion
Zusammenschluss souveräner Staaten mit vorher unterschiedlichen, aber ähnlich starken Währungen zu einem einheitlichen Währungsgebiet. Im Gegensatz zu einer Währungsreform bleibt der Geldwert beim Übergang zu einer Währungsunion erhalten.

Zentralverwaltungswirtschaft
auch Planwirtschaft genannt; Bezeichnung für Wirtschaftssysteme (z. B. der DDR), deren Produktion durch zentrale Pläne (einer staatlichen Planungsbehörde) gelenkt wird. Es gibt kein Privateigentum an Produktionsmitteln.

Register

Die zentrale Fundstelle eines Begriffes ist **fett** gedruckt.

Bildnachweis

Adidas AG, Herzogenaurach - S. 217; Agence France Presse GmbH , Berlin - S. 194; Archiv der sozialen Demokratie der Friedrich-Ebert-Stiftung, Bonn - S. 32; Archiv für christlich demokratische Politik der Konrad-Adenauer-Stiftung, St. Augustin - S. 32; Archiv für Kunst und Geschichte, Berlin - S. 52, 135 (2)
Baaske Cartoons / Gerhard Mester, Müllheim -S. 22, 185 (2), 190, 202, 228; Baaske-Cartoons / Burkhard Mohr, Müllheim - S. 92; Baaske Cartoons / Thomas Plaßmann, Müllheim - S. 43, 185, 199; Baaske Cartoons / Erich Rauschenbach, Müllheim - S. 123; Bergmoser + Höller Verlag, Aachen - S. 28, 31, 57, 67, 69, 71, 72, 77, 79, 95, 144, 145, 169, 177, 205, 240, 251, 252; Berlin Today Award / Millie Hawley, Berlin - S. 195; Bildarchiv Cinetext, Frankfurt - S. 197 (2); Bilderbox / Erich Wodicka, Thening - S. 98; Brot für die Welt - Evangelischer Entwicklungsdienst, Berlin - S. 234; Andreas Buck , Dortmund - S. 36; Bundesagentur für Arbeit, Nürnberg - S. 122; Bundesarchiv, Koblenz - S. 66; Bündnis 90/Die Grünen, Berlin - S. 32
ddp-images / AP, Hamburg - S. 245; ddp-images / dapd, Hamburg - S. 59; Der Spiegel, Hamburg - S. 139, 173, 243; DIE LINKE, Berlin - S. 32; dpa-Infografik, Frankfurt - S. 10, 22, 40, 42, 53 (2), 58, 80, 105, 109, 122, 124, 133, 146, 148, 153 (2), 168, 174, 175, 180, 183, 196, 201, 206, 219, 241, 247, 254; dpa Picture-Alliance, Frankfurt - S. 192 (2); dpa Picture-Alliance / akg-images - S. 136; dpa Picture-Alliance / AP - S. 244; dpa Picture-Alliance / ARD - S. 33; dpa Picture-Alliance / Marius Becker - S. 220; dpa Picture-Alliance / Gero Breloer - S. 131; dpa Picture-Alliance / Bundesregierung, Guido Bergmann - S. 165; dpa Picture-Alliance / DB, Thomas Burmester - S. 253; dpa Picture-Alliance / Arno Burgi - S. 64; dpa Picture-Alliance / Uli Deck - S. 64/65; dpa Picture-Alliance / EPA, CTK, Sterba - S. 164; dpa Picture-Alliance / EPA, Jawed Kargar - S. 237; dpa Picture-Alliance / Maurizio Gabarini - S. 237; dpa Picture-Alliance / Peer Grimm - S. 68; dpa Picture-Alliance / Rainer Jensen - S. 76; dpa Picture-Alliance / Daniel Karmann - S. 66; dpa Picture-Alliance / KPA - S. 104; dpa Picture-Alliance / Franziska Kraufmann - S. 90; dpa Picture-Alliance / Wolfgang Kumm - S. 76, 81; dpa Picture-Alliance / Landov, Xinhua - S. 160; dpa Picture-Alliance / MCT Landov, Rick Wood - S. 119; dpa Picture-Alliance / Sven Simon - S. 52; dpa Picture-Alliance / Wolfram Steinberg - S. 104; dpa Picture Alliance / ZB, Tom Maelsa - S. 64; dpa Picture-Alliance / ZB, Bernd Settnick - S. 15; dpa Picture-Alliance / ZB, Wolfgang Thieme - S. 227
Europäische Zentralbank, Frankfurt - S. 176
Fotolia / Marem - S. 207; Fotolia / Orion Roco - S. 38; Fotolia / Svort - S. 143; Anja Frers, München - S. 153; Friedrich-Naumann-Stiftung / Archiv des Liberalismus, Gummersbach - S. 32
Getty images GmbH / Bloomberg, München - S. 226; Getty images GmbH / Bongarts, Alex Grimm, München - S. 212; Al Gore, Eine unbequeme Wahrheit. Die drohende Klimakatastrophe und was wir dagegen tun können. Riemann Verlag. München 2006 - S. 192 (2)
Horst Haitzinger, München - S. 97, 190; Heidelberger Institut für Internationale Konfliktforschung e.V., Heidelberg - S. 245; http://www.cdu.de - S. 26; http://www.die-linke.de - S. 26; http://www.fdp-bundespartei.de - S. 26; http://www.fotoprint-deutschland.de - S. 203; http://www.gruene.de - S. 26; http://www.planet-berufe.de - S. 44; http://www.spd.de - S. 26; http://www.wikipedia.com / Laurence de Chaperon - S. 71
images.de digial photo GmbH / sinopictures, Xinhua, Berlin - S. 222; Intro Foto, Berlin - S. 44; IPON / Stefan Boness, Berlin - S. 29
iStockphoto / 36clicks - S. 213; iStockphoto / Alptraum - S. 196; iStockphoto / Jani Bryson - S. 45; iStockphoto / Robert Churchill - S. 200; iStockphoto / desperado - S. 36; iStockphoto / drbimages - S. 47, 102; iStockphoto / Thobias Helbig - S. 192; iStockphoto / David Jones - S. 36; iStockphoto / Leonsbox - S. 160; iStockphoto / manwolske - S. 197; iStockphoto / mathieukor - S. 197; iStockphoto / monkeybusinessimages - S. 158; iStockphoto / Neustockimages - S. 36; iStockphoto / Alex Raths - S. 98; iStockphoto / Sculpies - S. 98/99; iStockphoto / Skynesher - S. 36; iStockphoto / stask - S. 166; iStockphoto / Syldavia - S. 45; iStockphoto / Doug Webb - S. 192; iStockphoto / Andreas Weber - S. 64; iStockphoto / Manuela Weschke - S. 196; iStockphoto / Zavalnyuk - S. 196
Keystone Pressedienst / Jochen Zick, Hamburg - S. 36, 36/37
Lübecker Nachrichten Archiv / Spreer, Lübeck - S. 12; Luff / Rolf Henn, Hennweiler - S. 83
Inga Michler, Ein Ball von Welt, in: Berliner Morgenpost v. 13.05.2006 - S. 216
Panther-Media / G. RUDOLF - S. 173; Photothek.net, Radevormwald - S. 66
Heiko Sakurai, Köln - S. 21; Roger Schmidt, Brunsbüttel - S. 127; Karl-Heinz Schoenfeld, Berlin - S. 116; Rudolf Schoepper, Gievenbeck - S. 120; Shell Jugendstudie, Hamburg - S. 212 (2); SPD Parteivorstand / Peer Steinbrück, Berlin - S. 32; Statistisches Bundesamt, Wiesbaden - S. 121; Klaus Stuttmann, Berlin - S. 236, 249
Thinkstock / Brand X Picture - S. 8; Thinkstock / Hemera - S. 214, 225; Thinkstock / iStockphoto - S. 8 (3), 38, 44 (3), 45, 108, 207, 212/213, 214 (4), 244; Thinkstock / Ryan McVay - S. 108; Thinkstock / Photodisc - S. 8; Thinkstock / Kraig Scarbinsky - S. 108; Thinkstock / Stockbyte - S. 40; Thinkstock / TayJhr - S. 208; Thompson-Reuters / Guido Bergmann, Bundesregierung, Berlin - S. 66
Ullstein-Bild / phalanx-Photoagentur, Berlin - S. 244; UN Region Information Center for Western Europe (UNRIC), Bonn - S. 250 (3)
Jean Veenenbos, Wien - S. 183: Version-Foto / Christian Ditsch, Berlin - S. 138; Visum Foto GmbH / Stefan Boness, Hamburg - S. 64; Visum Foto GmbH / Jesco Denzel, Hamburg - S. 44
WAZ FotoPool / Thomas Schild, Essen - S. 11; Jan Weber, Göttingen - S. 162; Wildner + Designer, Fürth - S. 158/159, 160 (2), 204, 213

Ausgewählte Lösungen zu den Kompetenzprüfungen

Kapitel 2, Seite 63
1 b: Weitgehende Zurückhaltung des Staates; er beschränkt sich auf die Schaffung der Rahmenbedingungen für das Zusammenwirken von Arbeitgebern und Arbeitnehmern.

2 b: Die wirtschaftlichen Entscheidungen (a, c) fallen in die Zuständigkeit der Eigentümer bzw. der von den Eigentümern mit der Leitung beauftragten Personen; bei sozialen und personellen Angelegenheiten bestehen Mitspracherechte.

3 c (und damit implizit auch **3 a**): Eine ausgewogene Machtbalance zwischen Arbeitgeber und Arbeitnehmer ist nur selten gegeben.

4 a und **4 c**

5 b

Kapitel 3, Seite 79
unten
Kästen von oben nach unten: Bundeskanzler, Bundesregierung, Bundestag

Seite 89

Schlagzeile	**Phase des Politikzyklus**
Viele Schulgebäude in schlechtem Zustand	Problem
45.000 Lehrer fehlen	Problem
Alterung der Gesellschaft	Problem
Bundesaußenminister fordert eine Welt ohne Atomwaffen	Auseinandersetzung / öffentliche Debatte
Bürgerproteste gegen neues Industriegebiet	Auseinandersetzung / öffentliche Debatte
Autofahren zukünftig mit 17	Gesetzgebung
Atomkraftwerke sollen länger laufen	Gesetzgebung
Volksentscheid in Bayern	Entscheidung / Beschlussfassung
Mehrwertsteuer für Hoteliers	Bewertung der Entscheidung

Kapitel 4, Seite 127
oben
Richtig: 4, 5, 6, 9.
Falsch: 1, 2, 3, 7, 8, 10, 11, 12.
1. Die UV gehört seit 1995 zu den gesetzlichen Versicherungen.
2. Um 12 Monate ALGI zu beziehen muss man zuvor 24 Monate sozialversicherungspflichtig beschäftigt gewesen sein.
3. Die GKV beruht auf dem Versicherungs- und dem Solidarprinzip, da alle gesetzlich Versicherten Beiträge einzahlen und dadurch Ansprüche erwerben.
7. Nur beim Eintritt in eine private Krankenversicherung gibt es Gesundheitsprüfungen.
8. Die Arbeitnehmer zahlen keinen Beitrag für die UV.
10. Der Generationenvertrag bedeutet, dass heutige Beitragszahler die Rente der heutigen Rentner zahlen, zukünftige Arbeitnehmer zahlen später dann die Rente der heutigen Arbeitnehmer und späteren Rentner.
11. Es besteht aus fünf Säulen (KV, AV, RV, UV, PV).
12. Z. B. auch die Kranken- und Pflegeversicherungen können durch den demografischen Wandel ein Finanzierungsproblem bekommen – da die Menschen immer älter werden und ältere Menschen eher krank und pflegebedürftig werden und teurere Behandlungen benötigen.

Kapitel 6, Seite 189
1 a, b, c, 2 a, 3 c, 4 a, 5 a, 6 b, c, 7 a, b, 8 b, 9 a, b, c, 10 b

Kapitel 7, Seite 199
oben
Die richtige Reihenfolge lautet: Der Mensch produziert zu viel CO_2. → Der Treibhauseffekt wird verstärkt. → Die Erde erwärmt sich. → Naturkatastrophen und steigende Meeresspiegel bedrohen die Erde.

Kapitel 9, Seite 251
Richtig: 3, 6, 7
Falsch: 1, 2, 4, 5
1. Der Bundestag muss abstimmen.
2. International ist ein Einsatz z. B. auch im Rahmen der UNO möglich.
4. Die Bedrohungslage hat sich nach dem Kalten Krieg stark verändert. Weniger andere Staaten (bzw. der ehemalige kommunistische Ostblock) werden als Bedrohung wahrgenommen, sondern vielmehr Angriffe durch Terroristen, zerfallene Staaten oder die Verbreitung von Atomwaffen.
5. Das Mandat der UNO, mit dem die Bundeswehr in Afghanistan eingesetzt war, hat auch den Einsatz von Waffen erlaubt.